Lothar Späth
Günter Michels
Konrad Schily

Das PPP-Prinzip

Lothar Späth
Günter Michels
Konrad Schily

Das PPP-Prinzip

Private Public Partnership

Die Privatwirtschaft als Sponsor öffentlicher Interessen

Droemer

Die Folie des Schutzumschlags sowie die Einschweißfolie
sind PE-Folien und biologisch abbaubar.
Dieses Buch wurde auf chlor- und säurefreiem Papier gedruckt.

Konzept und Koordination: Hans Georg Möntmann, Iserlohn
Umschlaggestaltung: Agentur Zero, München
Satz: Ventura Publisher im Verlag
Druck und Bindung: Franz Spiegel Buch GmbH, Ulm
Printed in Germany
ISBN 3-426-27091-9

5 4 3 2 1

Inhalt

Teil IV:
Fallbeispiele

Teil V:
Arbeitsweisen

Teil VI:
Service

Teil I:
Standortbeschreibung

Der Bürger erlebt sein Bottom up

von Lothar Späth, Günter Michels, Konrad Schily

Arsch huh!« fordert Wolfgang Niedecken, Frontmann der Kölner Rockgruppe BAP. Roman Herzog, der Bundespräsident, formuliert es vornehmer: »Es muß ein Ruck gehen durch dieses Land!« Beide erhielten einhelligen Beifall. Nur: Wer soll rucken? Und: Wie »huh!« soll er denn wohin, der A...? Ein Ruck, das würde bedeuten: neue Initiativen, unerhörte Ideen, gelebte Ideale. Manche sagen, damit sei es hierzulande schlecht bestellt, vor allem in der Wirtschaft; dieses Buch wird anderes beweisen. Es wird zeigen, daß sie längst da sind, die Initiativen, daß sich die Mutigsten bereits trauen, ihre Ideen zu realisieren, und daß es mehr Ideale an unerwarteten Plätzen gibt, als angenommen. Eigentlich kommt es nur darauf an, die richtigen Leute zusammenzubringen.

Zunächst haben aber Politik und Verwaltung das Mandat und die Mittel, für die Wohlfahrt zu sorgen. Die festgefahrenen öffentlichen Verwaltungsstrukturen mit ihrem unzeitgemäßen Menschenbild und das tradierte Politikverständnis führen jedoch nicht selten zur Selbstblockade. Der Wohlfahrtsstaat wurstelt zunehmend ineffizient vor sich hin, der Konsens seiner Protagonisten über Ziele und Methoden ist längst verlorengegangen. Mehr und mehr gewinnt die Öffentlichkeit die Überzeugung, daß beide, Politik wie Verwaltung, ihrem Mandat nicht mehr gerecht werden. Die Beamten wohl auch.

Indiz: Im Juni 1996 veröffentlichte die Zeitschrift *Nachrichtendienst des Vereins für öffentliche und private Fürsorge* einen Aufsatz, der deutlich zeigte, wie groß der Leidensdruck bereits sein muß, denn der Autor forderte allen Ernstes die Einführung von Computerprogrammen auf der Basis von »Fuzzi-Logik«, damit die Zielvorgaben der Sozialpolitiker und die operativen Zwänge der Verwaltungen zu beiderseitiger Zufriedenheit in Einklang gebracht werden könnten. »Fuzzi-Logik« in Computern, das sind Regeln, die den rein kausalen Ordnungen der herkömmlichen Computerprogramme so ähnlich sind wie eine Faschingsparty einem Staatsakt. »Fuzzi« stammt aus dem Englischen und wird gern mit »verrückt« übersetzt. Daß es diese besonders ausgefeilten Programme braucht, damit sich die Politiker mit den Beamten verstehen – das ist wirklich *fuzzi!*

Kein Wunder, daß der normale Bürger sich die Augen reibt, wenn er sieht, was häufig dabei herauskommt, wenn Politiker und Beamte eine gemeinsame Initiative starten und sich dabei ausschließlich innerhalb ihrer eigenen Verwaltungslogik bewegen: »Wenig« ist da schon viel; oft genug schließen solche Aktionen sogar mit Verlusten ab. Ein Beispiel dafür gibt Helmut Ehemann, Personal- und Projektleiter des Main-Kinzig-Kreises, in der *Frankfurter Rundschau* vom 17. Dezember 1997. Im diesem Kreis wurden einmal insgesamt 50 000 Mark als Zuschuß für Jugendfreizeiten der freien Sozialhilfeträger (Caritas, Arbeiterwohlfahrt und andere) bereitgestellt. Allerdings fiel das Antragsverfahren derart voluminös aus, daß, als die Beamten einmal nachrechneten, was die Vergabe gekostet habe, eine Gesamtsumme von 250 000 Mark zu Buche schlug. Eine Viertelmillion Mark, um 50 000 Mark zu verteilen – Jahre später monierte der Bundesrechnungshof zudem, daß bei einer dieser Freizeiten 74,50 Mark für Pizza ausgegeben worden seien, obwohl es Vollverpflegung gegeben habe.

Dieses Beispiel mag nicht unbedingt repräsentativ sein, zeigt aber, wie Geld verbraten wird, das dann an anderer Stelle fehlt. Und weil daraus folgt, daß liebgewonnene Leistungen gestrichen werden, baut sich in den Bürgern ein Groll auf, der zu Taten drängt, im besten Fall zu konstruktiven Taten, die Verwaltungen und Politiker anschließend stolz als Beispiel für »echten Bürgersinn«

vorweisen. So machten sich im hessischen Wallenstein, einem Ortsteil der 6000-Seelen-Gemeinde Knüllwald, die Anwohner der Dorfstraße daran, diese in Eigenleistung zu sanieren. Der Bürgermeister war's zufrieden, sparten ihm die Freiwilligen doch 130 000 Mark ein. Aus dem Deutschen Städte- und Gemeindebund, Berlin, kommt der Hinweis, derartige Aktionen würden wohl in Zukunft zur Regel.

Die Dinge selber in die Hand nehmen

Im Neuköllner Hochspannungsweg zahlen die Anwohner die Straßenbeleuchtung künftig selbst: Diese in Berlin wahrscheinlich einmalige Vereinbarung trafen gestern Vertreter der anliegenden Mietergemeinschaften mit Bezirksbürgermeister Bodo Manegold und Finanzstadtrat Michael Freiberg (beide CDU).
Ende Februar dieses Jahres teilte die Senatsverwaltung für Bauen, Wohnen und Verkehr dem Bezirk mit, daß sie Neukölln die 37 Straßenlaternen im Britzer Hochspannungsweg kostenlos übergeben werde. Sollte der Bezirk die Beleuchtungsanlage nicht übernehmen, so ein Senatsschreiben, würden die Lampen erst abgeschaltet und dann demontiert. Hintergrund der verklausulierten Drohung: Die Senatsverwaltung wollte die Betriebskosten nicht länger zahlen. Ein unbeleuchteter Weg kam aber für den Bezirk schon deshalb nicht in Frage, weil er für viele Kinder der Schulweg ist. Da auch die Bezirkskasse von Neukölln leer ist, übernehmen jetzt die Neulandsiedlungen drei Jahre lang die jährlichen 6500 Mark Betriebskosten der Lampen. Für Stadtrat Freiberg ein Beispiel für Bürgersinn: »Die Bürger helfen dem Bezirk.« Für Horst Baldy, Vereinsvorsitzender zweier Siedlungsgemeinschaften, war das gute Einvernehmen mit dem Bezirk ausschlaggebend. »Wenn man vernünftig mit uns redet, tun

> wir auch was für die Öffentlichkeit.« Bestritten werden die Kosten aus einem Fonds zur Erhaltung der Siedlungen.
>
> *Der Tagesspiegel*, 12. November 1997
>
> *Anmerkung:* Nach Veröffentlichung der Meldung fand sich doch noch Geld in der Senatskasse, den Weg ausreichend zu beleuchten.

Im Münchner Stadtteil Großhadern sattelte eine Elterninitiative 4 Millionen Mark auf die 8 Millionen Mark, die der Freistaat Bayern für die Einrichtung einer pädiatrischen Abteilung im dortigen Großklinikum aufzubringen bereit war. Ohne den Zuschuß wäre diese dringend notwendige Einrichtung wohl nie realisiert worden. Der zuständige Kultusminister Hans Zehetmaier feierte sich mit dem Hinweis, hier sei »ein wichtiger Schritt zur schlanken Pädiatrie« gemacht worden.

In Frankfurt-Bornheim war der Leidensdruck der Bevölkerung angesichts ihrer nächsten Umgebung so groß, daß sich daraus eine Art Bürgerinitiative entwickelte. Die *Frankfurter Rundschau* berichtete am 15. Dezember 1997: »Kinderhände schaufelten Erde auf die Wurzeln junger Ahornbäume. Mütter organisierten Felsenkies, um den Belag auf dem Platz aufzufrischen. Nachbarn beratschlagten schon mal, wo demnächst noch Hecken und Bänke aufgepflanzt werden. Alles, um das verlotterte Umfeld der Heilig-Kreuz-Kirche in Bornheim wieder ansehnlicher zu machen. ›Zehn Jahre lang war das eher ein Hundeklo und im Grunde unbenutzbar‹, sagt Jeanette Kaupp, Kindergarten-Mutter, Anwohnerin und Mit-Initiatorin der Aktion. Schon ist ein Verein gegründet, um die Platzgestaltung selbst in die Hand zu nehmen, in Kooperation mit dem Garten- und Straßenbauamt. Initiativen wie diese sieht der Frankfurter Baudezernent derzeit mit doppelter Freude.

Denn zum einen hat die Stadt für ›solche Schönheitsreparaturen kein Geld mehr‹ – die jährlich 40 bis 50 Millionen Mark für die Unterhaltung städtischer Plätze und Bauten ›reichen gerade für das Nötigste‹. Nur dort, ›wo die Verkehrssicherheit gefährdet ist‹, werde noch ein Reparaturtrupp losgeschickt. Zum anderen will das Dezernat jetzt gezielt die ›Selbsthilfe‹ von Bürgern und Firmen fördern. Verschönerungsmaßnahmen im Wert von bis zu 40 000 Mark sollen laut Hemzal künftig von engagierten Privatleuten übernommen werden.«

Dazu gehört, wie offiziell verlautbarte, zum Beispiel auch die Sanierung verrosteter Leitplanken und vergammelter Grünzüge oder verkommener Verkehrsinseln. Es gibt in Frankfurt eine umfangreiche Wunschliste voll bürgerfähig sanierungsbedürftiger Objekte.

Frankfurts Rückgriff auf die Hilfsbereitschaft seiner Einwohner geht sogar noch weiter: 29 Handwerksunternehmen frischten die vormals häßliche Fachwerkzeile an der Ostseite des Römerbergplatzes auf. Die Firma Colt-Telecom GmbH erneuerte dort für rund 400 000 Mark sogar das Pflaster. Im Gegenzug darf sie im öffentlichen Raum werben.

Daß Eltern Schulen und Kindergärten turnusmäßig renovieren, weil andernfalls die Einrichtungen vollkommen verfielen, ist inzwischen bundesweit zur Regel geworden. Und allmählich wird diese Bewegung, die aus der Not der Betroffenen geboren ist und weniger aus der Freude am gemeinsinnigen Engagement, zur Sache der Wirtschaft: Welcher Baumarktleiter kann sich dem Wunsch widersetzen, für die Renovierung der Schule, die die Kinder seiner Kunden besuchen, ein paar Eimer Farbe zu spendieren? Darf sich der Zweigstellenleiter der örtlichen Sparkasse verweigern, wenn es um ein paar Mark geht, die bei der Schulrenovierung fehlen?

Das Fundraising der Vereine und Initiativen nimmt mehr und mehr professionelle Züge an, nicht zuletzt, weil diese dabei professionell unterstützt werden. Die evangelische Kirche zum Beispiel bietet Seminare an, in denen Gemeinden und Initiativen unter anderem nahegelegt wird, zuerst die nähere Umgebung um Spenden anzugehen, bevor man sich an den neu geknüpften

Beziehungssträngen entlang an immer höhere Ebenen der Wirtschaft herantaste. Dies ist die regionale Basis der Private Public Partnership: die aus der Not wachsende Bereitschaft der Bürger, auf eigene Faust etwas gegen Mängel zu tun, die die öffentlichen Verwaltungen nicht mehr beseitigen können.
Um Private Public Partnership kommt sie also nicht herum, die Wirtschaft. Bevor die Akquisitionsbemühungen Tausender von Initiativen mit ihren immer sehr berechtigten Anliegen zur Belastung werden, und bevor es dazu kommt, daß die Ablehnung einer Spendenbitte zu negativen Reaktionen seitens der Presse führt, sollten sich die Unternehmen der Situation stellen und für Professionalität sorgen. Nach der Devise, daß man nicht jeden Armen auf der Welt sättigen kann, einen einzigen aber schon, sollte eine Konzentration auf selbstgewählte Ziele stattfinden.
Zweitens eröffnet sich mit Private Public Partnership eine Möglichkeit, die längst vergeben zu sein schien: wieder Kontakt mit Politik und Verwaltung aufzunehmen und zwar Kontakt abseits der Lobbyarbeit, auf die der einzelne Unternehmer ohnehin nur marginalen Einfluß hat, und auf einer Ebene, auf der sich das wirkliche Leben abspielt. Und weil sie sich gern mit einer guten Sache schmücken, wird Private Public Partnership dazu führen, daß auch Politiker sich diesem Leben wieder stellen werden, was der politischen Kultur guttäte.
Denn in Wahrheit haben die Eliten dieses Landes den Kontakt zueinander längst verloren. Professor Heinz-Günter Vester, Soziologe an der Universität Würzburg, beschrieb das am 28. Dezember 1997 in der *Welt am Sonntag* so: »Zwischen den Eliten in Wirtschaft, Politik, Wissenschaft, Technik, Kultur und Medien herrscht Funkstille. Oder aber es wird auf unterschiedlichen Wellenlängen miteinander zu reden versucht (...) Das führt bei aller Geschäftigkeit im jeweils eigenen Bereich zu einem Stillstand des Informationsaustausches, Stagnation des Wissensstandes, fördert Schrebergartenmentalität, Besitzstandsdenken und Protektionismus im eigenen Lager. Die Konsequenz ist Provinzialismus.«

Vester fordert eine Durchmischung der Eliten: »Der bloße Austausch von Informationen zwischen den Eliten genügt nicht, um eine dynamische Wissensgesellschaft zu errichten. Dafür bedürfte es (...) auch des personellen Austausches (...) Zu wünschen wäre ein personelles Rotationsprinzip, das der Betriebsblindheit entgegenarbeitet.« Dem ist eigentlich nur hinzuzufügen, daß diese Durchmischung auch informell, also außerhalb der Institutionen Unternehmen, Verwaltung oder Universität, stattfinden kann, zum Beispiel im Rahmen von Private Public Partnership-Aktivitäten, was hier und da bereits geschieht.

So bedeutet die Tatsache, daß ein Unternehmen sich aktiv um Private Public Partnership bemüht, nicht nur die Chance, vor Ort mit Nachbarn, Kunden und Lieferanten auf eine auch verkaufsfördernde Art verbunden zu sein (Ralf Dahrendorf spricht vom »Wettbewerbsfaktor soziale Qualitäten«), sondern viel mehr noch die nachweisbare Rückgewinnung direkten politischen Einflusses. Ein Unternehmen, das sich um die Behebung eines Mißstandes bemüht, und zwar zusammen mit den sogenannten kleinen Leuten und im Notfall gegen das Beharrungsvermögen von Verwaltung und Politikern – dessen Einflußmöglichkeiten gewinnen eine völlig neue Dimension. Eine, die vom Publikum nicht nur am Rande zur Kenntnis genommen, sondern aktiv gestützt wird. Eine, der man Authentizität und Glaubwürdigkeit zubilligt. Damit kann es dem Unternehmen gelingen, zu einer anderen Stimmungslage in diesem Land beizutragen und den Wert unternehmerischer Tugenden wie Risikobereitschaft und Selbsthilfe in der Praxis zu veranschaulichen. Nicht zuletzt deshalb unterstützt die Quelle AG die Heinz-Sielmann-Stiftung, die es sich zum Ziel gesetzt hat, am Ort des Bedarfs und des Konflikts für Konsens zugunsten des Umweltschutzes zu sorgen.

Andererseits muß ein Unternehmen sich davor hüten, sich von jeder x-beliebigen Selbsthilfegruppe instrumentalisieren zu lassen, um nicht plötzlich in einer politischen Ecke zu stehen, in der es sich nicht wiederfinden möchte. Auch deshalb muß sich im

Umgang mit der neuen Aufgabe Professionalität einstellen, und zwar in der Form, daß das Unternehmen sich seine Tätigkeitsfelder aussucht, entsprechende Mitarbeit anbietet und somit das Gesetz des Handelns bestimmt. Professionalität bedeutet in diesem Zusammenhang aber auch, daß aus der Zusammenarbeit ein konkretes Projekt mit definiertem Beginn und Ziel wird.
Spätestens hier wird im Verlauf der Diskussion um Private Public Partnership die Vermutung laut, nun gingen die »Bosse« auch noch daran, den Staat offen zu übernehmen, faktisch hätten sie das ja längst schon getan. Dieser Einwand ist nicht wirklich stichhaltig, weil »die Wirtschaft« erstens nicht so homogen strukturiert ist, daß sie irgend etwas global übernehmen könnte, zweitens ihr Interesse in der Handhabung von Produkten und nicht in der Erschaffung von Politik noch in deren Vollzug liegt und sie drittens auch nicht über die notwendigen Fähigkeiten verfügt, ein komplexes Gemeinwesen zu verwalten. Unternehmen, die sich zu weit von ihrer gewachsenen Kernkompetenz entfernten, haben diesen Versuch in der Vergangenheit stets mit erheblichen Problemen, wenn nicht mit ihrem Untergang bezahlen müssen; und eine Übernahme von Staatsaufgaben wäre ein sehr weites Sich-Entfernen. Die Übernahme des Staates wird also nicht stattfinden. Daß die öffentliche Hand im Laufe der Zeit in erheblichem Ausmaß teilprivatisiert wird, widerspricht dem nicht, weil alle hoheitlichen Bereiche des Staates (die allerdings noch gültig definiert werden müssen) richtigerweise von der Privatisierung ausgenommen werden.
Es muß also klar zwischen hoheitlichen Aufgaben und Dienstleistungen der öffentlichen Hand unterschieden werden. Letztere sind nicht zwingend durch staatliche Einrichtungen zu erbringen und können oftmals besser in privatwirtschaftlicher Form organisiert werden. Zahlreiche Kommunen haben ihre Aktivitäten bereits einer Aufgabenkritik unterzogen. Von allen staatlichen Ebenen sind sie bei der Reorganisation am weitesten vorangeschritten.

Private Public Partnership kann einen solchen Prozeß in vielfacher Weise unterstützen: Sie kann, erstens, die Anregung und den Anstoß zur Reorganisation geben und zweitens den Rahmen bilden, in dem Aufgaben der öffentlichen Hand privatisiert werden. Solche intelligenten Partnerschaften tragen dazu bei, daß schrumpfende öffentliche Budgets nicht zu einer immer schlechteren Versorgung der Bürger führen.
Die Vorteile einer klaren Aufgabentrennung für die öffentliche Verwaltung liegen auf der Hand: Hoheitliche Regelungs- und Kontrollaufgaben können effizient und ohne Rücksichtnahme auf einen bestimmten Leistungserbringer organisiert werden. Selbst wo die Gemeinde oder das Land noch an der Dienstleistungsorganisation beteiligt sind, lassen sich durch die private Partnerschaft erfolgsorientierte Anreizstrukturen schaffen. Selbst Opernhäuser und Universitäten würden ungeahnte Effizienz- und Kreativitätsreserven mobilisieren, wenn ein wirtschaftlich eigenverantwortliches Management an die Stelle der staatlichen Verwaltung träte. Auch in anderen Bereichen können moderne Managementtechniken und Leistungsmaßstäbe jenseits der hoheitlichen Zuständigkeiten geschaffen werden. Beispielsweise sollte das Ziel einer Sozialverwaltung nicht die Betreuung möglichst vieler Bedürftiger, sondern deren erfolgreiche Rückführung in die Eigenständigkeit sein. Ebenso ist die Leistung einer Baubehörde nicht an der Zahl der Auflagen, sondern an der Dauer der Genehmigungsverfahren zu messen. Private Partner können in all diesen Bereichen Reformen anstoßen und sich an deren Verwirklichung aktiv beteiligen.
Nicht pauschale Beamtenkritik, sondern konstruktive Mitarbeit an einem effizienteren und damit auch bürgerfeundlicheren Gemeinwesen ist dabei das Ziel. Private Public Partnership ist so nicht zuletzt ein Instrument der Prozeßoptimierung und der Personalqualifizierung im öffentlichen Bereich, manche sprechen gar von einer »eingeschlichenen Unternehmensberatung«. Fest steht jedenfalls, daß ein leistungsfähiges Gemeinwesen ein attraktiver

Lebens- und Wirtschaftsraum für Bürger und Unternehmen gleichermaßen ist. Private Public Partnership will dazu einen Beitrag leisten.
Die Abgrenzung wird deutlich: Private Public Partnership ist kein Akt der tätigen Reue in dem Sinne, daß Unternehmen der Forderung nach der »Zivilisierung des Kapitalismus« folgten oder sich an wirtschaftspolitische Notfall-Reparaturen versuchten, etwa, um von einer vorgeblich moralischen Schuld an der Arbeitslosigkeit abzulenken.
Schon gar nicht ist sie ein Vehikel, die finanziellen Probleme des Staates zu mildern. Diese Fehlinterpretation wäre die gefährlichste, weil sie für die Politik bequeme Wege offenhielte: Wenn uns irgendwo das Geld ausgegangen ist, lassen wir Schulen, Straßen und Gefängnisse so lange verfallen, bis sich Privatleute finden, die die Arbeit umsonst machen und sich mit ein wenig Werbung im öffentlichen Raum zufriedengeben.
Nein: Private Public Partnership ist ausschließlich ein Instrument zur Festigung demokratischer Strukturen. Im Ergebnis wird zwar stets der finanzielle Druck auf die Staatsfinanzen gemildert; dafür muß der Staat jedoch eine Gegenleistung erbringen. Was die Protagonisten der Private Public Partnership-Idee als Gegenleistung verlangen, ist die Bereitschaft des Staates, sich reformieren zu lassen und aktiv an diesem Prozeß mitzuwirken. Dem legitimen und von allen unterstützten Wunsch des Staates, Lasten abzuwerfen, muß demnach die Bereitschaft gegenüberstehen, Verantwortung abzugeben. Es geht also um ein grundlegendes Re-Engineering durch die freie Wirtschaft. Erst danach wird ein *pay back* eingefordert, dann aber mit Nachdruck: Wenn es dem Staat auf diese Weise gelingt, Aufgabenlasten abzuwerfen, muß er das durch Minderung der Abgabenlasten honorieren.
Private Public Partnership beruht auf Freiwilligkeit. So einleuchtend dieses Postulat klingt, so bedroht erscheint es bereits. Indiz: Wenn die »Kommission für Zukunftsfragen der Freistaaten Bayern und Sachsen« zum Schluß kommt, ehrenamtliche »Bürgerarbeit«

sei die komplementäre Beschäftigungsform der Zukunft, ist das sicher ein diskussionswürdiger Ansatz. Wenn die Kommission aber in ihren Durchführungsvorschlägen bereits wieder autoritäre Töne anschlägt und bestimmte Organisationsformen festzuschreiben versucht, dann ist die so wertvolle Freiwilligkeit enorm gefährdet.

Bürgerarbeit unter Staatsautorität

Die Bürgerarbeit ist kooperativ und projektbezogen. Die Projekte liegen jenseits von Erwerbsarbeit und Freizeitbeschäftigungen, Tätigkeiten von Wohlfahrtsverbänden und im Rahmen von Sozialhilfe, Zivildienst, einfachen, personenbezogenen Diensten und nicht zuletzt Schwarzarbeit. Sie sind zeitlich begrenzt und werden von Ausschüssen, die von den Gemeinden eingesetzt werden, ausgewählt. Die Durchführung der Projekte wird von den Projektbeteiligten unter der Leitung unternehmerisch befähigter Persönlichkeiten selbst organisiert.
Die Beteiligung an derartigen Projekten ist freiwillig und steht allen Erwerbsfähigen offen – Erwerbstätigen und Arbeitslosen, Hausfrauen und Studenten, Sozialhilfeempfängern und Rentnern. Doch hat niemand einen Anspruch auf Beteiligung. Die Auswahlkriterien sind Qualifikation und Bedarf. Ob sie erfüllt sind, entscheidet der Projektleiter im Zusammenwirken mit dem Ausschuß für Bürgerarbeit. Mit dem Abschluß eines Projekts endet auch das jeweilige Engagement. Über die Beteiligung an einem anderen Projekt muß neu befunden werden. Dabei ist darauf zu achten, daß durch die Beteiligung an Bürgerarbeit die Bereitschaft zu regulärer Erwerbsarbeit und Tätigkeiten im Rahmen der Sozialhilfe nicht beeinträchtigt wird.
Die Bürgerarbeit wird nicht ent-, aber immateriell und

> materiell belohnt. Die immaterielle Belohnung besteht in der Erlangung von Qualifikationen und Ehrungen. Materiell erhalten diejenigen ein Bürgergeld, die hierauf existentiell angewiesen sind. Die Voraussetzungen sind die gleichen wie bei Gewährung von Sozial- beziehungsweise Arbeitslosenhilfe. Die erforderlichen Mittel werden den Haushalten der Sozial- und Arbeitslosenhilfe entnommen.
>
> *Kommission für Zukunftsfragen*

Es ist an der Zeit, den Versuch einer Begriffsbestimmung zu wagen; »wagen« deswegen, weil der Begriff Private Public Partnership zur Zeit noch sehr unscharf gefaßt wird. Zunächst: Es geht nicht vordergründig um »Sponsoring«, also um den Tausch von »Geld gegen Werbewirkung«. Wenn in diesem Buch hier und da auch von Sponsoring gesprochen wird, dann nur, weil es eine wirkungsvolle Spielart der Private Public Partnership darstellt.

Private Public Partnership, so die bisherige Sprachregelung, ist ein Bündnis privater und öffentlicher Leistungsträger zur Bewältigung fest umrissener Aufgaben. In den USA haben sich auf dieser Basis in der letzten Zeit prosperierende Firmen entwickelt. Zumindest im Fall des Flugzeug- und Raketenbauers Lockheed Martin ist es sogar gelungen, mit Private Public Partnership die so schwierige Konversion durchzuführen. Das Unternehmen befaßt sich jetzt unter anderem mit der Einnahme von Brückenmaut oder der Verfolgung von Männern, die sich ihren Unterhaltspflichten entziehen wollen. In Texas steht die Übernahme der Verteilung von Sozialhilfe durch Private an, und sogar die Rehabilitierung von Drogensüchtigen läßt sich mit Gewinn bewerkstelligen. Dafür steht allein in Texas die Freistellung von 13 000 Beamten zur Diskussion.

In Deutschland wird Ähnliches erst angedacht; und wenn ein Spediteur im Auftrag einer Stadtverwaltung die exklusive Belieferung von Läden einer Fußgängerzone übertragen bekommt, damit dort endlich mehr Sicherheit einkehrt, dann wird das

hierzulande als großartige Private Public Partnership-Aktivität herausgestellt.
Ansonsten geht es eher um den gemeinsamen Betrieb etwa eines Theaters, eines Krankenhauses oder eines Schwimmbads. Oder um die Übernahme (vorgeblich) öffentlicher Aufgaben durch Private, wie etwa der Müllentsorgung. Vielfach kam es auch zur Übernahme dieser Aufgaben durch ausgegliederte privatwirtschaftlich geförderte Betriebe der öffentlichen Hand, die dann wieder nur von Personen aus der Verwaltung kontrolliert werden. Wo das nicht der Fall ist, existiert der private Partner häufig nur, weil die Verwaltung ihn mit Zuschüssen unterstützt. Es kommt bisher also nur in den seltensten Fällen zu echten, gleichberechtigten Partnerschaften. Bislang war vielmehr die Durchsetzung der Vorstellung der Verwaltung die Regel, so bei den pro forma rechtlich selbständigen Institutionen der privaten Sozialhilfe, der Caritas oder der Arbeiterwohlfahrt, die inzwischen aber so sehr von den Zuwendungen der öffentlichen Hand abhängig sind, daß eine innovative Interessenvertretung der Minderprivilegierten kaum mehr stattfindet. In beiden Fällen dominieren zudem verwaltungstechnisch ausgerichtete Prozesse, was der Kreativität ebenfalls nicht gerade förderlich ist.
(Dieser Befund ist inzwischen auch bei den Politikern angekommen. So klagte der nordrhein-westfälische Sozialminister Axel Horstmann im November 1997 öffentlich darüber, daß vorwiegend jene Hilfsorganisationen vom Staat mit Geld versorgt würden, die schon immer an diesem Tropf gehangen und ihre Arbeit konventionell betrieben hätten. Andere, die neue Wege gehen wollten, hätten hingegen nur geringe Chancen auf die Zuteilung öffentlicher Gelder. Private Public Partnership wird hierzulande also fast ausschließlich als Top-down-Strategie gehandhabt.)
Inzwischen beginnt sich das Bild zu wandeln; aus dem Top down wird ein Bottom up, was die herkömmliche Definition zu sprengen beginnt. Die Betroffenen werden nämlich ungeduldig und »machen«, ohne sich erst um Genehmigungen zu bemühen. Sie wissen,

daß die Öffentlichkeit meist hinter ihnen steht, so daß Politik und Verwaltung früher oder später ihr Plazet schon geben werden – auch zu unkonventionellen Lösungen. Es ist dies auch ein Lerneffekt, der damit angestoßen wird und der beiden Seiten dienlich ist. Denn Privat Public Partnership mag zwar hier und da zur Konfrontation führen – trägt aber letztlich doch zum besseren Verständnis untereinander bei. Auch so wird die schon erwähnte Reanimierung der Politik eingeleitet, die zu einer neuen, offeneren Staatsform führen wird.

All dies geschieht vor dem Hintergrund einer Renaissance der Bereitschaft, wieder Fragen des Allgemeinwohls zu diskutieren und entsprechend zu handeln. Diese Bereitschaft wird vielfach als Reaktion auf den überbordenden Individualismus der letzten Jahrzehnte interpretiert. Allerdings ist festzustellen, daß die Teilnahmebereitschaft um so rapider abnimmt, je »staatsnäher« sich Hilfsorganisationen angesiedelt haben. Diese haben erkennbar Mühe, ehrenamtliche Helfer zu rekrutieren. Kreative neue Gruppen kennen dieses Problem nicht. Aktivierungspotential ist also vorhanden, aber das emotionale Umfeld muß stimmen.

Auf der Suche nach neuen Werten

Es gab Stimmen, die jegliche Verpflichtung und Bindungsnotwendigkeit leugneten bis hin zur Ablehnung der staatlichen Ordnungsfunktion und der Notwendigkeit von Ehe und Familie. Grenzenlose Freiheit, Selbstverwirklichung im Sinne von Egoismus und Hedonismus wurden gefordert und erprobt. – So erfuhren wir in der Auflösung einer alten Gesellschaftsordnung zugleich auch die Bedingungen und Grenzen einer neu zu schaffenden Ordnung.

Die notwendigen Grenzen der Freiheit haben wir relativ schnell erkannt. Deutlich hat die Gesellschaft gegen eine zu weit gehende Bindungslosigkeit protestiert. Der Besinnungsprozeß zur Definition neuer Ziele und einer gemeinschaftsverträglichen Verhaltensweise hält jedoch noch an. – Immerhin: Die Frage nach der geistigen Orientierung, nach Werten und Zielen, findet wieder zunehmend Beachtung. Gesellschaftliche Mißstände und das persönliche Empfinden mangelnder Orientierung beschleunigen den Besinnungsprozeß. – Uns muß nun die Frage interessieren, welche Kraft oder Initiative den Prozeß der Erneuerung von Zielen und Ordnungen steuern oder beschleunigen könnte. Mit hoher Wahrscheinlichkeit werden die Impulse zu dieser Neuordnung nicht von den in Frage gestellten Institutionen und Hierarchien kommen. Vieles spricht dafür, daß die Menschen in ihrem täglichen Umfeld den Mangel an Normen und Orientierungen immer stärker verspüren werden. Das Vakuum selbst schafft Impulse, neue Ordnungen zu entwerfen. In den alltäglichen Lebensgemeinschaften von Familie, Schule, Berufswelt und Heimatstadt können sich neue Überzeugungen und Konventionen herausbilden. Es ist interessant, daß dieser Prozeß in den kleineren Städten und Gemeinden in den USA deutlich und mit großer Wirksamkeit stattfindet.

Reinhard Mohn

Wenn Teile der Bevölkerung jetzt zunehmend bereit sind, sich mit der Gemeinwohlorientierung zu identifizieren, dann wird das mit dazu beitragen, daß eine uralte Tradition der deutschen Gesellschaft wieder aufleben kann: die Tradition, Stiftungen zu begründen. Stiftungen sind in der Tat eine deutsche Erfindung; die ersten wurden vor mehr als tausend Jahren ins Leben gerufen. Einen wahren Boom erlebte das Stiftungswesen zu Beginn des 20. Jahrhunderts bis in die dreißiger Jahre hinein. Die Nationalsozialisten zerstörten dieses Instrument bürgerlicher Philanthropie und bürgerlichen Selbstbewußtseins. Und bis heute leidet das Stiftungswesen unter staatlicher Gängelei. Langsam aber kommt es wieder

auf die Tagesordnung der Politiker, und es mag erstaunen, daß ausgerechnet die Grünen einen entsprechenden Gesetzentwurf in das Parlament eingebracht haben. (Allerdings haftet derartigen Initiativen immer noch der Geruch an, daß die Protagonisten offenbar in Stiftungen lediglich eine neue Quelle zur Finanzierung von Gemeinschaftsaufgaben sehen.)
Es ist also kurzsichtig, unter Hinweis auf die in den USA so lebendige Charity-Szene von einer »Gemeinwohl-Wüste« hierzulande zu sprechen. Der Trend geht vielmehr in Richtung einer Wiederbelebung der philanthropischen und gemeinwohlorientierten Traditionen. Diese sind fürwahr auch für die meisten Menschen hier attraktiver als der Rückzug auf hedonistische Lebensformen, denn Partizipation und Gemeinwohlorientierung sind offener und bieten daher größere Gestaltungsmöglichkeiten für jeden einzelnen.
Wie lebendig die Szene ist, deutet schon die Vielzahl der in die Diskussion eingeführten Begriffe an, die alle jedoch nur Teilaspekte der Partizipation an öffentlichen Aufgaben beschreiben: Built-Operated-Transfered (wenn Unternehmen öffentliche Einrichtungen, etwa Krankenhäuser, bauen und betreiben), Corporate Community Investment, Humankapital, Social Entrepreneur, Verantwortungsgesellschaft, Kommunitarismus, Prinzip Verantwortung, Menschenpflichtserklärung, Bürgerarbeit, Bürgergesellschaft, Citizenship.
In diesem Rahmen haben sich inzwischen die vielfältigsten Allianzen gebildet. Zu den wichtigsten gehören die folgenden:

1. Unternehmen kooperieren mit Kirchen, Umweltschutzorganisationen und Selbsthilfegruppen; sie schicken ihre Mitarbeiter in städtischen Parks auf Reinigungstour, finanzieren sozial und medizinisch orientierte Selbsthilfegruppen. Sie kooperieren sogar miteinander, indem sie einen stetigen Erfahrungsaustausch organisieren, wie das zum Beispiel die Breuninger-Stiftung anbietet.

2. Nicht wenige Verwaltungsmitarbeiter versuchen ihrerseits, Allianzen zu schmieden, indem sie Freiwilligenagenturen gründen, die dafür sorgen sollen, daß jeder Hilfswillige ein ihm gemäßes Tätigkeitsfeld findet. Kulturbetriebe gehen mehr und mehr in private Hände über, und die Nutznießer werden ermuntert, selber etwas für deren Erhalt zu tun. Längst unterlaufen ist das Verbot, in Schulen direkt oder indirekt Werbung zu betreiben.
3. Künstler und Sportler investieren große Teile ihres Vermögens in soziale Engagements und verbünden sich dabei auch mit Partnern aus der Wirtschaft.
4. Politiker sind bereit, in ihrer beschränkten Gestaltungsfreiheit bis zum Äußersten zu gehen, um den privaten Sektor zur Übernahme öffentlicher Aufgaben zu bewegen. Die Appelle hierzu werden immer lauter und dringlicher.
5. »Aussteiger« aus dem industriellen Umfeld finden neuen Sinn in philantropischen und auch systemüberwindenden Unternehmungen. Sie nutzen ihre Beziehungsnetze in Wirtschaft, Kultur, Politik und Religion nun für die Unterstützung ihres neuen Betätigungsfeldes.
6. Namhafte Mitarbeiter der Justiz gründen zusammen mit Privatpersonen und Unternehmen Initiativen, zum Beispiel zur Optimierung der Rechte Jugendlicher oder zur Förderung der Gemeinwohl-Idee.
7. Die Polizei sucht bei Privatleuten und Unternehmen Unterstützung. In die in Nordrhein-Westfalen gegründeten »Ordnungspartnerschaften« zur Vermeidung von Übergriffen in den Innenstädten sollen Bundesgrenzschutz, Taxifahrer, Einzelhändler und Mitarbeiter der Bahn AG eingebunden werden. Die Frage, ob die Polizei sich finanziell oder mittels Sachleistung durch Private alimentieren lassen darf, ist durch die normative Kraft des Faktischen längst beantwortet. Nach Berichten über die katastrophale Ausstattung der Berliner Polizei gingen Spenden vielfältiger Art, von der Unterwäsche bis zum Com-

puter, bei der Behörde ein. Daß sich diese Form von Private Public Sponsorship auch institutionalisieren ließe, hat als erster Hannovers Polizeipräsident Hans-Dieter Klosa laut zu denken gewagt.

Private Public Partnership sprengt alle Grenzen. Die Staatsgrenzen, indem sich deutsche Unternehmer beispielsweise in die gesellschaftliche und wirtschaftliche Entwicklung der südafrikanischen Staaten einschalten und damit die offizielle Entwicklungshilfepolitik wesentlich bereichern.

Sie überwindet notfalls die Grenzen des geldwirtschaftlichen Systems, indem zum Beispiel Selbsthilfegruppen Netzwerke einrichten, die ihre Leistungen mangels realer finanzieller Mittel über virtuelle Währungen verrechnen. So entstehen Tauschgemeinschaften, deren Leistungen durch die Entlastung der Verwaltung indirekt dann doch wieder zur allgemeinen Wertschöpfung beitragen (im Bruttosozialprodukt allerdings nicht berücksichtigt werden).

Sie provoziert, indem sie »hohe Werte« wie die Kunst mit dem vermeintlich kunstfeindlichen Kalkül der Betriebswirtschaftler konfrontiert, dadurch aber letztlich maßgeblich zur Überlebensfähigkeit dieser hohen Werte beiträgt.

Sie provoziert aber auch, indem sie gegen das vermeintlich menschliche Gebot der Gleichbehandlung verstößt. Indem sie das Gießkannenprinzip verwirft und ihre Hilfe auf wenige Empfänger konzentriert, entwickeln sich neue Instrumente, die langfristig allen zugute kommen.

Private Public Partnership überrascht, indem sie unlösbar Erscheinendes in einen neuen Kontext rückt und damit entscheidend zur Problemlösung beiträgt. Etwa, wenn – wie es in den USA zur Zeit geschieht – Bürgerinitiativen »Patenschaften« für Minenfelder übernehmen und die finanziellen Mittel für die Räumung bereitstellen.

Stiftungen als Motor der Systementwicklung

Welche Innovationsmöglichkeiten sich in einem Lande mit Hilfe des Stiftungswesens erschließen lassen, zeigt uns ein Vergleich mit der Wirkung gemeinnütziger Stiftungen in den USA. Kleinere ebenso wie große Stiftungen und insbesondere die »Think Tanks« spielen in der Gestaltung der Gesellschaft und in bezug auf die erforderliche Systementwicklung eine unverzichtbare Rolle. – Die Bertelsmann-Stiftung schlägt vor, aus diesen internationalen Erfahrungen zu lernen und zugleich dazu anzuregen, ähnliche Initiativen auch in unserem Land auszulösen.

Reinhard Mohn

Private Public Partnership begründet Synergien. So etablierte der Schweizer Pharmakonzern Hoffmann-La Roche die »Company for Evolution in Health Care«, um einen Kompetenzaustausch zwischen Klinik- und Hausärzten sowie Vertretern aus Industrie und Forschung einzuleiten.

Kooperation im Gesundheitswesen

Die »Company for Evolution in Health Care« ist ein virtuelles Non-Profit-Unternehmen, in dem sich Ärzte des Basler Kantonsspitals und Vertreter von Roche Pharma Service betätigen. Grundlage für die Zusammenarbeit ist die Einsicht, daß in Spital und Industrie Kompetenzen vorhanden sind, die – synergistisch genutzt – evolutionäre Problemlösungen im Gesundheitswesen erlauben. Erstes Projekt der Company ist die Vernetzung von Hausärzten mit Kliniken und der Industrie (...) (Die vernetzten Ärzte nutzen) die unterschiedlichste Dienste wie Bulletin Boards, Datenfernübertragung, E-Mail oder den Zugriff auf CD-Roms.

In der zweiten Phase bildet die Company die Trägerschaft für die Entwicklung einer multimedialen und Internet-kompatiblen Kommunikationsplattform, die zusätzliche Dienste für Closed User Groups in Form von Konferenzen anbieten wird. Alle Teilnehmer bezahlen nach der Pilotphase für die ihnen zur Verfügung gestellten Dienste. Einzelne Dienste werden sogar selbst von den Teilnehmern entwickelt, die das Netz als Wettbewerbsinstrument zur eigenen Profilierung erkannt haben.

Werner Becker

Private Public Partnership bricht der Vision eine Bresche. Indem sie die gesellschaftliche Wirklichkeit hinterfragt, sie immer wieder auf den Prüfstand stellt und Verwaltung und Politik mit ihren Erkenntnissen konfrontiert, bereitet sie neuen Ideen den Boden. Diese Leistung erbringen vor allem die Groß-Institutionen der Private Public Partnership wie die Bertelsmann- oder die Körber-Stiftung. Unternehmen können sich an diesem Prozeß aber auch direkt beteiligen. So gründeten Mitarbeiter der Volkswagen AG einen »Weltbürger e.V.«, der sich Visionen-Scouting zur Aufgabe gemacht hat. Zu den Veranstaltungen des Vereins werden, so die Verlautbarung, Mitbürger eingeladen, die sich als »Detektive des Anderen und Seismographen unbekannter Wirklichkeiten« verstehen.
Natürlich geht es bei all diesen Aktivitäten auch und häufig vordringlich um die Umverteilung von Geld. Und doch bündeln derartige Allianzen vielfältigere Motive. Und wenn Private Public-Partnerschaften erfolgreich sein wollen, dann müssen sie gleichzeitig den unterschiedlichsten Motiven gerecht werden. Daß es gilt, win/win-Situationen zu schaffen, ist für die staatlichen Administrationen oftmals etwas überwältigend Neues.
Wie könnten diese Situationen beschaffen sein? Sie basieren grundsätzlich, neben der Einsicht in die Notwendigkeit gemeinnütziger Engagements, auf folgenden Beweggründen: mehr Ge-

staltungsspielraum gewinnen; größere Einflußbereiche erobern; Blockaden auflösen; Kompetenzen transferieren; Motivationen schaffen; Hilfe erhalten. Ein Politiker, zum Beispiel ein Oberbürgermeister, der den Versuch eines Unternehmens unterstützt, zusammen mit Selbsthilfegruppen die krassesten sozialen Auswirkungen der Arbeitslosigkeit, selbst unter Umgehung der eigentlich zuständigen Sozialämter, zu lindern, dem schweben vielleicht vor: Imageoptimierung bei Risikominimierung; Initialwirkung auf verkrustete Strukturen in der Verwaltung; Kompetenzgewinn in der Verwaltung und Etatentlastung.
Dem beteiligten Unternehmen schweben vor: langfristige Imagegewinne; Erweiterung des Beziehungsnetzes; Innenwirkung auf die Mitarbeiter und Einblick in Entscheidungsprozesse der öffentlichen Hand.
Der beteiligten Selbsthilfegruppe schwebt vor: Maximierung der Performance gegenüber Spender- und Unterstützungsgruppen; Verstärkung des inneren Zusammenhalts und der Aufbau eines neuen Beziehungsnetzes.
Diese Interessen, die von Projekt zu Projekt unterschiedlich gewichtet sein werden, verknüpfen sich netzartig, und schon deshalb ist die Forderung berechtigt, solchen Aktivitäten stets ein professionelles Management an die Seite zu stellen.
Private Public Partnership ist öffentlich. Ein Agieren ohne kritische Begleitung durch die Presse ist, besonders bei spektakulären Projekten, nicht möglich. Die Gefahr, daß aus diesem Grund die allgegenwärtigen Bedenkenträger und Verhinderungsinstanzen die Oberhand gewinnen, ist demnach nicht gebannt. Dort, wo Erstarrung herrscht, können bekanntlich keine Fehler gemacht werden. Andererseits ist aber davon auszugehen, daß gerade deshalb nur wohldurchdachte Konzepte zum Tragen kommen oder aber solche, die von vornherein den Charakter des Experimentellen haben und dementsprechend auch von der Öffentlichkeit als solche akzeptiert werden. Es ist ja eine Tatsache, daß (fremder) Wagemut in der Öffentlichkeit besonders gut ankommt.

Und so ist auch zu erwarten, daß gerade die Öffentlichkeit dafür sorgen wird, daß innovative Projekte eher die Chance der Realisierung bekommen, wenn sie im Rahmen einer Private Public Partnership initiiert werden. Für das Unternehmen, das sich auf ein solches Vorhaben einläßt, steht viel auf dem Spiel. Gelingt jedoch ein gemeinsames Projekt, gewinnen beide – die öffentliche Verwaltung und der private Partner. Beide weisen ihre Handlungsfähigkeit nach außen nach und bringen frischen Wind in ihre eigenen Organisationen.
Professionalität ist gefragt, und so stellt sich folgerichtig die Frage nach der bestmöglichen Organisationsform einer Private Public Partnership. Eine schlüssige Antwort kann darauf bislang noch nicht gegeben werden. Wichtig ist jedoch, daß die private Seite zunächst akzeptiert, daß ihre Methoden, Probleme zu lösen, für die Partner in den öffentlichen Verwaltungen nicht immer von vornherein nachvollziehbar sind. Und daß sie akzeptiert, daß öffentliches Recht sich nicht einfach aushebeln läßt.
Die gegenseitige Annäherung erfordert ein hohes Maß an Geduld, ansonsten droht die Gefahr eines schnellen Bruchs der neuen Beziehungen. Daraus würde dann nur der Wunsch resultieren, es den »sturen Beamten« zu zeigen – doch dem Ziel jeder Private Public Partnership ist ein solches Verhalten nur abträglich. Es ist zudem darauf zu achten, daß die schwächsten Partner, eben die Hilfeempfänger, im Kampf der Interessen nicht zerrieben werden. Proporzbesetzte Organisationen, die häufig entstehen, um jeder beteiligten Gruppe die Durchsetzung ihrer Interessen zu ermöglichen, führen vielfach nur zur Erstarrung. Wahrscheinlich werden sich daher völlig neuartige Prozesse entwickeln, deren Steuerung gänzlich neuer Instrumente bedarf. Eines haben die Erfahrungen mit erfolgreichen Private Public-Partnerschaften allerdings schon jetzt gezeigt: Ohne den Gestaltungswillen einer charismatischen Persönlichkeit geht es wohl nicht.
Es gibt also für Private Public-Partnerschaften (noch?) keine ideale Organisationsform. Selbst die Stiftung ist nicht unbedingt

ideal; auch dann nicht, wenn sie sowohl von der öffentlichen Hand als auch von den Privaten gleichzeitig getragen würde, denn die Interessenkonflikte würden nur verlagert, vor allem bei den Bürgerstiftungen, die sich zur Zeit in der Diskussion befinden. Bürgerstiftungen sind ein Konstrukt, bei dem eine Vielzahl von Spendern unterschiedlichster Provenienz Geld in eine Stiftung einbringt, die einem gemeinsamen Ziel dient. Diese noch nicht gesetzgeberisch legitimierte Spielart der Stiftung unterliegt zwangsläufig der Gefahr, auf dem kleinsten gemeinsamen Nenner zu verharren, während die klassische Stiftung den Vorteil hat, sich – Genehmigung vorausgesetzt – ausschließlich am Willen des Stifters orientieren zu dürfen – bis in alle Ewigkeit.
Wenn allerdings die Aufgabe eine endliche ist, dann bietet sich als organisatorische und auch haftungsmindernde Basis die gemeinnützige GmbH oder auch der eingetragene Verein an. Beide haben den Vorteil, daß Spenden zu ihren Gunsten steuerlich absetzbar sind, beide im Rahmen ihrer Zielsetzungen und der fiskalischen Unschädlichkeit vollkommen frei agieren können und daß sie (was einer Stiftung allerdings auch unbenommen ist), sollten sich ihre Produkte als marktgängig erweisen, profitorientierte Gesellschaften ausgliedern dürfen.
Letzteres ist das Sahnehäubchen auf der gemeinwohlorientierten Tätigkeit: Sollte sich herausstellen, daß ein Projekt Gewinn abzuwerfen verspricht – etwa eine als Beratungsleistung verwertbare Kompetenz –, können diese Gewinne durch eine Ausgründung unschwer repatriiert oder einem neuen Projekt zugeleitet werden. Private Public Partnership lohnt sich also. Für alle. Grund genug, es einmal mit der Einmischung in Staatsaufgaben zu versuchen.

Teil II: Standpunkte

Vom entmündigten zum be-mündigten Bürger

von Konrad Schily

Die steigende Anzahl der über den Welthandel verbundenen Volkswirtschaften und als Ergebnis die globale Verbreitung von Fähigkeiten, Wissen und Informationen sind verbunden mit einer – zumindest partiellen – Homogenisierung der Kulturen. Globalisierung bedeutet nicht nur, daß eine Vielzahl unterschiedlicher Länder unter den Funktionsbedingungen des zunehmend globalen ökonomischen Systems mehr und mehr ökonomischen Interdependenzen unterliegt.

Der unhintergehbare Anpassungsdruck, der im offenen System »Markt« entsteht und dem sich die darin eingebundenen Volkswirtschaften nicht (erfolgreich) entziehen können, berührt neben dem ökonomischen Teilsystem einer Gesellschaft immer auch deren Kultur. Konsumgüter international agierender Lebensmittelkonzerne finden weltweite Verbreitung und stehen für eine Angleichung der Lebensweisen. Über Lizenzen finden Moden und Bekleidungsstile – traditionell Ausdrucksmittel kultureller Identität – weltweite Verbreitung. Bekleidungsgewohnheiten verändern sich: Jeans sind ein globales Phänomen; Satelliten-TV trägt über die gesendeten Filme, Serien und Commercials dazu bei, die darin – überhöht und kosmetisch geglättet – implizit und explizit dargestellten Lebensstile und Sinnorientierungen zu transportieren und zu transferieren. Sportveranstaltungen – beispielsweise die Fußballweltmeisterschaft oder die Formel 1 – sind heute global vermarktete Ereignisse, die auf allen Kontinenten hohe Einschaltquoten erreichen und damit eine weltweite Marketing-Plattform bieten, die hervorragend geeignet ist, *brand names*

und *brand images* zu verbreiten und weltweit in den Köpfen zu verankern.
Der Vereinheitlichungstendenz einer globalen Ökonomie, die die Volkswirtschaften in ein komplexes Netz von Rückkopplungen und wechselseitigen Abhängigkeiten verstrickt und damit ihren systembedingten Funktionsbedingungen unterwirft, bleibt nicht ohne Gegenbewegung. Benjamin R. Barber verweist auf zunehmende – latente oder manifeste – ethnische Konflikte, die dort zum Ausbruch kommen, wo unterschiedliche Kulturen aufeinandertreffen. Für das Auftreten ökonomischer Krisen, deren Ursachen und Bedingungen wegen der Komplexität der wirtschaftlichen Entwicklung nicht unmittelbar beobachtet werden können, sucht man Schuldige, die in aller Regel in der jeweils fremden Kultur gefunden werden.
Die Beschleunigungstendenz, die die ökonomische Entwicklung aufzuweisen scheint, setzt hohe Anforderungen an das Reaktionsvermögen der Akteure – Anforderungen, die häufig genug Überforderungen darstellen. In zunehmend unsicheren, turbulenten Umwelten, in denen die Gewinnung und Aufrechterhaltung stabiler Orientierungen schwerfällt, liegt der Rückbezug auf den kulturellen oder religiösen Hintergrund und auf die Zugehörigkeit zu einer ethnischen Gruppe nahe, weil diese Kontexte einen Vorrat stabiler Wahrnehmungs- und Interpretationsmuster bereithalten. Barber sieht die Gefahr einer antagonistischen Entwicklung zwischen einer zunehmenden globalen Integration und dem Wiedererstarken eines – überwunden geglaubten – Stammesbewußtseins: Wir ziehen uns in eine fragmentierte Vergangenheit zurück und bewegen uns doch gleichzeitig auf eine künftig grenzenlose Kultur zu.
Die sich aufbauende Spannung zwischen diesen Polen, die Barber pointiert als Konflikt zwischen McWorld und Djihad bezeichnet, stellt das politische Handeln vor eine neue Herausforderung. Dabei steht die Politik vor dem Problem, daß sich die unmittelbaren Eingriffsoptionen und Gestaltungspotentiale einer nationalstaat-

lich basierten Politik infolge der Globalisierung der Ökonomie reduzieren. Internationale Unternehmen können sich den Gestaltungsversuchen nationaler Wirtschaftspolitiken entziehen. Jede politische Maßnahme, die als Verschlechterung der ökonomischen Rahmenbedingungen interpretiert wird, führt zur Unterlassung weiterer Investitionen am Standort und damit zur Senkung der wirtschaftlichen Dynamik oder – im schlimmsten Fall – zu Betriebsverlagerungen der betroffenen Unternehmen. Dies nicht etwa aus Boshaftigkeit der Manager, sondern aufgrund der Funktionsbedingungen eines privatwirtschaftlich-kapitalistischen Wirtschaftssystems: Sinkende Eigenkapitalverzinsung wird auf den Kapitalmärkten mit einer rückläufigen Aktien-Performance quittiert, womit sich die mittelfristige Finanzierungssituation – und damit die Kostenstruktur – eines Unternehmens verschlechtert. Verschlechterungen des nationalen Investitionsklimas werden von den sensiblen internationalen Finanz- und Kapitalmärkten registriert, die mit einer Umlenkung der Finanzströme reagieren. Den abnehmenden Gestaltungsmöglichkeiten der Politik gegenüber einem heimatlosen wirtschaftlichen System steht die steigende Gestaltungsnotwendigkeit im Interesse der Aufrechterhaltung einer liberalen, offenen Gesellschaft gegenüber. Gesellschaftliche Desintegrationsprozesse – auch und gerade infolge der Arbeitslosigkeit, die mit der gewachsenen Standortkonkurrenz in Mitteleuropa auf immer höheres Niveau steigt – erfordern politisches Handeln: Ohnmachtsgefühle der Gruppen, die sich als Verlierer einer sich beschleunigenden ökonomischen Entwicklung sehen, müssen aufgegriffen und kompensiert werden. Dabei ist nicht nur die Sicherung der wirtschaftlichen Überlebensfähigkeit dieser Personengruppen angesprochen. In westlichen (Industrie-)Gesellschaften bedeutet der Verlust der Erwerbsarbeit immer auch einen Identitätsverlust und den Verlust von Selbstwertgefühl.

Vielleicht läßt sich die gegenwärtige Situation der Gesellschaft so skizzieren: Wenn sich die globale Wirtschaft systematisch der Gestaltungsmacht der Politik entzieht, wächst die Bedeutung einer

Gestaltung jener gesellschaftlichen Bereiche, die allein – weil nur sie gewissermaßen in Reichweite liegen – politischen Maßnahmen zugänglich sind. Die aktive Gestaltung der Gesellschaft in sozialer und kultureller Hinsicht und die Kultivierung eines öffentlichen Lebens gewinnen an Relevanz, weil diese gesellschaftlichen Kontexte es Individuen erlauben, Sinnbezüge zu schaffen und zu finden, ohne auf atavistische Stammesrituale zurückgreifen zu müssen, die den inneren Zusammenhang einer Gruppe betonen und gegenüber einem als fremd und feindlich empfundenen Außen abgrenzend wirken.

Auf individueller Ebene ist ein weiterer Zusammenhang von Bedeutung: Gesellschaftliche Bereiche, die im mehr oder weniger großen unmittelbaren Umfeld eines Individuums liegen, stellen Bereiche dar, in denen die Auswirkungen des eigenen Handelns zu beobachten sind, weil der eigene Gestaltungsbeitrag konkret und greifbar ist und nicht nur mittelbar – auf unüberschaubare Weise – zur Konstituierung eines Systemaggregats beiträgt. Die Leistung eigener, konkreter und sichtbarer Beiträge zur Gestaltung und Verbesserung des eigenen Umfelds – in welchen Bereichen auch immer – verdeutlicht und bestätigt die individuelle Eingriffsmöglichkeit in die Welt: Aktive Gestaltung setzt sich ohnmächtigem Erdulden entgegen.

Die Herausforderung der Politik, von der hier die Rede ist, ist eine Herausforderung der Bürger. Die gewachsenen Gestaltungserfordernisse des gesellschaftlichen Lebens erfordern die Wiedereinsetzung der Bürger in das Recht. Und die Pflicht, Verantwortung für ihr gesellschaftliches Umfeld zu übernehmen, erfordern die Rückkehr der Bürger in die Politik, die dann eine andere sein wird als die, die wir heute kennen.

Welche Organisationsformen sich die Bürger geben werden, um ein gesellschaftliches Ziel zu realisieren, wird von den jeweiligen Zwecken abhängen. Bildungseinrichtungen brauchen eine andere Organisationsform als eine Initiative, die es sich zur Aufgabe macht, Langzeitarbeitslosen neue Perspektiven und Beschäfti-

gungsmöglichkeiten zu eröffnen. Wieder anders werden sich eine Kulturinitiative, ein Theater oder ein Bürgerbündnis zur Gestaltung öffentlicher Räume organisieren.
Daß die Bürger selbst Träger dieser – auf welche gesellschaftlichen Ziele auch immer – gerichteten Initiativen sein müssen und diese Verantwortung nicht staatlicher Administration übertragen dürfen, wird deutlich, wenn man die Entwicklung der staatlichen Einrichtungen betrachtet, die im Interesse der Kollektivgutproduktion errichtet wurden: Die öffentlichen Hochschulen sind ein Beispiel dafür, daß eine staatlich verwaltete Produktion von Bildungsangeboten an ihren systembedingten Strukturen erstickt – und systematisch ersticken muß.
Der Staat wird in den neuen Initiativen gesellschaftlicher Gestaltung nicht ohne Aufgabe sein: Als regelsetzende Instanz und als Instanz der Willensbildung müssen die Parlamente darüber entscheiden, für welche Kollektivgüter das Gemeinwesen welche finanziellen Mittel einsetzt. Für die eigentliche Produktion dieser Güter wird sich der Staat aber nicht mehr eigener Institutionen bedienen, sondern subsidiäre Einrichtungen beauftragen und deren Leistungen kontrollieren. Dazu braucht es neues Denken und neue Konzepte.
Die neuen Kooperationsformen, die in diesem Zusammenhang entstehen, werden zunehmend unter dem Stichwort »Private Public Partnership« diskutiert. Alfred Herrhausen, der später ermordete Vorstandssprecher der Deutschen Bank, hat auf den Punkt gebracht, was es mit Private Public Partnership im Kern auf sich hat: In der Diskussion um die Gründung der Universität Witten/Herdecke erklärte der Bankier, daß die Deutsche Bank selbstverständlich in der Lage sei, aus eigener Kraft eine Universität zu gründen. Aber dann, sagte der Visionär an, werde daraus innerhalb von fünf Jahren schließlich doch wieder eine Bank …
Alfred Herrhausen, dem die Idee, Universitäten in freier Trägerschaft als selbstbestimmte, autonome Ausbildungsstätten zu füh-

ren, sehr viel zu verdanken hat, formulierte damit kurz und knapp das Grundprinzip dessen, was heute unter dem Begriff »Private Public Partnership« mehr und mehr diskutiert wird. Partnerschaft wird dort fruchtbar, wo die Beziehung nicht durch die Dominanz eines Partners verzerrt ist. Ein Unternehmen – selbst wenn es eine Idee aus tiefer Überzeugung unterstützt – muß sich bei deren Umsetzung Zurückhaltung auferlegen. Dazu gehört Vertrauen – das Vertrauen, daß die kundige Delegation von Aufgaben hin zu den für eine spezifische Aufgabe kompetenten Problemlösern (auch über die Unternehmensgrenzen hinaus) eine Stärke unternehmerischen Handelns ist.

Eine Organisation, die kulturelle oder soziale Zwecke verfolgt, kann nicht als Quasiabteilung eines Mineralölkonzerns, eines Stahlproduzenten oder eines Bankhauses geführt werden. Und schon kaum im selben Haus: Sie läuft Gefahr, als exotisches Anhängsel am Desinteresse, aber auch an der gönnerhaften Attitüde der mit operativen Aufgaben betrauten Mitarbeiter zu ersticken. Das bedeutet nicht, daß nicht auch in gemeinwohlorientierten Institutionen unter Einsatz moderner, effizienzorientierter Managementmethoden unternehmerisch gehandelt werden sollte.

Vor einer reduktionistischen Konzentration auf einfache ökonomische Kosten-Nutzen-Abwägungen sei allerdings gewarnt. Die Entwicklung des Gesundheitswesens zeigt, daß Maßnahmen, mit denen aus einer einseitig ökonomisch-technizistischen Haltung heraus eine Senkung der Gesundheitsausgaben angestrebt wurde, das Gegenteil bewirkten. Die Kosten des medizinisch-technischen Komplexes steigen weiter, gleichzeitig steigt die Unzufriedenheit in allen Sektoren des Gesundheitswesens. Über den Versuchen, mit restriktiven Budgetvorgaben und versicherungsmathematischen Optimierungen den Anstieg der Gesundheitsausgaben zu dämpfen, wurde der menschliche Aspekt vergessen: Wer kränkelnden Rentnern einen Ansprechpartner gibt – und sei es ein medizinischer Laie – oder Möglichkeiten schafft, die es alten

Menschen erlauben, sich nützlich zu machen, verringert deren Anfälligkeit drastisch. Zuneigung und Selbstwertgefühl sind vielfach besser als Herztropfen.
Mit anderen Worten: Die Lösung des Problems liegt außerhalb des ökonomischen Systems. Sie liegt im Geist der Betreuungsgruppen und Gesprächskreise, die von Bürgern gegründet werden; in Initiativen einer offenen Bürgergesellschaft, die sich autonom und verantwortlich der Lösung einer Aufgabe stellen und sich aus den Zuwendungen Dritter finanzieren.
Private Public Partnership ist zunächst ein Bündnis gleichberechtigter und freier Partner, die sich im Interesse der Durchsetzung einer als bedeutungsvoll erkannten Idee verbinden. Und weil es sich dabei um autonome Partner handelt, ist Private Public Partnership auch ein Bündnis gegen Betriebsblindheit: Die Notwendigkeit, dem Partner gegenüber das eigene Handeln immer wieder zu begründen, um seine Unterstützung zu gewinnen, trägt zur Erhöhung der Qualität von Entscheidungen bei. Die Partner einer Initiative, die sich die Umsetzung einer Idee zum Ziel gemacht hat, fungieren nicht nur als Finanziers, sondern auch als Instanzen des Hinterfragens, einer diskursiven Prüfung der Vorhaben und Maßnahmen, sowie der angestrebten nächsten Schritte.
Mit der Kommunikation zwischen den Partnern rückt ein weiteres wichtiges Element der Private Public Partnership in den Blick. Wer kommuniziert mit wem auf welche Weise? Welches Ergebnis wird in der Kommunikation angestrebt? Abstrakt betrachtet, kommunizieren im Rahmen der Private Public Partnership die Politik, die Bürger und die Wirtschaft miteinander. Die Kommunikation ist trilateral – eine entscheidende Neuerung. In der Vergangenheit waren bilaterale Kommunikationsmuster vorherrschend. Das Gespräch zwischen Wirtschaft und Konsumenten ist als Marktkommunikation bekannt. Lobbying steht für die Kommunikation zwischen Wirtschaft und Politik. Und die Exekutive bedient sich bei der Erledigung ihrer hoheitlichen Aufgaben der Gesetze und

Verordnungen für die – recht einseitig verzerrte – Kommunikation mit den Untertanen. Initiativen der Private Public Partnership zeichnen sich hingegen dadurch aus, daß sie eine kommunikative Verbindung der drei Gruppen herstellen.

Daß diese Verbindung nicht immer herzlich und schon gar nicht unproblematisch sein muß, liegt in der Natur der Sache. Denn man kann es durchaus als revolutionär bezeichnen, wenn die Wirtschaft sich nicht mehr darauf beschränkt, den Bürger zu fragen, was er von ihr haben möchte und was man ihm verkaufen könne, sondern wie die gemeinsame Zukunft zu gestalten sei. Und der Switch in der Kommunikation zwischen Exekutive und Bürgern ist ebenfalls dazu geeignet, in einem durchaus schmerzlichen Prozeß das liebgewonnene Selbstverständnis der Behörden zu unterlaufen und zu entkräften, demzufolge diese sich als patriarchale Instanzen der Daseinsfürsorge verstehen, die die Geschäfte der Bürger zu erledigen haben, die zu erledigen diese, so wird unterstellt, selbst nicht in der Lage sind.

Wie anstrengend die Kommunikation auch immer sein mag, Private Public Partnership eröffnet drei grundsätzliche Wege, Projekte zu gestalten.

Erste Möglichkeit: Eine Bürgerinitiative, eine Selbsthilfegruppe oder ein Kulturinstitut, das bei einer jeweils zuständigen Behörde keine Resonanz und finanzielle Unterstützung gefunden hat, wendet sich an ein oder mehrere Unternehmen. Diese begutachten das Projekt, lassen sich von dem Anliegen überzeugen und unterstützen es finanziell und ratgebend. Vielfach werden dabei unternehmensnahe Stiftungen aktiv. Hinsichtlich der Reaktion der zuständigen Behörden sind zwei Optionen möglich. Die erste – Gleichgültigkeit – ist weniger interessant. Im zweiten Fall kommt Bewegung ins Spiel – vor allem dann, wenn politischer Druck entsteht und die Initiative bessere Leistungen erbringt als die Behörde mit ihren parallel betriebenen Maßnahmen.

Zweite Möglichkeit: Ein Unternehmen erkennt ein kulturelles oder soziales Defizit, das die Behörden nicht beheben können, und gründet eine eigene Initiative, häufig eine Stiftung. Die Behörden reagieren darauf nach demselben Muster wie bei der ersten Möglichkeit.

Dritte Möglichkeit: Eine Behörde erkennt die eigenen Defizite und versucht, Industrie und Bürger zur Lösung eines Problems zu gewinnen. Gelingt ihr das, tendiert sie zunächst dazu, die neue Initiative zu dominieren, muß aber feststellen, daß ihr Einfluß auf Dauer schwindet, wenn sie sich in ihren Strukturen nicht den privaten Entscheidungskriterien und -wegen anpaßt. Das passiert um so schneller, je weniger die Behörde sich finanziell beteiligen kann.

Solche behördlichen Initiativen müssen nicht unbedingt die aktuell häufig zu beobachtende Absicht verfolgen, sich sukzessive aus teuren Verpflichtungen zu verabschieden. Manchmal scheint es von seiten der Behörden durchaus legitim, durch Verweigerung von Leistungen den Anstoß zu geben, daß die Begünstigten die Selbstlähmung überwinden, die durch behördliche Überversorgung induziert wurde. Diese Chance ergibt sich immer dann, wenn – wie aktuell am Beispiel der Universitäten zu beobachten – die Situation ebenso verfahren wie mit herkömmlichen Methoden nicht zu lösen ist. Dann müssen es die Beteiligten auf sich nehmen, die Situation aus eigener Kraft zu verändern. Noch vor dem Ruf nach zusätzlichen finanziellen Mitteln sind die Universitäten ihrerseits aufgerufen, strukturelle Reformen zu erarbeiten und zu implementieren.

Dieser Kelch wird aber auch an den Ministerien selbst nicht vorübergehen: Struktur, Organisation und Arbeitsweise der Ministerien haben in der Vergangenheit einiges dazu beigetragen, daß die Situation an den Universitäten so ist, wie sie ist. Wenn auch manche öffentliche Dienststelle den Eindruck erweckt, die Schatzkammer des Königs zu verwalten, sei daran erinnert, daß die verfügbaren Etats nicht von den Dienststellen, sondern von den Bürgern erwirtschaftet werden. Und als Beauftragte der Bürger haben die Instanzen der Exekutive dafür zu sorgen, daß Univer-

sitäten als vitale Ausbildungsstätten funktionieren und nicht zu Ruinen werden, deren notwendige Dachreparatur das öffentliche Dienstrecht verbietet.
In allen Fällen mündet Private Public Partnership in den manifestierten Bürgerwillen, über eine möglichst kurzfristige Problemlösung im akuten Fall langfristig eine neue Gesellschaftsordnung zu konstituieren. Das klingt vermessen, läßt sich aber an den unterschiedlichen Kriterien festmachen, nach denen Private und Behörden Projekte finanzieren. Der Staat finanziert Institutionen, die ihrerseits versuchen, dem ihnen gesetzten Auftrag mit standardisierten Methoden nachzukommen. Das Waisenhaus dient der Versorgung elternloser Kinder – und das eben nur im Waisenhaus. Arbeitsämter sind heute Verwaltungsinstanzen der Arbeitslosigkeit, deren Administration fortwährend wächst, während die Mittel, die für tatsächliche Qualifikations-, Weiterbildungs- und Beschäftigungsmaßnahmen vorgesehen sind, in gleichem Maße schwinden. Die Verordnungen, die ein Lehrer in der Schule zu beachten hat beziehungsweise hätte, wenn er sie kennen würde, haben enzyklopädischen Umfang angenommen. Das Ergebnis ist immer das gleiche: starre Institutionen mit erstaunlichem Beharrungsvermögen gegenüber jedem noch so kleinen Veränderungswunsch.
Private Initiativen hingegen finanzieren Aufgaben statt Institutionen. Unternehmen finanzieren nicht Werkshallen, Maschinen und Mitarbeiter, sie finanzieren ihre Produkte, ihren Umsatz. Und je mehr die staatliche Verwaltung in den Sog solcher Realisierungskonzepte gerät, um so eher stellt sie sich um. Zuerst ganz im geheimen, dann immer offener und schneller.
Ich nenne erneut das Beispiel der Universität Witten/Herdecke: Im Mittelpunkt der Finanzierung steht nicht die Institution Universität, sondern die Aufgabe der Universität. Diese besteht darin, Studierende in einer besonderen Art und Weise auszubilden und praxisorientierte Forschung zu betreiben. Private Großspender geben ihr Geld nicht in einen anonymen Topf, sondern finanzieren

einen Lehrstuhl mit bestimmten wissenschaftlichen Aufgaben. Sie finanzieren zudem die Aufgabe, junge Erwachsene in einer bestimmten Weise zu unterrichten und zu befähigen: zur Selbstorganisation etwa; dazu gehört, schnell den Kern eines Problems zu erfassen um es sodann zu lösen. Sie erzieht zu Praxisbezug und zu Offenheit gegenüber sich verändernden Paradigmen. Die Lehrstuhlinhaber legen regelmäßig darüber Rechenschaft ab, ob sie dieser Aufgabe gerecht werden. Und zum Schwur kommt es spätestens dann, wenn die Vertragslaufzeit einer Spende oder Stiftung abläuft und wenn die Unternehmen sich entscheiden müssen, ob sie einen Lehrstuhl für weitere fünf, sechs oder sieben Jahre finanzieren wollen. Die Universität und ihre Lehrstuhlinhaber sind selbstbewußt genug, ihre Existenz in dieser Weise immer wieder selber aufs Spiel zu setzen. Die Partner verzichten dabei auf jegliche Einflußname hinsichtlich der Lehrinhalte und Methoden – die Professoren würden sich übrigens darauf auch gar nicht einlassen. Großen Einfluß nehmen die Partner allerdings darauf, daß der Geist der Universität bestehen bleibt, der sich unter anderem durch den offenen und vertrauten Umgang der Professoren mit den Studierenden auszeichnet und ohne den das Ziel der Universität nicht erreicht werden könnte.

Das Modell läßt sich leicht auf jede beliebige Schule übertragen: Wenn die Eltern in nicht allzu ferner Zukunft gezwungen sein werden, Lehrmaterialien und Lehrkräfte aus eigener Tasche zu finanzieren, werden sie zunehmend dahin tendieren, den Geist der Schule mitbestimmen zu wollen. Sie werden ihren Einfluß bei der Auswahl des Lehrkörpers und der Schulleitung geltend machen, und sie werden sich dabei nicht an formalen Kriterien orientieren. Lehrer und Schulleitung werden die Bereitschaft zur Kommunikation mit den neuen Schulträgern aufbringen müssen – so, wie das heute schon bei den Waldorfschulen der Fall ist. Dann wird es vielleicht Schulleiter geben, die keinerlei pädagogische Ausbildung genossen haben, die aber in der Lage sind, Lehrern zu vermitteln, daß sie ihre Schüler zu Schulbeginn zu begrüßen und

sie mindestens viermal im Jahr zu Hause zu besuchen haben, um mit den Eltern wirklich zielorientierte Gespräche zu führen. Mit anderen Worten: Die Eltern finanzieren dann nicht nur einen PC oder eine Lehrkraft, sondern sie stellen die Basis für den Geist der Schule – sie finanzieren die Funktion, das Ziel der Schule. Die Schulverwaltungen in den Ministerien haben dann nur noch die Aufgabe, diese unerhörten Neuheiten mit dem Beamtenrecht und den übrigen Vorschriften in Einklang zu bringen. Gezwungenermaßen in höchst flexibler Weise, weil sie sonst dem Druck der Öffentlichkeit ausgesetzt sind.
In der Tat wäre das ein gesellschaftlicher Umbruch, bei dem der Staat nicht außen vor bleiben muß. Denn auch eine solche Schule braucht eine sichere Finanzierung, die sich Staat und Schulgemeinschaft teilen könnten – wie, ist Verhandlungssache und in der konkreten Situation zu entwickeln. Für die Universitäten könnte folgendes Modell gelten: Ein Drittel der benötigten Mittel kommt vom Staat, ein Drittel von der (zum großen Teil privatwirtschaftlich finanzierten) Forschungsförderung und ein Drittel von den Teilnehmern – Studierenden und privaten Förderern.
Was hier nach politischer Träumerei klingt, könnte eine jener Visionen sein, die sich schneller realisieren als gemeinhin erwartet. Schließlich wird der Bedarf nach derartigen Partnerschaften inzwischen von Behörden und Politikern erkannt und formuliert, wenn auch bezweifelt werden muß, daß diese die daraus folgenden Explikationen überblicken. Ihre Motive speisen sich eher aus der Überlegung, mit der Einschaltung privater Sponsoren ließe sich das Desaster der Staatsfinanzen beheben.
Daher ist die Aufgabe auch nicht so herkulisch, wie sie auf den ersten Blick aussieht. Zwar gilt es immerhin einen Umbruch zu verwirklichen: vom Geist der preußischen Heeresordnung hin zum Stolz der Schicksalsgemeinschaft der Deichbauern. Die preußische Heeresordnung steht für hierarchische Strukturen, in der sich der Wille des obersten Heerführers bis hin zum unbedeutendsten Dienstgrad fortpflanzt, wobei sich die verantwortliche Spitze im

Ernstfall schadlos absetzen kann. Eigeninitiative wird dabei negativ sanktioniert – im Zweifelsfall führt die Rückversicherung bei der übergeordneten Instanz zur Sicherung der eigenen Position, nicht aber unbedingt zur Lösung des Problems.
Der Stolz der Deichbauern steht für ein ebenso altes wie zukunftsträchtiges Organisationsprinzip. Wer aus der Front ausschert, muß weichen – jeder tut, was er in seinem Abschnitt für das Beste hält; der Deichgraf gibt die Richtung vor und geht, weil auch er an der Wasserkante wohnt, im Katastrophenfall mit unter. Eine Verlagerung der Verantwortung auf welche Hierarchiestufe auch immer kann nicht stattfinden. Es gilt die Regel: Stolz und Gemeinschaftsgeist sind besser als Dienstvorschriften.
Dieses Prinzip funktioniert heute noch – auch und gerade unter schwierigsten Bedingungen. Als in New York die Verwaltungen kapitulierten und die am meisten verwahrlosten Gegenden sich selbst überließen, da brach nicht etwa auf der Stelle Anarchie aus. Die Bevölkerung tat sich vielmehr zusammen und sorgte zuerst einmal für Sicherheit; gleich danach gründete sie Schulen – man liebt seine Kinder eben doch. Und: Jeder an dieser Neuordnung Beteiligte lebte vor Ort mit der Gefahr und war daran interessiert, diese so schnell wie möglich zu eliminieren, denn Weglaufen war nahezu unmöglich.
Die preußische Heeresordnung in der heute praktizierten Form hat es geschafft, nur noch Zentralität hervorzubringen – und leistet damit der Flucht aus der Verantwortlichkeit Vorschub. Diese Tendenz setzt sich bis in die Dienstleistungen privater Anbieter fort, soweit sie quasi-staatliche Aufgaben übernehmen. Ein gutes Beispiel dafür ist die »Schornsteinfegerverordnung«, die das schwarze Gewerbe bis ins einzelne regelt. Diese Verordnung mußte den Schornsteinfegern nicht aufgezwungen werden, sondern wurde von diesen selbst gefordert. Denn eine Verordnung liefert detaillierte Klarheit über Befugnisse und hoheitliche Rechte – Schornsteinfeger dürfen Heizungsanlagen stillegen – und eröffnet *en passant* die Möglichkeit, die Verantwortung für das eigene

Handeln auf eine übergeordnete Instanz – den staatlichen Verordnungsgeber – abzuwälzen. So werden Leistungen entpersonalisiert und bis hin zur legalisierten Leistungsverweigerung standardisiert. Wer kennt nicht den Satz »Ich darf dieses Paket leider nicht mehr annehmen, weil das Amt nur bis 17 Uhr geöffnet ist«? Aus der preußischen Heeresordnung stammt das Prinzip, nach dem der Lagerverwalter, der für die Versorgung der Produktion verantwortlich ist, zwar am besten Bescheid weiß, welche Teile und Materialien geordert werden müssen, die notwendigen Bestellungen jedoch nie eigenverantwortlich durchführen darf. Diesen Funktionsprinzipien folgt die Arbeit der Bildungsstätten und anderer staatlich kontrollierter sozialer Einrichtungen dieses Landes heute noch. Dem Professor oder dem Sozialarbeiter wird kein eigenverantwortlicher Rückgriff auf die Ressourcen gewährt, die seinem Arbeitsbereich grundsätzlich zugestanden wurden. Er muß sie aufwendig beantragen, obgleich sie ihm budgetär zustehen.
Formale Kriterien dominieren und überlagern auch die Auswahl von Personen. Ein Hochschullehrer muß in der Regel eine Habilitation vorweisen, um auf einen Lehrstuhl berufen werden zu können. Nicht-habilitierte Praktiker haben als ausgewiesene, erfahrene Experten selbst bei hohen pädagogischen Kompetenzen kaum die Chance, einen Lehrstuhl zu erhalten. (Bei den Technischen Hochschulen sind die Regelungen etwas durchlässiger – die Novelle des Hochschulrahmengesetzes sieht darüber hinaus vor, die Habilitationsadäquanz der Habilitation gleichzustellen.) Ein Streetworker muß ein sozialpädagogisches Diplom nachweisen, das drei Jahre vorwiegend theoretisches Studium dokumentiert, aber nichts über soziale Kompetenz und die Fähigkeit zum Konfliktmanagement aussagt.
Initiativen der Private Public Partnership haben das Potential, diese Verkrustungen aufzubrechen: Wenn sie sich neben den im Geist der preußischen Heeresordnung geführten staatlichen Einrichtungen erfolgreich etablieren, beweisen sie, daß der Verzicht auf Formalia nicht Chaos, sondern eine neue, leistungsfähigere

Ordnung induziert. Die alte Ordnung kann nicht ohne Widerstände überwunden werden – die Exekutive verzichtet ungern auf die Ausübung von Herrschaft. Aber: Die Spielräume werden größer. Die Erfolge des Private Public Partnership strahlen aus – sukzessive sickern zum Beispiel die Neuerungen, die an der Universität Witten/Herdecke umgesetzt wurden, in die Apparate der öffentlichen Hochschulen ein. Die private Universität als Initiative der Private Public Partnership beeinflußt heute die Hochschulpolitik des Landes, die – wenn auch nicht mit einem entschlossenen großen Satz, sondern Schritt für Schritt – darauf gerichtet ist, den Hochschulen höhere Autonomie einzuräumen.
Wenn Verwaltungen von Städten und Gemeinden dazu übergehen, den Mitarbeitern Budgetverantwortung zu übertragen, ist dies keine originäre Erfindung der Verwaltungsspitzen, sondern schlicht eine Übertragung erfolgreicher privatwirtschaftlicher Praxis. Die privatisierten Nachfolgeunternehmen der Post beispielsweise adaptieren – wenn auch unter Schmerzen und hin und wieder von Rückfällen auf geübte Monopolistenpraxis unterbrochen – wettbewerbsorientierte Strukturen und Denkweisen. Die neuen Dienstleister residieren dann aus Kostengründen eben in gebrauchten Bürocontainern statt in pompösen, überdimensionierten Behördenbauten. Der ent-mündigte Bürger beginnt, sich selbst wieder zu be-mündigen.
Der Rückzug der öffentlichen Anbieter ist ökonomisch unausweichlich. Die gewaltigen Administrationen, die im Luxus monopolistischer Positionen heranwucherten, sind nur mit durchrationalisierter Massenproduktion finanzierbar. Und neue Nachfragestrukturen, die nach immer ausdifferenzierteren Produktangeboten für immer kleinere Marktnischen verlangen, können mit einfallsloser Massenware nicht adäquat bedient werden. Den Apparaten fehlt die innere Flexibilität, sich einem ökonomischen Entwicklungsprozeß anzupassen, der einer Beschleunigungstendenz unterliegt. Zelte statt Paläste – mit diesem Bild hat Bo Hedberg, ein schwedischer Wirtschaftswissenschaftler, in den

siebziger Jahren bereits darauf hingewiesen, daß Organisationen gut beraten sind, wenn sie beweglich bleiben wollen, sich den Turbulenzen des Wettbewerbs auszusetzen.

Wenn die »Gelbe Post« meint, sie bräuchte in einem Dorf oder einem Stadtteil keine Filiale mehr, nicht einmal eine Poststelle im Kiosk an der Ecke, dann gründen die Betroffenen einfach eine »Bürgerpost«. Allerdings fallen die neuen Angebote nicht überall in gleicher Qualität aus, wenn private Anbieter in die Lücken stoßen, die sich durch den Rückzug der öffentlichen Anbieter ergeben. Dies zieht ein unterschiedliches Versorgungsniveau der Bevölkerung – auch mit Grunddienstleistungen – nach sich: Der Gleichheitsgrundsatz wird durchbrochen.

Aber bei aller Rücksicht auf mögliche Ungerechtigkeiten: Hat es wirklich grundgesetzlichen Rang, daß sich der Abteilungsleiter auf Kosten der Allgemeinheit ebenso orthopädische Schuhe anpassen lassen darf wie ein Angestellter mit geringem Einkommen? Oder sollte der Abteilungsleiter die Rechnung des Orthopädie-Schusters aufgrund seines höheren Gehalts nicht selbst bezahlen? Vor dem Gesetz sind alle Menschen gleich. Nur: Schließt das ungleiche, möglicherweise von den Bürgern in Eigenregie gestaltete Leistungsangebote aus? Das Gleichheitspostulat bezieht sich im wesentlichen auf Chancengleichheit und bedeutet nicht, daß alle und alles über einen Leisten geschlagen werden müssen. Es macht einfach Sinn, zu differenzieren. Arbeitslose in München und in Unna müssen unterschiedlich – den regionalen Gegebenheiten angepaßt und angemessen – unterstützt und qualifiziert werden, statt mit invarianten, standardisierten Maßnahmen Mittel ineffizient zu verausgaben.

Wenn Ungleichbehandlung dem Prinzip des Staates nicht entspricht, für die zu erfüllenden Herausforderungen aber sinnvoll und notwendig ist, dann müssen private Initiativen diese Aufgaben übernehmen. Der Staat ist deswegen nicht aus dem Spiel, vielmehr hat er spezifische Aufgaben: Als Instanz der Regelsetzung und Regeldurchsetzung muß er Rechtssicherheit bieten. Die

Formulierung und die Überwachung negativer, abstrakter und universalisierbarer Regeln sind Aufgaben des Staates, der nurmehr festlegt, was nicht sein darf. Ausbeutung, Benachteiligung aufgrund von Rassen- oder Religionszugehörigkeit oder die Bildung von Monopolen hat der Staat zu unterbinden.

In diesem Kontext der Regelsetzung wäre der Staat für Langsamkeit nicht anzuklagen. Die Regelungswirkung von Gesetzen wird unter anderem durch die Stabilitätseigenschaft, durch die Kontinuität dieser Regeln konstituiert. Aber gerade in diesem Bereich ist das Staatshandeln aktuell von hektischer Betriebsamkeit erfaßt: In immer rascherer Folge werden Gesetze novelliert oder neue Gesetze erlassen – mit dem Ergebnis, daß die Anzahl der Regulierungen heute in vielen Bereichen unüberschaubar geworden ist. Die Pointe daran ist, daß ein bis zu Unüberschaubarkeit aufgeblähtes Institutionendickicht zur Aufhebung der Ordnungsfunktion der Regeln führt. Auf den ersten Blick erscheint es paradox: Mehr Regeln erzeugen nicht mehr Ordnung, sondern das Gegenteil. Unordnung tritt ein.

Eine Gesellschaft muß ihr kollektives Handeln zwischen den Polen Gleichheit und Individualität einordnen. Im Vergleich zum anglo-amerikanischen Raum wird in der Bundesrepublik die Gleichheit stärker betont und durch staatliche Maßnahmen angestrebt. Aus deutscher Perspektive wird die Betonung des Individualitätsprinzips auch im Bildungsbereich, nach anglo-amerikanischem Muster, häufig mit Befremden und Skepsis beobachtet. Die Differenzierung der Bildungsangebote ist dort sehr viel stärker ausgeprägt, als dies bei uns der Fall ist. Die Ablehnung eines stark differenzierten Bildungssystems mit dem Hinweis, es weise soziale Zugangsbeschränkungen aus und sei deshalb sozial inakzeptabel, ist in dieser pauschalen Form aber unberechtigt. Der Vorwurf, in den USA könne nur die finanzielle Elite ihre Kinder auf die weiterführenden Schulen und auf die Universitäten schicken, ist unberechtigt. Das Stipendiensystem der USA funktioniert ganz ausgezeichnet. Erstens, weil zahlreiche Stipendiengeber vorhan-

den sind, und zweitens aufgrund der Begabtenakquisition der Hochschulen, die im Interesse eines hervorragenden wissenschaftlichen Nachwuchses offensiv um begabte Studienanfänger konkurrieren. Darüber hinaus besteht für die »Normalstudierenden«, die zu Beginn ihres Studiums noch kein ausreichendes Profil für die Ivy-League-Universitäten nachweisen konnten, das Angebot der staatlich alimentierten Hochschulen.
Der wichtigste Unterschied zum deutschen Hochschulsystem besteht darin, daß in den USA Universitäten in der Regel ihre Studenten nach eigenen Gesichtspunkten auswählen. Und jeder, der sich bewirbt, weiß, unter welchen Voraussetzungen er das tut. Die Universitäten gestalten ihre Prüfungsordnungen autonom, und keine staatliche Stelle schreibt den Hochschulen vor, wie der Ablauf des Studiums zu gestalten ist. Sogar die Approbation der Ärzte obliegt nicht wie hier einer öffentlich-rechtlichen Kommission, sondern privaten Ärzteorganisationen. Dieser Wettbewerb der vielen privaten Systeme funktioniert besser als die staatlich vorgeschriebenen Studienwege im Korsett einer Wissenschaftspolitik, deren Handlungsmöglichkeiten in einer in politischen Ritualen erstarrten Kultusministerkonferenz minimiert werden.
Wie so viele andere Initiativen der Private Public Partnership resultierte die Gründung der Universität Witten/Herdecke aus dem Gefühl heraus, daß es endlich an der Zeit sei, ein Zeichen zu setzen gegen diese erstarrten, unproduktiven Strukturen, aber auch aus dem Bedürfnis heraus, zu beweisen, daß auch in Deutschland private Initiative etwas zuwege bringen kann, und vielleicht auch aus einer gewissen Trotzhaltung heraus. Es ist dies ein Motivationsbündel, aus dem sich in Zukunft noch so manche überraschende Initiative entwickeln wird. Es gibt dem Bürger die Selbstbestimmung zurück, die ihm der Staat in seiner Fürsorge genommen hat. Und eine Orientierung in einer komplexen Welt, die ihn nicht in ein ethnisches oder religiöses Korsett zwingt, sondern in konstruktivem Einklang hält mit den Herausforderungen einer globalen Weltentwicklung.

Aufforderung zur kreativen Vermögensvernichtung

von Lothar Späth

Junge Musiker haben es schwer. Manchmal fehlt ihnen selbst das Geld für angemessene Instrumente. Gutsituierte Bürger älteren Jahrgangs haben häufig ein anderes Problem: Sie wissen nicht so recht, wohin mit ihrem Geld. Reisen? Meist waren sie schon überall. Essen, Trinken? Alles probiert, vieles ungesund, die Freude daran wird schal; es lockt wieder das Einfache. Das Geschäft ist übergeben, die Kanzlei oder die Praxis verkauft – wohin nun mit dem Gestaltungswillen und dem Schaffensdrang? Konzerte, Theater? Gerne besucht – aber doch wieder passiv, ohne Einwirkungsmöglichkeiten.

Da liegt der Gedanke nahe, beide Welten zusammenzubringen und eine Stiftung für junge Künstler ins Leben zu rufen. Die Idee: 500 (und kein einziger mehr!) betuchte Bürger zeichnen »Aktien« im Wert von beispielsweise 500 Mark. So kommt das Basiskapital zusammen, aus dessen Erträgen jedes Jahr ein Musikinstrument angeschafft wird. Die »Dividende« wiederum besteht aus der Einladung zu einem exklusiven Konzert, mit dem die jungen Künstler den Fortschritt ihrer Ausbildung unter Beweis stellen und sich bei den »Aktionären« bedanken. Die Nachfrage nach den Anteilscheinen ist groß, und die Stiftung wird auch realisiert werden – nur gilt es erst noch, das rechtliche Problem zu lösen, daß eine Stiftung eigentlich keine Gewinne an ihre Spender ausschütten darf, auch wenn es sich nur um eine exklusive Einladung handelt.

Ortswechsel: In Baden-Württemberg haben sich vielerorts Pflegeinitiativen besonderer Art etabliert, die Seniorengenossenschaften. Jüngere Senioren gehen hilfsbedürftigen, meist älteren Menschen zur Hand und sammeln auf diese Weise Punkte. Die werden sie ausgeben, wenn sie selber dereinst der Hilfe derer bedürfen, die nun ihrerseits daran interessiert sind, für ihre alten Tage ein möglichst hohes Punktekonto anzusparen. Das Angebot wird komplettiert durch gemeinsame kulturelle Initiativen; einige dieser Genossenschaften haben sogar eigene Immobilien erworben beziehungsweise von den Gemeinden überlassene Immobilien senioren- und kommunikationsgerecht umgestaltet. Das Konzept funktioniert seit 1991 und erfreut sich wachsender Beliebtheit.

Überall in Deutschland, von dem Kulturpessimisten behaupten, es sei in kreative Erstarrung und in soziale Kälte verfallen, entstanden in den letzten Jahren derartige Initiativen. Sie alle haben zwei Merkmale gemein: Sie berücksichtigen das Prinzip der Gegenseitigkeit und sie funktionieren ohne die Unterstützung der öffentlichen Hand. Und falls sie überhaupt öffentliche Gelder verbrauchen, geschieht dies in so geringem Maße, daß es im Notfall auch ohne ginge.

Es tut sich also doch etwas hierzulande, und was sich tut, hat einen überaus systemverändernden Charakter. Denn wenngleich die Initiativen noch längst nicht so bekannt sind, wie sie es sein sollten, ist deutlich erkennbar: Der Ruf nach dem Staat als Alimenteur, als allumfassendem Heilsbringer ist leiser geworden. Man will selber wieder etwas Gemeinsinnorientiertes auf den Weg bringen.

Was ist passiert? Der Bürger beginnt sich umzuorientieren, sich nach neuen Mitwirkungsmöglichkeiten umzusehen. Er fühlt sich nicht mehr repräsentiert und noch weniger wahrgenommen in dieser Gesellschaft, die er (in privater Initiative, nicht auf staatliches Geheiß hin!) mit aufgebaut hat Der allgemein beklagte Befund von der Politikverdrossenheit zeigt nur die Oberfläche des Phänomens auf. Die eigentlichen Ursachen liegen viel tiefer, sie liegen in der Verteilung der wirklichen Macht und darin, wie mit dieser umgegangen wird.

Nur wenige haben es bisher so recht bemerkt, und die Bereitschaft unter Politikern, sich mit diesen Entwicklungen auseinanderzusetzen, ist auch nicht sehr groß: Die wahrhaft wichtigen Entscheidungen finden nicht mehr in den Parlamenten statt, sondern in einer Welt, die für viele weder begreif- und verstehbar, noch erfaßbar ist: in Gremien der Weltbank und der Welthandelsorganisation etwa; in den Vorstandsrunden der transnationalen Unternehmen (von denen vermutet wird, daß sie weltweit die Hälfte aller Arbeitsplätze bereitstellen) und in den supranationalen Beamtenrunden beispielsweise der EU. An diesen demokratie- und damit mitwirkungsfreien Raum haben die nationalen Regierungen eine Vielzahl ihrer Kompetenzen delegiert und sich dadurch selbst die Entscheidungsspielräume genommen. Kein Wunder also, daß der Bürger sich in der klassischen Demokratie immer weniger repräsentiert findet.

Auf dem Weg zu einer globalen Ordnung

Unsere Welt entwickelt sich zunehmend zu einem einheitlichen Lebensraum. Zusammenarbeit, aber auch Wettbewerb sind Charakteristika unserer Zeitepoche. Der in Gang befindliche Lernprozeß zur Ausprägung einer globalen Ordnung vollzieht sich unter dramatischen Spannungen. Es stellt sich uns deshalb die Frage, ob der Systemwandel nicht wirkungsvoller und humaner gestaltet werden kann. Zugleich wäre dann auch zu prüfen, wie eine solch riesenhafte Aufgabe bewältigt werden könnte und welche Instanzen geeignet wären, die Fortschreibung unserer Ordnungssysteme zu verantworten.

Reinhard Mohn

Ein Zweites kommt hinzu: Die Themen dieser Zeit werden nicht mehr von der Politik besetzt. Die ökonomischen Rahmenbedingungen, beispielsweise die globalisierte Industrie und die transnationalen Geldströme, bestimmen die ökonomischen Rahmenbedingungen. In der Durchsetzung der Menschenrechte erheben Organisationen wie Amnesty International ihre Stimme lauter als die meisten Politiker auf dieser Erde, und wenn es um Umweltschutz geht, sind Greenpeace und der World Wildlife Fund noch immer die Meinungsführer. Kein Wunder also, wenn sich der Bürger an ihnen orientiert.

Über diese Themen diskutieren Politiker ungern, weil die Antworten, die sie geben müßten, ihre Hilflosigkeit augenfällig werden ließen. Doch auch in der nationalen Politik sind sie heillos überfordert. Weniger, weil ihnen der Einblick in die Notwendigkeiten fehlt, sondern weil sie sich durch ihren Anspruch auf Omnipotenz ins finanzielle Desaster manövriert haben. Weil sie früher so taten, als sei der Staat für auch noch das letzte Problem einer jeden Minderheit zuständig und zudem für dessen Lösung kompetent, sehen sie sich jetzt mit einer Anspruchsfülle konfrontiert, die sie nicht mehr bewältigen können.

Es zeigt sich, daß der totale Anspruch des Staates in die Sackgasse geführt hat. »Total« bedeutet, daß der Staat sich sogar in nicht staatsrelevante Angelegenheiten hoheitlich einmischt und die daraus resultierenden Aufgaben an sich reißt. Beispiele sind Verkehr, Bauwesen, Bildung, Soziales und Kultur. Kein Wunder also, daß der Bürger neue Wege sucht, mit seinen aktuellen Problemen zurechtzukommen. Er sucht sie zum Beispiel bei Selbsthilfeorganisationen, die sich oftmals lieber von der staatlichen Alimentierung befreien, als sich von den Verwaltungen bevormunden zu lassen.

Am Ende der Sackgasse steht die Perfektion abstrakter Handlungsabläufe und paternalistischer Fürsorge: ein System, in dem Eigeninitiative keinen Raum mehr hat und nur noch als störend erlebt wird, ein System aber auch, das aufgrund seiner Starrheit auf neue Herausforderungen zunehmend hilflos reagiert. So muß der Bürger zwangsläufig zu der Überzeugung gelangen, daß die parlamentarische Demokratie so, wie er sie bisher verinnerlicht hat, nur eine Arabeske zu dem ist, was den Lauf der Welt und speziell seines Lebensbereiches bewegt. Er erlebt es als anmaßend, wenn der Stadtrat, der Landtags- und der Bundestagsabgeordnete sich vor ihm mit der Forderung aufbauen, der Bürger müsse sich von ihm, den er gewählt hat, nun bevormunden lassen. Das Ergebnis: Die ökonomische und die soziale Gesellschaft lösen sich von der politischen und entwickeln ihre eigene Gesetzmäßigkeit und Dynamik.

Wachsende gesellschaftliche Desintegration

Die Entwicklung der Aufgaben, insbesondere im Bereich der Wohlfahrtsverbände und der sozialen Dienste, zeigt seit geraumer Zeit die veränderte Notlagensituation und Handlungslage an. Unser politisches System ist ein Jahrhundert lang von dem Leitgedanken geprägt worden, soziale Integration in höchstem Maße zu einem gesellschaftlichen und staatlichen Ziel zu machen und damit ein Auseinanderdriften der Gesellschaft in das, was wir heute Zweidrittelgesellschaft nennen – eine Schere zwischen Arm und Reich, unterschiedliche Nutzungsmöglichkeiten der Bildungseinrichtungen vom Kindergarten bis zur Hochschule je nach Vermögenslage –, zu verhindern. Heute stehen wir vor der Frage, inwieweit wir diese Integrationsleistung noch erbringen können.

Über die Arbeitslosigkeit hinaus haben wir eine Reihe von weiteren Problemen, die auf anderen Schwächen unserer Gesellschaft beruhen. Dazu gehört das Phänomen nachlassender Erziehungsarbeit und wachsender Gewalt, das sich bei allen Einkommensschichten wiederfindet. Immer mehr Kinder und Jugendliche beginnen, ihre Bedürfnisse unmittelbar mit Gewalt durchzusetzen, weil sie nicht mehr gelernt haben, was in jeder zivilisierten Gesellschaft Grundverhaltenskodizes sind. In unserer Wohlstandsgesellschaft ist ein tieferes Verständnis von Wohlfahrt, wozu das Wohlverhalten von Menschen in bezug auf Rechte und Pflichten gehört, verlorengegangen.

Weitere Probleme kommen hinzu. Dazu gehört der wachsende Anteil psychisch Kranker, die mit den beschleunigten Veränderungen in unserer Gesellschaft nicht Schritt halten können. Angesichts aktueller Diskussionen im Nachgang zu den Erfolgen der Gentechnik ist zu betonen, daß nicht alles angeboren ist, was psychisch krank macht. Es existieren viele Umweltfaktoren, Einflüsse von »außen«, die nicht verarbeitet werden und woran Menschen scheitern. Diese Überlegung ist sehr wichtig hinsichtlich der Drogen-, Alkohol- und Medikamentenabhängigen, der wachsenden Zahl von Geschiedenen, Alleinerziehenden, überschuldeten Familien, nicht zuletzt der Gewalt in Familien, in Schulen, im öffentlichen Raum. Es ist aber nicht nur mangelnde individuelle Konfliktbewältigung, sondern es liegt auch an einer permissiven Gesellschaft, die in einem falsch verstandenen »laissez faire« alles gelten läßt und auch ein »bißchen« Gewalt zuläßt, die wegschaut und sich dann wundert, daß sich in ihrer Mitte Entsolidarisierungen verbreiten und das Faustrecht immer stärker wird, anstatt Fürsorglichkeit und Fürsorge füreinander zu entwickeln. Denn eine Gesellschaft wird in ihrer Leistung für Integration auch daran gemessen, wie die Menschen, die miteinander leben, miteinander umgehen.

Rita Süssmuth

Die Komplexität der Probleme lähmt zudem die Entscheidungsfähigkeit der Politiker und Beamten. Selbst marginale »Reformen«, erinnert sei an das Ladenschlußgesetz, versanden zunächst in einem Wust widerstreitender Interessen, von den großen Reformen wie der Steuerreform ganz zu schweigen. Eindeutige Prioritäten in der regionalen und lokalen Politik, an denen der Bürger seine Erwartungen ausrichten kann, werden, warum auch immer, nicht gesetzt. So verliert er zunehmend die Geduld und interpretiert die zögerliche Haltung der Verantwortlichen als Folge von Trägheit und Inkompetenz.

Bislang hat der Bürger das hingenommen und das Unbehagen an seiner fremdbestimmten, die Politik nur noch erleidenden Rolle verdrängt. Er hat sein Selbstwertgefühl aus intensivem Konsum und einem gewissen Hedonismus bezogen, sieht aber jetzt aufgrund der wirtschaftlich unsicheren Situation, daß er sich damit besser zurückhält. Und so fragt er sich, ob nicht die Zeit gekommen sei, um sein Schicksal in die eigenen Hände zu nehmen, anstatt die Entscheidungen über das soziale Netz und das kulturelle Umfeld den Verwaltern in den Amtsstuben zu überlassen.

Zudem signalisieren die täglichen Meldungen über Mittelkürzungen im kulturellen, sozialen und Sicherheitsbereich dem Bürger, daß der Staat solidarische Leistungen längst nicht mehr als seine Aufgabe versteht, sondern zunehmend als Last ansieht. Der Bürger ist daher geneigt, sich seine Einflußmöglichkeiten zurückzuholen – und dafür sogar Geld auszugeben. Wenn nur an die Stelle des Gezerres endlich Taten treten.

Ähnlich ist die Stimmungslage in den Unternehmen: Die Abgabenlast ist so unerträglich wie die administrativen Einschränkungen der unternehmerischen Gestaltungsfreiheit. Daß die Politik ihre Leitbildfunktion in allen wichtigen gesellschaftlichen Fragen aufgegeben hat, schlägt sich in wirtschaftspolitischer Orientierungslosigkeit nieder. Die Folge der Lähmung ist eine deutliche Abwertung des Standorts im internationalen Vergleich. Ansiedlungen multinationaler Unternehmen finden hier seltener statt. Kein Wunder, daß die Industrie versucht, auf eigenen Wegen eine Verbesserung der Situation zu erreichen – bei Strafe des Untergangs. Besser für die Verwaltungen also, sich auf deren Entschlossenheit zum Erfolg einzustellen.

Politiker und Verwaltung seien jedoch davor gewarnt, die Offenheit gegenüber dem Partizipationsgedanken als eine unendliche Quelle für Notopfer fehlzudeuten. Diese Einstellung könnte dazu führen, daß die Bereitschaft zum Engagement in drastische Maßnahmen gegen die gerade regierende Mehrheit umschlägt. Private Public Partnership ist lediglich das Angebot, Fehlentwicklungen im öffentlichen Bereich mit Hilfe privater Geber zu korrigieren. Eine bessere Versorgung mit öffentlichen Gütern bei gleichzeitiger Entlastung der Bürger und des Staates muß dabei das Ziel sein. Das also sind die Tendenzen:

1. Unternehmen werden mehr und mehr bürgerliche Selbsthilfe-Initiativen unterstützen, indem sie ihnen nicht nur finanzielle Mittel zur Verfügung stellen, sondern ihnen zugleich Kompetenz und Durchsetzungsstärke verleihen. Warum gerade Engagements in Selbsthilfeorganisationen und keine Verstärkung der Lobbyarbeit? Weil auch die Manager erkennen, daß der Staat nicht mehr im gewohnten Maß der Garant für sozialen Frieden, Sicherheit und Gemeinsinn ist und daß er diese Rolle auf lange Zeit nicht mehr zurückgewinnen wird. Da diese gesellschaftlichen Werte aber die Grundlage für Kreativität und Leistungsbereitschaft sind, müssen die Unternehmen für ihre Wiederbelebung Sorge tragen – in der realen Welt der Brennpunkte und weniger in der virtuellen der Politik.

Kreatives Mäzenatentum

Durch Mäzene wird eine Fülle von Kreativität in die öffentlichen Aufgaben hineingetragen. Neue Ideen, neue Ansätze, neue Antworten gehen in unendlich vielen Fällen von privater Initiative aus und dabei ganz häufig von den privaten Mäzenen. Auch die kreativen Anstifter, die selber kein Geld haben, brauchen die Mäzene, die das Geld beitragen. Private

Anstifter, die sich aus Steuergeldern finanzieren lassen wollen, sind fast immer zum Scheitern verurteilt. In dem langen Verfahren des Abwägens geht die Kreativität und häufig die notwendige Radikalität des neuen Ansatzes verloren. Diese Radikalität ist für unsere Gesellschaft unverzichtbar, gründet sie doch auf einer klaren Beurteilung der eigenen Möglichkeiten.

Rupert Graf Strachwitz

2. Wenn nötig, werden die Unternehmen selbst derartige Initiativen gründen; etwa dadurch, daß sie ihre Mitarbeiter zur Intervention auffordern und sie mit den notwendigen Mitteln dazu ausstatten.
3. Alle Dienstleister, seien sie nun staatliche oder private Anbieter, werden in einen Wettbewerb treten, in dem es keine Bestandsgarantien gibt.

Damit aus diesen Tendenzen keine permanenten Konflikte zwischen Staat und Bürgern entstehen (die den Staat in seiner herkömmlichen Form zumindest partiell in Frage stellen), wird der Staat sich anpassen und seinen Einwirkungsbereich einschränken. Er wird sich auf lange Sicht auf seine hoheitlichen Aufgaben konzentrieren, also auf all das, was mit dem Gewaltmonopol und der Rechtspflege zu tun hat.
Der Staat wird sich darauf zurückziehen müssen, die gesellschaftlichen und ökonomischen Rahmenbedingungen zu schaffen. Da ihm die Erhebung von Schutzzöllen und die Verteilung von Subventionen auf lange Sicht aus der Hand genommen wird, muß er sich dabei auf die Formulierung und Ausgestaltung von Konsensmodellen stützen. Der Staat wird gewähren lassen müssen. Restriktionen, wie bisher im Stiftungswesen üblich, wo etwa ein Finanzbeamter eine Initiative nach persönlichem Gusto als nicht gemeinwohlfördernd ablehnen darf, haben in einer freien Gesellschaft nichts verloren.

Der Staat wird auch dafür sorgen müssen, daß keine neuen Monopole entstehen. Denn eine Bürgergesellschaft kann nur dann existieren, wenn unter den Leistungsträgern ein reger Wettbewerb herrscht. Das bedeutet zugleich den Schutz kleiner und mittlerer gewerblicher Strukturen. Oder besser: die stetige Ermunterung zu selbständiger und selbstbestimmter Tätigkeit.
Dieser Staat muß bereit sein, den kritischen Dialog mit den Bürgern und deren Initiativen auszuhalten. Das setzt voraus, daß er selbstverständlich auch am Wettbewerb der Leistungsträger teilnimmt. Keineswegs muß der Staat im Rahmen von Privatisierungen sein »Tafelsilber« an die Privaten abgeben. Er muß nur tätig beweisen, daß er die Kompetenz hat, es selbst effizient zu nutzen. Beamte und Politiker, die sich mit dem Tafelsilber-Argument gegen Privatisierungen wenden, beweisen damit lediglich ihre Angst vor dem Wettbewerb und ihre Abneigung, Paradigmen neu zu überdenken.
In einigen Verwaltungen wird das neue Szenario bereits gelebt. Es wäre ein törichtes Vorurteil, zu meinen, in den Amtszimmern säßen nur Sturköpfe, die ihre Vorschriften möglichst restriktiv auslegen. Ihr Beispiel und der damit verbundene kommunikative Druck werden dazu führen, daß sich die flexible Auslegung von Verwaltungsvorschriften weiter durchsetzt. Vor allem dann, wenn die Politiker merken, daß es einträglicher ist, die privaten Initiativen zu unterstützen, als sie zur Schonung der Verwaltungen zu unterdrücken.
So wird es also darauf ankommen, den Verwaltungen beizubringen, daß es so beschwerlich nicht ist, mit den privaten Initiativen zusammenzuarbeiten. Zumal diese Zusammenarbeit ja dazu führt, daß die öffentliche Hand erhebliche Mittel einspart. Das ist zum Beispiel dann der Fall, wenn ein Theater privatisiert wird und plötzlich nur noch ein Zehntel der bisher benötigten Subventionen verbraucht.
Vielleicht ergreift der eine oder andere Amtsleiter selbst die Initiative und beginnt, sich mit seiner Mannschaft in den Wett-

bewerb der Kräfte einzumischen. Wer sollte den Kulturamtsleiter daran hindern, eine Show-Truppe als privatwirtschaftliche Gesellschaft aufzubauen, wenn die Privatisierung der städtischen Bühnen zur Diskussion steht? Industrie und Bürger werden den Verwaltungen also die Zusammenarbeit anbieten. Sie werden aber stets darauf achten, daß die Beamten in ihrer Rolle als Partner bleiben. Abhängigkeiten durch finanzielle Zuwendungen, wie das heute vielfach bei den privaten Trägern kultureller und sozialer Angebote der Fall ist, darf es nicht mehr geben. Allein schon deshalb nicht, weil Abhängigkeit von öffentlichen Geldgebern stets auch zum Verlust der Flexibilität führt. Das bringen die damit verbundenen Verwaltungsrichtlinien und langen Entscheidungswege mit sich. Staatskompatibilität aufgrund von Staatsknete ist aber das Ende jeder Spontaneität.

Gegen staatlichen Dirigismus

Bei Behörden und Institutionen ist in der Tat nicht selten ein Bestreben zu beobachten, die politische und fachliche Einflußnahme der freien Verbände zu beschränken – etwa durch verordnete Standardisierungen der Dienste zur Eindämmung der Kosten oder durch einengende Kontrollen, Verwaltungsanordnungen und eine strenge Zweckbestimmung der Mittel zur Gewährleistung von Sachgerechtigkeit und Erhöhung der Effizienz. Um solchen staatsdirigistischen Tendenzen, die bis zur Vorgabe von Definitionen von Not und zur Bestimmung von Sachlichkeit gehen, entgegenzuwirken, muß die Diskussion um das Prinzip der Subsidiarität immer wieder neu aktualisiert werden, müssen die freien Verbände sich gemeinsam für die Wahrung einer weitestgehenden Autonomie stark machen.

Hellmut Puschmann

Deutlich wird: Private Public Partnership ist kein Kaffeekränzchen und auch kein Harmonieverein. Bis sich entsprechende Verfahren eingespielt haben, werden Konflikte die Regel sein. Daher braucht es Mediatoren und Vermittler. Sie müssen auf der einen Seite nach Lücken in den Vorschriften suchen und zögerlichen Beamten die Angst nehmen, wegen eines Rechtsverstoßes eines Tages vor dem Kadi zu landen, und auf der anderen Seite überspannte Erwartungen ein wenig realistischer machen.
Es braucht aber auch Institutionen, die aufzeigen, wo Hilfe notwendig ist. So werden zum Beispiel Agenturen für die Vermittlung ehrenamtlicher Tätigkeiten entstehen, die, anders als die bisher bestehenden, auf privatwirtschaftlicher, gewinnorientierter Basis arbeiten. Verlage werden Publikationen mit dem Profil von Selbsthilfeorganisationen herausbringen, und es werden Stiftungen entstehen, die sich die Förderung zur Selbsthilfe zum Ziel setzen. All das gibt es ja in rudimentären Ansätzen bereits.
Die Politik schließlich sollte ihre Aufgabe darin sehen, neue Gesetze mit »Experimentalklauseln« zu versehen und alte entsprechend zu ergänzen. Denn wenn Partizipation als gesellschaftliches Experimentierfeld verstanden wird, aus dem tragfähige neue Modelle entstehen, muß das Experimentieren erleichtert werden und darf nicht vom Goodwill und Einfallsreichtum von Beamten abhängen, die bereit sind, sich die Arbeit zu machen, Lücken im Verordnungsdschungel aufzuspüren.

Stiftungen als Institutionen der Bürgergesellschaft

In vielen Projektzusammenhängen wird unübersehbar deutlich, wie wichtig die Arbeit operativer Stiftungen für gesellschaftlichen Fortschritt ist. Stiftungen sind ausschließlich ihrem Satzungsauftrag und ihren inhaltlichen Zielen verpflichtet.
In hohem Maße werden Stiftungen diesem Auftrag gerecht,

wenn sie als Institutionen der *civil society*, der Bürgergesellschaft, agieren. Sie können und müssen zwischen widerstreitenden Interessen und Wertvorstellungen, zwischen unterschiedlichen Entwürfen unserer Zukunft vermitteln. Sie stehen dabei vor der besonders schwierigen Aufgabe, allein durch Überzeugungskraft, durch Vorbildwirkung und Modelle Veränderung zu bewirken. Sie können sich nicht auf Machtgrundlagen stützen wie der Staat oder große Unternehmen. Stiftungen wirken durch das Werben für ihre strategischen Vorschläge, durch exemplarische Anschauung, wie Probleme gelöst werden können, durch das Knüpfen strategischer Partnerschaften mit anderen Institutionen, mit denen sie ihre Vision einer besseren Welt teilen. Von der Problemdefinition über die Erarbeitung von Lösungsvorschlägen im Dialog mit Betroffenen und Experten bis hin zur Implementierung der Problemlösungen in die entsprechenden gesellschaftlichen Aktionsfelder verläuft der methodische Prozeß der Stiftungsarbeit. Am Ziel dieses Weges steht die Modellhaftigkeit der Lösungen. Wir hoffen dabei stets, daß unsere Modelle Eigendynamik auf der Grundlage unserer Anstöße entfalten und als Impuls für andere dienen.

Werner Weidenfeld

Nicht zuletzt wird es notwendig sein, die Idee der Partizipation in der Bürgerschaft breit und tief zu verankern. Hier müssen die Schulen in die Verantwortung genommen werden, denen diese Aufgabe um so leichter fällt, je mehr sie selbst auf Partizipation angewiesen sind.
Wie nun sehen die Modelle der Partizipation aus? Abgesehen von einigen wenigen Initiativen – meist von der Industrie getragen – werden sie sich auf einen überschaubaren regionalen Bereich konzentrieren. Es geht also beispielsweise um Nachbarschaftshilfe, um Patenschaften, Schulvereine oder Altenhilfsvereine. Es wird das benachbarte Theater und Museum unterstützt, und es

wird nicht nur einen Altenpflegeverein und nicht nur einen einzigen Theaterfreundeskreis geben, sondern mehrere in einer Stadt. Sie werden miteinander konkurrieren in der Art, wie sie ihre Mitglieder akquirieren, sowie darin, wie sie deren Zeit und Geld in Anspruch nehmen. Daraus wiederum erwächst der Qualitätswettbewerb, denn jeder Verein wird danach streben, sein Angebot marktfähig zu gestalten. Auf diese Weise wird jeglicher kreativen Erstarrung vorgebeugt.

Voraussetzung dafür wiederum ist, daß die Diskriminierung finanziell erfolgreicher sozialer und kultureller Dienstleistungen aufhört. Für Gotteslohn spielt nun mal kein Schauspieler, und es wird auch niemand bereit sein, zu hungern, während er einer Seniorin das Abendessen zubereitet. Wer Dienste leistet, muß stets die bestmögliche Ausstattung bereithalten, und gut ausgebildetes Personal ist teuer. Daher müssen Hilfsorganisationen Geld verdienen, richtig gutes Geld.

Natürlich ist die Realität von einem solchen Szenario noch weit entfernt. Doch die Ansätze sind vorhanden. Denn immerhin vereinen die 6500 im *Verzeichnis der Deutschen Stiftungen* (Hoppenstedt Verlag, Darmstadt, Ausgabe 1997) aufgeführten Stiftungen ein Gesamtkapital von mehreren Milliarden Mark, und nur wenige davon sind Familienstiftungen, die ausschließlich der Sicherung des Lebensstandards einzelner Personen und Familien dienen. Die meisten dieser Stiftungen sind einem sozialen, kulturellen oder die Wissenschaft fördernden Zweck verpflichtet. In anderen Ländern ist das in Stiftungen und für Zwecke des Gemeinwohls gebundene Kapital noch wesentlich höher als hier – in den USA erreicht allein die Summe der Stiftungs-*Erträge* schon fast die Höhe des Stiftungs-*Kapitals* hierzulande. Es ist also eine beträchtliche finanzielle Potenz, die sich weltweit in Initiativen zugunsten des Gemeinwohls gebunden findet.

All diese Stiftungen arbeiten mehr oder weniger mit der öffentlichen Hand zusammen, behalten aber trotzdem ihre Eigenständigkeit und ihr individuelles Profil. Es gibt sie also bereits, die

Partnerschaft zwischen den Privaten und der öffentlichen Hand. Nur hat sie bisher zu wenig öffentliche Beachtung gefunden. Die Stiftungen haben ihre Einflußmöglichkeiten längst noch nicht ausgereizt.

Sie werden es aber früher oder später tun müssen, weil jetzt ein neuer Typ partizipationswilliger Bürger auf den Plan tritt, der sich den öffentlichen Anliegen mit gänzlich anderen Motiven nähert, als das früher der Fall war. Diese Leute sind keine grauen Mäuse, die in den Dienststuben der karitativen Einrichtungen ihren ehrenamtlichen Dienst schieben, sondern konfliktbereite und durchsetzungsfähige Macher.

Welches sind die neuen Motive, sich einzubringen? Über die Notwendigkeit, an den Verwaltungen vorbei die wirklich relevanten Problemfelder zu bearbeiten, wurde bereits gesprochen. Das aber ist sozusagen nur die gemeinsame Zielsetzung. Die Motivation liegt im Wertewandel und in der Unabhängigkeit, in die sich viele der jüngeren Bürger entlassen sehen. Denn auch dies ist ein Faktum in einer Gesellschaft, in der soziale Probleme um sich greifen: In den nächsten Jahren werden ganz erhebliche Summen als Erbschaften den Besitzer wechseln.

Oft sind die Erbschaften so groß, daß ihre Nutznießer es nicht mehr nötig haben werden, einer herkömmlichen Erwerbstätigkeit nachzugehen. Aber nur die wenigsten von ihnen werden sich für ein Leben im Müßiggang entscheiden. Viele werden sich neuen Aufgaben zuwenden und sich in den Initiativen des Gemeinwohls engagieren.

Dann sind da die Arrivierten, Erfolgreichen, die in ihrem Beruf nicht mehr viel bewegen können und nach neuen Herausforderungen suchen. Sie werden ihre Managementerfahrung und Erfolgsorientierung in die Szene einbringen – man muß ihnen nur zeigen, wo. Hier und bei den Erben setzt eine neue kreative Disziplin an, die »Fundraising« genannt wird, die man aber ebensogut als »Anstoß zur kreativen Vermögensvernichtung« bezeichnen könnte. Sie beruht auf der Fähigkeit, zu erkennen, welcher

Lust-, aber auch rationaler Gewinn vermögenden Menschen geboten werden muß, damit sie sich einer bestimmten Initiative zuwenden. Mittels Exklusivität etwa, wie am Beispiel der »Musikinstrumente Aktiengesellschaft« gezeigt. Oder durch ein in die Zukunft gerichtetes Pflegeversprechen wie bei der Altenpflege auf Gegenseitigkeit: Stets muß eine win/win-Situation geschaffen werden.

Die dritte Gruppe der neuen Gemeinwohlorientierten sind jene, die von den Unternehmen, in denen sie arbeiten, dazu animiert werden, sich einzubringen. In der Tat schärft das Engagement in ungewohnten Lebensbereichen die Urteils- und Reaktionsfähigkeit im Beruf. Und je mehr Firmen dieses Engagement als Schulungsinstrument begreifen, um so mehr erfahrene Manager werden sich in der Szene umtun.

Auf dieser Grundlage der allgemeinen Akzeptanz des Partizipationsprinzips läßt sich eine wirkliche Vision formulieren: Schon heute grassiert der Unmut, daß der Staat dem Steuerzahler und Konsumenten unverhältnismäßig viel Geld abnimmt, ohne daß dieser in der Lage wäre, die Verwendung der Mittel zu kontrollieren. Vielen Menschen wäre es lieber, sie müßten nur einen Teil der Abgaben tatsächlich als Steuern für die Finanzierung der staatlichen Grundaufgaben entrichten und sie würden einen weiteren Betrag nach eigenem Gutdünken auf Gemeinwohlinitiativen verteilen. Bei Spitzenverdienern könnte das so aussehen, daß 30 Prozent der Einnahmen vom Fiskus vereinnahmt werden, während 20 Prozent auf freiwilliger Basis in gemeinwohlorientierte Maßnahmen fließen. Daß also eine bedeutende steuerliche Entlastung erfolgt, die es dem Bürger ermöglicht, sich dort gezielt einzubringen, wo er seine Neigungen, den größten Bedarf und seine höchste Kompetenz sieht. Wohlgemerkt, diese 20 Prozent freiwillige Abgabe unterliegen dann auch keinerlei staatlichen Kontrolle mehr. Dennoch wird sich der einzelne dieser Art der Partizipation nur sehr beschränkt entziehen können, weil ihm, verweigerte sich die Mehrzahl der Bürger, notwendige Komponen-

ten der Grundversorgung fehlen, und weil die Nachbarn und Kollegen dafür sorgen werden, daß er sich nicht entzieht. Das Risiko, daß er es dennoch tut, muß eine gesunde Gesellschaft mittragen können.
Dieses Risiko ist der Preis dafür, daß die Gesellschaft endlich wieder zu einem lebhaften, offenen und experimentierfreudigen Gemeinwesen wird, mit dem der Bürger sich identifiziert, statt es, wie bisher, nur noch grimmig als notwendiges Übel zur Kenntnis zu nehmen.

Private Public Partnership im sozialen Bereich – Überlegungen aus Sicht der Industrie

von Günter Michels

Ein Unternehmen gibt Geld, damit an einigen der vielen neuen sozialen Brennpunkte die Not ein wenig gelindert wird. Ein anderes beurlaubt immer wieder einmal Mitarbeiter, damit diese dort, wo es not tut, mit Rat und Tat einspringen können. Ein drittes beschäftigt sich mit der globalen Bevölkerungspolitik. Ein viertes versucht, die Probleme bei der Wurzel zu packen und begründet eine Stiftung mit dem Ziel, daß diese Hilfe zur Selbsthilfe initiiert. Warum geschieht so etwas? Und: Warum verkünden diese Unternehmen nicht lauthals, was sie Gutes tun in einem Land, in dem die Verwaltungen sich mehr und mehr aus der sozialen Unterstützung bedürftiger Bürger zurückziehen (müssen)? Sind Angst und Unsicherheit der Grund?

In der Tat stößt ein Manager, der berichtet, wie es ihm gerade gelungen ist, in Polen Dropouts zu Ausbildung und Selbständigkeit oder hierzulande einem bis dato nicht vermittelbaren Arbeitslosen den Weg in eine selbstbestimmte Existenz verholfen zu haben, auf ungläubiges Erstaunen, wenn nicht zynische Reaktionen. Als Motiv für das soziale Engagement wird ihm dann nicht selten unterstellt, ein schlechtes Gewissen reinwaschen zu wollen. Dabei gehört die Wahrnehmung sozialer Verantwortung in Unternehmenskreisen eher zur Regel statt zur Ausnahme, wenngleich ihre Realisierung zur Zeit zumeist eher zufällig erfolgt.

Unternehmerisches Engagement – der quantitative Aspekt

Bei der Betrachtung aller befragten Unternehmen ergibt sich ein ausgewogenes Bild zwischen Anregungen von außen und eigener Initiative: 50,4 Prozent reagieren auf Anfragen, 49,6 Prozent werden selbst initiativ. Insgesamt hat die Wissenschaftsförderung den höchsten Stellenwert bei den befragten Unternehmen. Sie macht zumeist mehr als 50 Prozent des gesamten Fördervolumens aus. Das resultiert sicherlich auch aus dem breiten Interesse der Unternehmen, Forschungsergebnisse aus der Wissenschaft in die eigene Forschung einfließen zu lassen.

Die Kunst-, Kultur- und Musikförderung spielt dagegen eine geringere Rolle. Zwar hat engagierte Kunstförderung durch Unternehmen einen relativ hohen Bekanntheitsgrad in der Öffentlichkeit, was hier und da den Eindruck erweckt, daß Kunst und Kultur einen Schwerpunkt der Förderung schlechthin bilden. Dieser Eindruck bestätigt sich jedoch anhand der Umfrageergebnisse für den kulturellen Bereich nicht. Dieser Bereich liegt in der Regel zwischen 1 Prozent und 10 Prozent des Spendenvolumens und erreicht nur in Einzelfällen 50 Prozent und mehr, vorzugsweise dann, wenn es um künstlerische und kulturelle Einrichtungen im regionalen Bereich geht.

Der Sport wird vergleichsweise stärker unterstützt. (...) Offensichtlich wird die Förderung des Sports, insbesondere in Vereinen, von vielen Unternehmen als eine soziale Aufgabe betrachtet, denn auch große Unternehmen fördern den Sport teilweise in größerem Umfang als Wissenschaft, Kunst und Kultur.

Spenden an regionale und lokale Einrichtungen wie Schulen, Kindergärten, Altenheime und ähnliche haben ebenfalls einen hohen Stellenwert, wobei besonders der relativ hohe

Verbreitungsgrad auffällt. Zu berücksichtigen ist allerdings, daß auf diesem Spendensektor viele kleine Spendenbeiträge zu verzeichnen sind. Einige Unternehmen widmen sich auch speziell der Förderung der Heimatpflege.
Nahezu obligatorisch ist die bereits vermutete Unterstützung von karitativen Organisationen und Institutionen. Nach Angaben der Unternehmen spielen folgende Gesichtspunkte (in dieser Reihenfolge) bei der Vergabe von Spenden eine Rolle: Verpflichtung gegenüber dem Gemeinwohl, soziale Verantwortung, persönliche Kontakte und Imagepflege. Als weniger bedeutend wurden Steuerersparnis und betrieblicher Nutzen von den Unternehmen eingestuft.

Marion Hüchtermann

Dieses Gespür für die soziale Verantwortung ruht auf mehreren Säulen, wobei die rein menschliche nicht unterschätzt werden darf. Sie ist die machtvolle mentale Basis allen sozialen Engagements. Starke Persönlichkeiten, meist solche, die aus eigener Kraft ihr persönliches Firmenimperium aufgebaut haben, stehen offen zu dieser Grundeinstellung und fordern sie bei ihren Kollegen unzweideutig ein.

Das gute Gefühl, Gutes zu tun

Der Workshop endete mit den Bemerkungen von Karl-Ludwig Schweisfurth, dem Stifter der Schweisfurth Stiftung, München, der in bewegender Weise darüber berichtete, wie er dazu gekommen sei, mit Hilfe des Vermögens, das er als Unternehmer geschaffen habe, eine Stiftung ins Leben zu rufen. Er sprach mit Begeisterung über die Anregungen, das Vergnügen und den Stolz, die er aus der Errichtung der Stiftung bezieht, und stellte die Frage in den Raum: »Wie kann ich das nur den vielen Menschen in Deutschland und überall in der Welt, die unendlich viel Geld haben und die gar nicht wissen, was sie damit machen sollen, plausibel machen, wie persönlich bereichernd, wie beglückend und wunderbar das ist, wenn man etwas für einen guten Zweck gibt, wenn man das als sinnvoll empfindet und man das Gefühl hat, etwas bewirken zu können?«

Aus dem Protokoll eines Workshops
der Bertelsmann-Stiftung

Da aber im Selbstbild vieler Manager rein emotionale Beweggründe für unternehmerisches Handeln (scheinbar) nicht sein dürfen, findet die Emotion reale Projekte, die zudem den Vorteil haben, daß sie schlüssig sind. Also problemlos in jeder Verwaltungs-, Aufsichtsrats- oder Hauptversammlung begründet werden können.

Die *erste Begründung* für sozial relevantes Verhalten: Es ist nicht von der Hand zu weisen, daß zumindest Großunternehmen in die Rolle öffentlicher Institutionen hineinwachsen. Ihr Agieren greift dabei tief in das soziale und gesellschaftliche Gefüge der Republik ein. Daher ist es sinnvoll, mit dieser neuen Rolle pro-aktiv umzugehen. Die Bevölkerung erwartet das sogar – und verlangt, daß dieser Einfluß sich nicht nur sozial verträglich, sondern auch gesellschaftlich produktiv und innovativ auswirkt. Es geht dabei beileibe nicht um wirtschaftliche und soziale Kompensationen, wie sie zum Beispiel nach Entlassungen gefordert werden. Es geht vielmehr um den Beweis, daß das Unternehmen trotz notwendiger Rationalisierungsmaßnahmen den Boden des gesellschaftlichen Konsenses nicht verlassen hat. Es geht also nicht um Reparaturarbeiten nach einem »sozialen Unfall«, sondern um die Schaffung sozialer und kultureller Glaubwürdigkeit.

Zweite Begründung: Unternehmerisches Handeln braucht ein sozial stabiles Umfeld, und soziale Stabilität wird vom ethischen Konsens getragen. Fehlt dieser, entsteht eine Gesellschaft, in der die Schwächsten zugrunde gehen und deren Ergebnis Destabilisierung sein wird. Diese Gefahr besteht selbst dann, wenn der Staat

es übernimmt, für die rein physische Existenzsicherung der Benachteiligten aufzukommen – sprich: sie zu ernähren und ihnen ein Dach über dem Kopf bereitzustellen. Denn es fehlt in diesem Konzept die mentale Solidarität, das Sich-Einlassen auf Bedürfnisse, die über reine Versorgungsansprüche weit hinausgehen: Verständnis, Hilfsbereitschaft und die Motivation, Hilfe auf dem Weg aus dem Abseits heraus zu leisten. Diese emotionalen Bedürfnisse kann der Staat, kann die Verwaltung nicht ausreichend stillen. Denn deren Handeln ist auf Standardisierung, auf die Einhaltung abstrakter Vorschriften ausgerichtet und nicht darauf, die individuelle Problemlage ihrer Klienten zu berücksichtigen.
So kommt es, daß soziale Brennpunkte selbst in Gesellschaften, in denen das soziale Netz funktioniert, ein Pulverfaß bleiben. Daß von dort eine Verunsicherung und Unzufriedenheit nicht nur der direkt Betroffenen ausgeht. Die Bedrohung aus den Brennpunkten, sei sie nun real durch Kriminalität oder auch nur virtuell durch projizierte Ängste, führt letztlich zur Destabilisierung der Gesellschaft. Sie erzeugt ein Klima, das unternehmerisches Handeln enorm erschwert. Daher macht es auch volkswirtschaftlich Sinn, wenn Unternehmen hier eingreifen und Aufgaben übernehmen, die die Verwaltungen nicht lösen können.
Dritte Begründung: Die Marktwirtschaft selbst und nur sie allein ist der Garant für den sozialen Fortschritt. Daher handelt jeder, der sich seiner sozialen Verantwortung stellt, systemstabilisierend und für sein Unternehmen produktiv.
Grundsätzlich ist zu beachten, daß die Politik in keiner Phase der Wirtschaftsgeschichte den sozialen Fortschritt in Gang gebracht hat, sondern daß das allein die Forderungen und die Bedürfnisse der Bevölkerung bewirkt haben. Diese wurden weder im Staatskapitalismus welcher Ausprägung auch immer noch im Sozialismus realisiert, sondern in der sozialen Marktwirtschaft mit ihrer bewußten Verpflichtung auf die soziale Verantwortung allen unternehmerischen Handelns. Daß auf dem Weg dorthin ökologische und soziale Fehler begangen wurden, haben wiederum weder

Politik noch die Verwaltungen zum Thema gemacht, sondern ausschließlich Private, deren Forderungen erst später in politisch verfaßte Rahmenbedingungen verwandelt worden sind.
Daher ist es nur folgerichtig, daß auch heute Private sich überall dort einbringen, wo virulente gesellschaftliche Probleme entstehen. Mit dem Unterschied zu früher, daß aufgrund der unternehmerischen Erfahrungen und auf der Basis vernetzten Denkens nun übergreifende Konzepte in die Bemühungen einfließen.
Vierte Begründung: Die lähmenden Dominanzbestrebungen der Politik und der öffentlichen Verwaltung brauchen einen starken Gegenpart. Die Verwaltungen müssen akzeptieren, daß ihre Monopolstellung nur noch in wirklich hoheitlichen Bereichen gesichert und sinnvoll ist. Sie müssen aus der Praxis erfahren, daß private Initiativen auch in bisherigen Tabubereichen, etwa in der Sozial- und Bildungspolitik, Besseres zu leisten vermögen. Es entsteht so ein anspornender Wettbewerb, der in letzter Konsequenz alle Bereiche der Verwaltung erfassen wird.
Fünfte Begründung: Die Probleme des Staates in vielen sozialen und den meisten kulturellen Bereichen läßt die Überzeugung wachsen, daß die Verwaltungen und die Politik an die Grenzen ihrer Handlungsfähigkeit gestoßen sind. Die Strukturen wirken zu festgefahren, als daß es möglich erscheint, sie für neue Impulse zu öffnen. So erleben Bevölkerung und Unternehmer, wie zum Beispiel die Sozialverwaltungen eine Eigendynamik entwickeln, die dazu führt, daß immer mehr Personen in den Genuß von Leistungen kommen, für die das soziale Netz ursprünglich nicht gedacht war. Das Gießkannenprinzip herrscht – die wirklich Bedürftigen aber oder Initiativen, die neue Wege wagen möchten, erhalten nur beschränkte Mittel.
Wenn sich Unternehmen hier engagieren, tun sie das in einem Freiraum, der der öffentlichen Verwaltung nicht gegeben ist. Sie können selektiv vorgehen, und sie können Experimente wagen. Denn gerade die »soziale Szene« braucht innovative Impulse, die ihr nur unabhängige Private geben können.

Der »Dritte Sektor« im evolutionären Prozeß

Die im Sommer 1994 veröffentlichten ersten Ergebnisse des internationalen Forschungsprojekts über den Dritten Sektor, das an der Johns Hopkins University in den USA durchgeführt wird, zeigen zum Beispiel, daß dieser Sektor weltweit etwa 5 Prozent des Bruttosozialprodukts erwirtschaftet, etwa soviel wie die Tourismusbranche.
Diese Entwicklung hängt wesentlich davon ab, daß Wirtschaft, Staat und gemeinnütziger Sektor neue Wege gehen. Die Wirtschaft ist ohne Zweifel dabei und selbst der Staat unternimmt tastende, noch sehr zaghafte Versuche, neue Fragen zu stellen und neue Antworten zu finden. Verharrt der Dritte Sektor in der Traditionalität der letzten Generationen, wird er die heute und morgen auf ihn zukommenden Aufgaben für die Gesellschaft nicht erfüllen können. Schon heute erweisen sich junge, frische Organisationen dieses Sektors als ungewöhnlich geeignet, bestimmte Probleme anzupacken. Sie machen den alteingesessenen Organisationen zunehmend Konkurrenz. Dieser Trend wird sich verstärken, der Dritte Sektor wird sich zunehmend aus solchen neuen Organisationen zusammensetzen, wenn die älteren nicht evolutionsfähig und reformbereit sind.

Rupert Graf Strachwitz

Selektives Vorgehen bedeutet, daß Unternehmen sich ihre Hilfsangebote aussuchen können. Zum Beispiel ausschließlich die Förderung von Arbeitslosen-Selbsthilfe-Initiativen ausschließlich in Köln, Düsseldorf oder Bochum. Die Arbeitsloseninitiative etwa in Hamburg geht hingegen leer aus, und nicht einmal der Klageweg wird ihr weiterhelfen. Das mag auf den ersten Blick ungerecht erscheinen, hat aber den Vorteil der konzentrierten Hilfe bis hin zum wirklichen Durchbruch des Projekts.
Zudem gibt es große Unterschiede zwischen der Art und Weise,

wie eine Verwaltung und wie ein gut geführtes Unternehmen an die Lösung von Problemen herangehen. Der herausragendste Unterschied ist die industrieübliche Organisation in Problemlösungs- oder Projektteams. Also die Ad-hoc-Organisation der bestmöglich qualifizierten Spezialisten. Das heißt nicht, daß auf diese Weise stets und automatisch die Garantie gegeben wäre, daß das Team auch Erfolg hat. Nur ist die Wahrscheinlichkeit des Erfolges größer als in einer Verwaltung, wo oft genug schon das Personalrecht die Zusammenstellung der bestgeeigneten Teams unmöglich macht.

Verstärkung der Führungs- und Problemlösungskompetenz

Mit dieser Zielsetzung verweise ich auf eine notwendige Systementwicklung, die gleichermaßen in allen gesellschaftlichen Bereichen unverzichtbar ist. Wichtige Elemente der Fortschreibung sind:

1. Ziele und Leistungen meßbar gestalten.
2. Wettbewerb und Leistungsorientierung einführen – mit spürbaren Sanktionen.
3. Dezentralisieren und Verantwortung delegieren.
4. Freiheit gewähren zum Denken, Handeln und Erproben.
5. Ziele setzen und Arbeitsbedingungen vorgeben, mit denen man sich identifizieren kann.

Reinhard Mohn

Projektorientiertes Agieren führt in der Industrie auch stets zu einem wie auch immer gearteten Endpunkt. Daß Projekte sang- und klanglos versanden, ist dort eher die Ausnahme. Vorgesetzte und Controllingbereiche überprüfen sehr detailliert, was aus den eingesetzten Mitteln geworden ist. Die Rechnungshöfe als Kontrollinstrumente für staatliche Projekte hingegen sind eher zahnlose Tiger, da ihre Ermittlungsergebnisse nur selten zu persönlichen Konsequenzen für die Verantwortlichen führen.

Der Zwang, ein Projekt in der Privatwirtschaft möglichst erfolgreich abschließen zu müssen, um eventuell einen Karrieresprung zu erreichen, zwingt die Projektverantwortlichen zu effizienter Ressourcennutzung. In der öffentlichen Verwaltung hingegen sind Einsparungserfolge für die Karriere weitgehend unerheblich. Der zweite wesentliche Unterschied zwischen administrativem und unternehmerischem Handeln ist der, daß die Industrie es gelernt hat, mit Risiken umzugehen. Vor der Entscheidung, ein Projekt anzugehen, stehen die Risiko- sowie die Kosten-Nutzen-Analyse. Das Versagen bei risikoreichen Projekten führt zudem (und ich spreche hier nur von wirklich gut geführten Unternehmen) zur lernorientierten Analyse bis hin zu der Frage, ob vielleicht die internen Strukturen für den Mißerfolg des Projekts verantwortlich sein könnten. Daraus lernt demnach nicht nur das Team, sondern das gesamte Unternehmen. Im Idealfall führt das dazu, daß falsch angelegte Strukturen verändert werden. Bei öffentlichen Verwaltungen sind solche Effekte kaum denkbar und nahezu nie durchzusetzen.

Darüber hinaus besteht ein grundlegender Unterschied zwischen der Sozialverwaltung und den Unternehmen in der Behandlung und Bewertung ihrer Kunden. Die staatliche Vorgehensweise ist, obwohl die Sprachregelung inzwischen auch hier von »Klienten« und »Kunden« spricht, immer noch auf Bevormundung und Abhängigkeit ausgerichtet sowie darauf, alle Hilfsbedürftigen gleich zu behandeln. Daraus resultiert eine vorwiegend konsumtive Versorgung ohne jeglichen Anreiz zur Verbesserung der Situation; weder für die Verwaltung noch für den Leistungsempfänger. Das ist eine auf lange Sicht destruktive Strategie.

Wirtschaftsunternehmen hingegen, zumindest die fortschrittlicheren, denken inzwischen weiter: Es geht ihnen zwar auch um den Konsum ihrer Kunden, sie behalten dabei aber stets deren

Entwicklungspotential im Auge. So wachsen sie mit den Bedürfnissen ihrer Abnehmer und schaffen neue Märkte, um latente Bedürfnisse ihrer Kunden zufriedenzustellen. »Kundenorientierung« wird für den Kunden auf diese Weise erlebbar. Auf die Sozialarbeit übertragen bedeutet dieses Prinzip »Hilfe zur Selbsthilfe« – eine in hohem Maße kreative und konstruktive Strategie.

Defizite der Sozialarbeit

Kennzeichen des »traditionellen« Sozialarbeitsverständnisses sind unter anderem:

- Gesellschaftlich bedingte Probleme werden in individuelle Fälle verwandelt,
- die Betroffenen werden als defizitäre Klienten angesehen,
- die sich ständig ausdifferenzierende Pädagogisierung, Psychologisierung und Therapeutisierung in der Sozialarbeit mit der Folge einer prinzipiell endlosen Erweiterung von Eingriffsräumen, welche mit einer verstärkten Eingriffstiefe psychosozialer Interventionen und damit auch mit einer subtileren sozialen Kontrolle verbunden ist.

Mit diesem sozialarbeiterischen Handlungsverständnis ist (...) die Praxis aufgrund gesellschaftlicher und politischer Entwicklungen in eine deutliche Legitimations- und Plausibilitätskrise geraten und sucht nun nach neuen Wegen.

Dietmar Müllensiefen

Zudem hat die Verwaltung gegenüber den Unternehmen einen deutlichen Nachteil: Verwaltungen müssen sich an Vorschriften orientieren, die Perfektionismus einfordern. Unternehmen sind es gewohnt, mit bestenfalls optimierten, nie mit perfekten Lösungen und Produkten zu arbeiten. Ein Beispiel: Ein von der Verwaltung eingesetzter Streetworker muß bestimmte formale Kriterien erfüllen (die nicht unbedingt etwas mit der fachlichen Kompetenz zu tun haben), an die sich die privaten Initiativen nicht unbedingt gebunden fühlen müssen.

Des weiteren setzt die Industrie grundsätzlich auf Expansion. Einzelerfolge reichen ihr nie aus. So werden erfolgreiche Experimente dazu führen, daß diese auf ähnliche Situationen übertragen und später standardisiert werden. Auf diese Weise entsteht eine Art Systemkonzept in sozialer Hilfe. Kritiker mögen das eine McDonaldisierung der Sozialhilfe nennen; wir meinen, daß auf diese Weise eine sehr flexible, weil dezentrale Verbreitung von Problemkompetenz entsteht. Es wird auch zwecks Schaffung von Synergien und Kompetenztransfer schnell zu Vernetzungen mit anderen gleichartigen oder auch staatlichen Organisationen kommen.

Der Unterschied zur staatlichen Standardisierung ist dabei der, daß selbst bei flächendeckender Ausbreitung des Konzepts keine generellen Rechtsansprüche entstehen, die die Hilfsmaßnahme finanziell unkalkulierbar machen. Die gegenüberliegende Übersicht zeigt die wichtigsten grundsätzlichen Unterschiede zwischen administrativer und privater Intervention im sozialen Bereich.

Aus dem Gesagten folgt, daß von der Industrie initiierte Maßnahmen nur dann deren Kompetenzvorsprünge nutzen können, wenn es sich um aktive Maßnahmen handelt. Dabei ist es zunächst sinnvoll, daß sich die Industrie auf bestehende, wenn auch hilfebedürftige Strukturen stützt. Es macht ja für einen Neueinsteiger wenig Sinn, gleichzeitig drei Problemfelder in Angriff zu nehmen: die Hilfebedürftigen zu orten, neue Hilfsstrukturen aufzubauen und zu lernen, mit der staatlichen »Konkurrenz« auszukommen. Viel lieber sollten sich die privaten Organisationen auf ihre eigenen Stärken besinnen.

Die strukturellen Unterschiede tatsächlicher administrativer und möglicher privater Intervention in sozialen Arbeitsfeldern

Administrative Handlungsweisen	Handlungsweisen in Private Public Partnership
Gesellschaftlich bedingte Probleme werden in individuelle Fälle verwandelt	Einrichtung von Selbsthilfeorganisationen zur selbstbestimmten Nutzung
Die Betroffenen werden als defizitäre Klienten angesehen	Aktivierung individueller und kollektiver Ressourcen
Pädagogisierung, Psychologisierung und Therapeutisierung mit dem Ziel der standardisierten Perfektion	Verzicht auf Perfektion zugunsten individueller Förderung
Prinzipiell endlose Erweiterung der Zuständigkeiten	Konzentration auf festgeschriebene Fördervolumina und Arbeitsziele
Orientierung an Standards	Experimentierbereitschaft
Priorität interner Gesetzmäßigkeiten mit nur geringen Abweichungsmöglichkeiten (»operativ geschlossene Systeme«)	Priorität des Klientenbedarfs und hohe Flexibilität im Einsatz der notwendigen Instrumente
Geringe Flexibilität beim Auftauchen neuer Problemfelder; Abhängigkeit von politischer Einflußnahme	Lösungsansätze ausschließlich aus Überlegungen des Projektteams

Private Public Partnership mischt sich aktiv ein, und zwar nicht, indem sie mit Geld protzt (was sie nicht kann), sondern indem sie die industrie-immanenten Stärken zielorientiert einsetzt. Dieser Prozeß beginnt mit kleinen Insellösungen, die im Lauf der Zeit in Form synergetischer Prozesse ineinanderwachsen. Globallösungen werden nicht gesucht, da deren Versagensrisiko zu groß ist.

Mit der Verknüpfung der Insellösungen entstehen völlig neuartige Nutzenstrukturen, womit die *sechste Begründung* für unternehmerisches soziales Handeln angesprochen wird: Dadurch, daß sich ein Unternehmen auf seine Weise mit dem sozialen Umfeld auseinandersetzt, gewinnt es Eindrücke von der Welt, die ihm bei den strategischen Entscheidungen im Kerngeschäft hilfreich sein werden.

Das gilt vor allem für die Mitarbeiter im Unternehmen, die die Aktionen steuern und beaufsichtigen. Ein Unternehmen ist gut beraten, derartige Aufgaben als Teil der Persönlichkeitsentwicklung seines Führungspersonals anzusehen.

Erfolgreiche Private Public Partnership-Maßnahmen setzen intern eine hohe Motivation frei. Die Identifikation mit dem Unternehmen wächst mit der Identifikation mit den sozialen Projekten. Dazu gehört, daß letztlich jedem Mitarbeiter die Möglichkeit gegeben werden muß, am Private Public Partnership-Konzept mitzuwirken. In vielen Unternehmen ist es ja heute noch so, daß die Entscheidung über Spenden oder andere Aktivitäten der Geschäftsführung vorbehalten bleibt. Private Public Partnership der Zukunft ist hingegen ein Instrument, das es den innovativen Köpfen außerhalb des Unternehmens ermöglicht, dringend benötigte Kompetenz (und manchmal auch Geld) dort abzuholen, wo sie zu finden ist – in den Fachabteilungen der Unternehmen.

Soziale Partnerschaft von Unternehmen

In den Unternehmen muß dieser Partnerschaft die gleiche Professionalität gewidmet werden wie anderen Unternehmensbereichen. Dabei geht es nicht notwendigerweise darum, im Unternehmen eine konkurrierende Expertise zu Kunst, Altenhilfe oder anderen Themen zu entwickeln, die vom Dritten Sektor fachkundig betreut werden, sondern darum, kompetente und kreative Fachpartner zu identifizieren, mit denen die Entwicklung einer Partnerschaft aussichtsreich erscheint.
In den Organisationen muß der Wille erkennbar werden, die Zusammenarbeit mit den Bürgern und deren unterschiedlichen Organisationsformen, zumal mit Unternehmern und Unternehmen, als grundsätzlich wünschenswertere Interaktion und nicht nur als Geldquelle zu begreifen. Dazu ist es unerläßlich, auf die Besonderheiten und Notwendigkeiten des spezifischen Partners einzugehen.
Dabei ist durchaus keine Bettlermentalität, sondern Selbstbewußtsein angesagt. Denn die Ziele, die von den Organisationen verfolgt werden, sind nicht nur gesellschaftlich relevant und positiv. Die Mitarbeit an deren Verfolgung kann wesentliche Impulse zur Persönlichkeitsentwicklung von Mitarbeitern der Unternehmen geben und ein Gefühl vermitteln, wie positive Ziele Energien in Mitarbeitern freisetzen. Sie wirkt der inneren Verabschiedung frustrierter Menschen von ihrem Berufsalltag wirksam entgegen und kommt damit den legitimen Interessen jeder Unternehmensführung ebenso entgegen wie konkreten und kurzfristigen Unternehmenszielen.
Diese beiderseitige Partnerschaft bedarf zu ihrer Konkretisierung der Instrumente. Damit ist hier freilich nicht das Instrumentarium gemeinnützigen Handelns im allgemeinen angesprochen, sondern als Bündel an Optionen, das einem

> Wirtschaftsunternehmen zur Umsetzung seines Engagements zur Verfügung steht (…)
>
> Rupert Graf Strachwitz

Der Publizitäts- und Imagegewinn stellt sich bei Private Public Partnership zwar nur langsam, dafür aber um so sicherer ein. Wir erwarten daher, daß mehr und mehr Unternehmen ihre Werbeetats durchforsten, um eingespartes Geld in Private Public Partnership-Aktivitäten zu investieren.

Nicht zuletzt sehen wir den wünschenswerten Effekt, daß die öffentlichen Verwaltungen aus den Erfahrungen mit den privat initiierten Maßnahmen Anregungen für ihre Arbeit erhalten und Verwaltungen wie Unternehmen lernen, einander besser zu verstehen.

Somit wird die Öffentlichkeit mit der Zeit verstehen und akzeptieren, worum es bei Private Public Partnership geht: nicht um eine freiwillige Sondersteuer zugunsten sozialer oder kultureller Brennpunkte, sondern um eine mehrfach nutzenorientierte Veranstaltung, bei der alle Teilnehmer die Chance haben, zu gewinnen.

Einem Mißverständnis sei jedoch vorgebeugt: Private Public Partnership, wie hier beschrieben, kann nur dann wirklich funktionieren, wenn die Strukturen im Unternehmen stimmen. Zum Beispiel müssen die organisatorischen Voraussetzungen für professionelle Projektarbeit gegeben sein, und es muß sich tatsächlich um ein lernendes Unternehmen handeln. Das will aber nicht heißen, daß man bei leidlich guter Organisation nicht schon einmal anfangen sollte, es mit der Private Public Partnership zu versuchen. Denn, wie gesagt, es ist ja gerade die Stärke der Industrie, stets mit Optimierungen zu arbeiten, Perfektion aber zu vermeiden.

Was konkret tut nun die Aral AG, um diesen Handlungsrahmen auszufüllen?

Die Aral AG richtet eine Stiftung ein, deren Aufgabe es ist, Vorhaben zur Überwindung von Arbeitslosigkeit junger Menschen zu fördern. Die Stiftung ist mit 10 Millionen Mark dotiert. Das Unternehmen ist bereit, die Kosten der Stiftungsverwaltung, überwiegend Gehälter, durch Zuwendungen zu übernehmen. Eines der wichtigsten Ziele ist es, Prototypen einer innovativen Arbeit mit der beschriebenen Zielgruppe zu entwickeln, die anderen interessierten Initiativen zur Verfügung gestellt werden.

Ziel der Maßnahme ist es,

- die Stärken und Fähigkeiten der Jugendlichen herauszufinden und sie für die berufliche Entwicklung nutzbar zu machen.
- Den Unternehmensgeist der jungen Leute zu wecken. Damit ist nicht unbedingt gemeint, daß der zu beratende Jugendliche sich als Unternehmer selbständig machen soll (wovon er allerdings auch nicht abgebracht wird, so er sich eignet). Mit Unternehmensgeist ist hier vielmehr die Fähigkeit gemeint, den Lebens- und Berufsweg selbständiger als bisher in die Hand zu nehmen.
- Fest vereinbart ist eine enge Kooperation mit den örtlichen Arbeitgebern und deren Standesvertretern, mit Bildungsträgern, freien Trägern der Jugendarbeit und den Behörden, um den Übergang ins Berufsleben so optimal wie möglich zu gestalten.

Es handelt sich bei der Arbeit mit den jungen Leuten also um einen Mehrphasenprozeß, der in Projekte gegliedert ist:

1. Bildung einer begrenzten Gruppe ausgewählter Jugendlicher.
2. Intensive Betreuung und Beratung dieser Jugendlichen durch die Stiftungsmitarbeiter. Zweck dieser Phase ist es, die Persönlichkeit und Kreativität der Teilnehmer so weit zu entfalten, daß sie eine bewußte Entscheidung über ihren weiteren Arbeits- und Lebensweg treffen können. Auf diese Entscheidung folgt deren zielgerichtete Umsetzung in die Arbeitswelt: Sie

kann in die Selbständigkeit führen, in eine Bildungsmaßnahme, in ein Arbeitsverhältnis – oder vor allem: in eine Kombination aus diesen Möglichkeiten.

3. Parallel dazu werden den lokalen Arbeitgebern Stiftungszweck und -arbeit vorgestellt. Dabei soll festgestellt werden, ob, und wenn ja, unter welchen Voraussetzungen sie bereit sind, neue Mitarbeiter einzustellen. Dabei werden nicht nur Vollzeitarbeitsplätze, sondern jede Art von Teilzeitbeschäftigung genutzt. Die Stiftung übernimmt die Zusammenführung der interessierten Jugendlichen und Unternehmen.
4. Falls es zur Teilzeitbeschäftigung kommt, entwickeln Mitarbeiter der Stiftung gemeinsam mit den Jugendlichen Strategien, den Lebensunterhalt auf einer erträglichen Höhe zu sichern.
5. Nach der Vermittlung des neuen Arbeitsplatzes bleiben der Klient und die Stiftung in Kontakt; unter anderem auch, damit aktuelle Konflikte am Arbeitsplatz unter moderierender Hilfe entschärft werden können.
6. Ein wesentlicher Inhalt der Arbeit mit den Jugendlichen wird es sein, die Akzeptanz von Teilzeitarbeitsplätzen zu fördern und deren Entwicklung zu dokumentieren, denn wir halten es für einen wichtigen Vorsprung am Arbeitsmarkt, wenn die Bewerber hohe Flexibilität und Erfahrung nachweisen können.

Meines Erachtens wird die Arbeitswelt der Zukunft von Arbeitsformen geprägt sein, die sich heute erst andeuten. Vollzeitarbeitsplätze für alle Bewerber wird es nicht mehr geben. Im Arbeitsleben der Zukunft müssen sich nicht wenige darauf einstellen, daß es neben Phasen eines festen Arbeitsverhältnisses Phasen der Arbeitslosigkeit oder der Selbständigkeit geben wird. Eine hohe Flexibilität wird verlangt. Darauf müssen sich Arbeitnehmer und Unternehmer frühzeitig einstellen. Genauso, wie sich die Gesellschaft darauf einstellen muß, daß öffentliche Aufgaben nicht mehr das Reservat der öffentlichen Verwaltungen bleiben können und sollten.

Teilnahmeprojekte: Baustellen für eine flexible Unternehmensstrategie

von Martin Klein

Nichts ist mehr, wie es einmal war. Die Karrieregarantie vom Eintritt in die Firma über die Jubilarfeiern bis hin zur uhrvergoldeten Verabschiedung – *perdu*, ebenso wie die lebenslange Jobgarantie. Die ruhige Sicherheit, daß die Grundausbildung aus Volksschule oder Universität für den Rest des Berufslebens ausreicht, gehört längst der Vergangenheit an.

Statt dessen gibt es die Garantie auf unruhige Zeiten, die von jedem Angestellten und Arbeiter verlangen, daß er sich in seinem Beruf mehrfach umorientiert; daß er mit hoher Wahrscheinlichkeit mindestens einmal den Beruf wechselt, von temporärer Arbeitslosigkeit nicht verschont bleibt; und daß er sich in seinem Job im Jahresrhythmus mit Problemen auseinandersetzen muß, die so schnell, unerwartet und in ihrer Struktur so neuartig auf ihn einstürmen, daß tradiertes Wissen nicht ausreicht, die Herausforderung zu meistern.

Denn wer heute sein Brot mit Erwerbstätigkeit verdienen will, der sitzt in Unternehmen, die sich in von Mal zu Mal kürzeren Abständen mit Überraschungen konfrontiert sehen, die – sei es, daß sie aus der Globalisierung, aus dem plötzlichen Wegbrechen von Märkten oder aus Veränderungen des Verbraucherverhaltens resultieren – höchstmögliche Flexibilität verlangen.

Ein Unternehmen hat in dieser Situation die Möglichkeit, zur pädagogischen Anstalt zu werden, die mit immer größer werdenden Kraftanstrengungen versucht, den Mitarbeitern das notwendige Wissen einzubleuen. Wobei es nur marginale Unterschiede macht, ob das Unternehmen einen Zwang zur Weiterbildung ausübt oder ob es die Teilnahme freistellt. Denn eine solche Strategie wird auf jeden Fall scheitern – im Fall der zwangsweisen Indoktrinierung nur deshalb besonders grandios, weil auf diese Weise der Betrachtungshorizont des Teilnehmers besonders effektiv eingeschränkt wird: Stets nach innen, stets auf die Sanktionsmöglichkeiten ausgerichtet, also ausschließlich auf die Perpetuierung der vorhandenen Defizite. Der Mitarbeiter wechselt auf diese Weise zwar hin und wieder die Drehrichtung; bleibt in seiner Effizienz aber allemal nutzlos.

Daher ist die Suche nach neuen Wegen, die Flexibilitäts- und Kreativitätsressourcen der Mitarbeiter zu aktivieren, angebracht. Nach einem Weg selbstverständlich, der mit der Ausrichtung des Unternehmens auf die zukünftigen Gegebenheiten (die internen Abläufe und die Reaktion auf die externen Gegebenheiten), aber auch mit der Positionierung des Unternehmens in der Gesellschaft (und daraus resultierenden visionären Entwicklungsansätzen) kompatibel ist. Es geht um die Orientierung der Mitarbeiter von der virtuellen Arbeitswelt weg hin zur realen Außenwelt und um eine gegenseitige Bereicherung dieser beiden Welten. Und es sei hinzugefügt: Wer der Außenwelt Zutritt zur Unternehmenswelt gewährt, der muß die Mitarbeiter in ihrer Reflexionsfähigkeit auch laufen lassen. Die Voraussetzung dafür ist Vertrauen; das Ergebnis und der Nutzen für das Unternehmen heißen Fähigkeit zur Selbstaktivierung und Erfahrung.

Gemeinnützig aus unternehmerischem Eigeninteresse

Ein weiteres kommt hinzu: Traditionell und nach wie vor sind sich Eigentümer-Unternehmer ebenso wie leitende Angestellte durchaus ihrer Veranwortung für die Gesellschaft als Ganzes, der sie nicht zuletzt auch ihren Erfolg zu verdanken haben, bewußt. Hinzu tritt in der modernen Wirtschaft verstärkt ein echtes Eigeninteresse der Unternehmen an der Entwicklung von Wissenschaft und Bildung, Gesundheit und Sozialwesen, Kunst und Umweltschutz und anderen Aufgaben des allgemeinen Wohls und zwingt die Unternehmen, dafür Ressourcen zur Verfügung zu stellen. An die Seite, keineswegs an die Stelle der prinzipiell nicht auf Gegenleistungen bedachte Philanthropie treten starke und durchaus legitime wirtschaftliche Beweggründe dafür, sich außerhalb des unmittelbaren Geschäftszwecks zu engagieren. Folgende Faktoren sind dafür ausschlaggebend:

1. Für den langfristigen Erfolg eines komplex strukturierten Unternehmens sind ein positives Klima und Konsens mit und Unterstützung durch andere gesellschaftliche Gruppen Voraussetzungen.
2. In einer hochindustrialisierten Gesellschaft sind qualifizierte und motivierte Mitarbeiter die entscheidende Bedingung für einen wirtschaftlichen Erfolg. Es ist längst als Tatsache erkannt, daß finanzielle Verlockungen allein kein hinreichender Motivationsfaktor für Mitarbeiter sind. Betreuung auf nicht wirtschaftlichen Ebenen, Standortfaktoren, positives Lebensgefühl und nicht zuletzt eine positive Identifikation mit dem Arbeitgeber treten hinzu.
3. Argumente, die mit den eigentlichen Produkten oder Dienstleistungen nur wenig oder gar nichts zu tun haben, gewinnen einen ständig wachsenden Einfluß auf Kaufentscheidungen nicht nur privater Verbraucher.

In einigen Fällen haben gemeinnützige Aktivitäten auch einen unmittelbaren Einfluß auf die Chance, die wirtschaftlichen Ziele zu erreichen.

Konrad Schily

Die Behauptung, daß dieser andere Weg in der Auslobung von Charity-Programmen zugunsten sozialer Brennpunkte zu finden ist, mag verblüffen: Was haben Arbeitslose in Leipzig mit den Führungsproblemen in der Montan-, Automobil- oder der Markenartikelindustrie zu tun – außer daß sich dort mit Sicherheit keinerlei interessantes Marktpotential orten läßt? Gemach – denn zunächst sei der Blick einmal auf das gelenkt, was hierzulande jeder, der sich um den Standort Deutschland sorgt, im Munde führt: die mangelhafte Dienstleistungsmentalität. Zunächst nur als Stichwort.

Der Blick sei auch auf das gelenkt, was die Marketingexperten tagtäglich als »Wertewandel« proklamieren und was sie nicht zu greifen in der Lage sind, sonst würden sie anders handeln. Sie nehmen nämlich überhaupt nicht zur Kenntnis, wie sehr sich der Wertewandel bereits vollzogen hat: Was das Publikum in den sechziger und siebziger Jahren noch hingenommen hat an egozentrischer Unternehmenspolitik, das wagt ihm heute keiner mehr, bei Strafe der sofortigen Liquidation, anzubieten.

Unternehmen sind heutzutage in der Tat öffentliche Institutionen geworden. Nicht, daß man sie nur beobachtet und mahnend den Finger hebt, wenn mal wieder etwas schiefgelaufen ist. Nein, das Publikum verlangt den Unternehmen gesellschaftlich aktives Handeln ab – eine Entwicklung, die zunehmen wird, und nicht bei der Forderung, Arbeitsplatzsicherung vor »Shareholder Value« zu stellen, stehenbleiben wird. Die Markenartikler wissen das längst: Große Unternehmen und große Marken sind für den Verbraucher inzwischen Navigationspunkte geworden, die um so wichtiger werden, je hektischer sich die Konsumwelt verändert. Je mehr Impulse auf den Verbraucher einstürmen, desto mehr orientiert er sich an den Wertqualitäten dieser Marken und der hinter ihnen stehenden Firmen. Früher waren das ausschließlich Qualitäten, die die Produktleistung ausmachten, und auch heute spielen diese noch eine große Rolle, aber zunehmend gibt die gesellschaftliche Orientierung beim Konsumentscheid den Ausschlag.

Wer meint, damit beginne hier eine Epistel über ethisches Agieren zugunsten einer Optimierung des Unternehmensimages, der irrt grundsätzlich. Denn was aus diesen neuen Erwartungen resultiert, ist etwas überaus Gefährliches, weil ganz Neues: Solange ein Unternehmen diese Rolle nicht aufgreift (die ihm ja niemand erklärt), leben die Mitarbeiter in einer Art schizoider Welt: draußen in der realen, in die sie nach Feierabend eintauchen, und innen in der virtuellen Büro- oder Werkstatt-Welt, die keinerlei Bezug zu nehmen scheint auf die reale Welt, es sei denn durch die Filter der Marktforschung, der meist geschönten Außendienstberichte und der Auswertung der Presseclippings. Diese Schizophrenie macht dem Mitarbeiter Schwierigkeiten, kostet Energie, verleitet zur Ausbildung kontraproduktiver Rituale und tötet die Motivation – auch die, zu lernen. Ein Unternehmen, das derart strukturiert ist, kann nie punktgenau kundenorientiert handeln – denn wo sollen die Mitarbeiter überhaupt die Kenntnisse hernehmen, wer der Kunde ist und was er wirklich erwartet?
Damit stellt sich sofort die Frage, wie denn der Zugang zur Wirklichkeit gestaltet sein soll? Die Antwort: durch Teilnahme der Mitarbeiter am sozialen und kulturellen Leben. Ich nenne sie: Teilnahmeprogramme. Teilnahme allerdings nicht dort, wo die Mitarbeiter sowieso schon aktiv sind, nämlich in der Ecke der Hobbys und des Sportvereins, auch nicht in der Politik (was sicher ebenfalls wünschenswert wäre, mit den hier umschriebenen Zielen aber wenig zu tun hat), sondern dort, wo es brennt. Wo die Probleme die ganze Leistungskraft und Kreativität herausfordern. Wo es genauso weh tut, wie wenn im Unternehmen wieder einmal ein Projekt auf der Kippe und damit die Karriere auf dem Spiel steht.
Dabei ist es gleichgültig, ob die Aktivitäten sich im kulturellen oder im sozialen Bereich abspielen (ich werde mich allerdings bei meinen weiteren Ausführungen auf den sozialen Bereich beschränken) – wichtig ist nur, daß Auswahl, Durchführung und Unterstützung der Maßnahme nach Kriterien stattfinden, die

industrie-immanent sind, die Auswahl also nach den Regeln der Portfolio-Analyse erfolgt: Wo sind wir stark? Wer ist der starke Partner? Wie hoch ist der Aufwand, das wie auch immer definierte Ziel zu erreichen?

Die Stärken eines Industrieunternehmens bestehen naturgemäß in der Fähigkeit, komplexe Projekte zu einem guten Ende zu führen, das heißt in der Lösungskompetenz. Was sicherlich zunächst einmal nicht mehr als eine »Black box« ist, in der lediglich ein paar austrainierte Management- und Führungstechniken auf Zugriff warten. Das Bewußtsein seiner Schwächen hingegen führt den Manager zur Kooperation mit externen Partnern, denn anders als die etablierten Träger der Sozialhilfe hat ein Industriemanager wenig Einblick in die aktuellen sozialen Brennpunkte. So macht es Sinn, zunächst strategische Allianzen zu bilden, mit dem Ziel, Betätigungsfelder in bestimmten Bereichen auszufüllen, die in dieser oder jener Hinsicht notleidend sind; immer aber so, daß sie unternehmerischer Erfahrung bedürfen. Ein Beispiel: Die Kleinstunternehmen (Fahrradreparatur, Entrümpelung), die von Langzeitarbeitslosen unter dem Dach der Caritas oder ähnlicher Institutionen geführt werden, leiden an Managementdefiziten. Hier wirkt die Kompetenz industrieller Unterstützung segensreich.

Was hat der Mitarbeiter im Unternehmen davon? Er erlebt, wie sich die Lösungskompetenz seines Unternehmens auf ihn überträgt und wie sich Türen öffnen, die dem betreuten Kleinstunternehmen für ewig verschlossen gewesen wären. Welcher kommunale Abteilungsleiter leiht schon einem Fahrradbastler sein Ohr? Dem Vertreter eines Konzerns hingegen darf er sich nicht so leicht verschließen. Damit wächst auch die Identifikation des Mitarbeiters mit dem Arbeitgeber. Und er lernt, sich in einer Welt zurechtzufinden, die ihm bislang fremd war. Eine bessere Vorbereitung auf die sich zukünftig ständig verändernden Parameter seiner Arbeitswelt gibt es nicht.

Schließlich dient er dem Unternehmen als Scout in die reale Welt. Denn auch, wenn soziale Brennpunkte sich sehr erheblich von den

durchschnittlichen Lebensumständen der Bevölkerung unterscheiden – sie finden sich doch dort, wo das »normale« Leben stattfindet. Also inmitten der Facharbeiter-Wohngebiete, Genossenschafts-Siedlungen und Plattenbau-Agglomerationen. Dort, wo sich die Märkte tatsächlich entwickeln. Die Orientierung in diesem Umfeld hilft dann bei der wirklich relevanten Kundenorientierung und bei der Entwicklung von lokal-basierten Absatzstrategien.
Bei aller Schlüssigkeit funktioniert dieses Konzept jedoch nur dann, wenn bestimmte Grundregeln eingehalten werden:

Zuallererst dürfen die Initiatoren keine kurzfristigen Erfolge erwarten; Werbung und Öffentlichkeitsarbeit haben sich tunlichst zurückzuhalten. Es geht nämlich nicht um die Verstärkung von Aufmerksamkeits- oder Imagewerten, sondern um eine behutsame Weiterentwicklung des Unternehmensselbstverständnisses.
Zweitens muß die Verantwortung für die Projekte so hoch wie möglich in der Hierarchie verankert werden, mindestens auf Ebene der Bereichsleiter.
Drittens darf auf keinen Fall der Eindruck entstehen, daß Zwang ausgeübt wird. Es handelt sich um ein Angebot der individuellen Weiterentwicklung; dessen Wahrnehmung muß auf Freiwilligkeit beruhen. Lernprogramme funktionieren ja auch nur dann wirklich gut, wenn die Teilnehmer freiwillig mitmachen.
Viertens dürfen mit der Teilnahme an derartigen Programmen keine Karriereversprechen verbunden werden. Der Nachweis, mitgemacht zu haben, soll dem beruflichen Werdegang nur in derselben Weise förderlich sein wie etwa der Nachweis der Teilnahme an Fremdsprachen- und technischen Weiterbildungskursen.
Fünftens gelten nur soziale Projekte als förderungswürdig, die Hilfe zur Selbsthilfe leisten, also Projekte, die nicht ausschließlichen Mittel zur Sicherung des Lebensstandards bereitstellen. Es muß dabei stets gesichert sein, daß die Prinzipen unternehmerischen Handelns zum Tragen kommen und der Wille zur Veränderung mißlicher Lebensumstände geweckt wird.

Sechstens ist ein offener interner Dialog über Auswahl, Strategie, Erfolge und Mißerfolge der Projekte wichtig. Nur so wird eine Grundidentifikation geschaffen.

Die schnelle Durchsetzung eines solchen Programms in der Belegschaft ist nicht zu erwarten; dafür sind die Ängste und Hemmschwellen gerade bei sozialem Engagement zu hoch. So ist es auch opportun, zunächst Pilotprojekte anzugehen, die von externer, allerdings unternehmensnaher Kompetenz gesteuert werden. Es müssen aber von Anfang an Kontaktflächen zum externen Projekt geschaffen werden, damit sich die Mitarbeiter mit ihren speziellen Fähigkeiten (zum Beispiel Projektplanung, Einkauf oder Verkauf) in das Projekt einbringen können. Erst viel später wird es möglich sein, interessierten Mitarbeitern von Beginn an die Projektführung zu überlassen.
Ich rechne damit, daß zunächst nicht mehr als 20 Prozent der Mitarbeiter überhaupt Interesse zeigen: getreu der Regel, daß nur 20 Prozent einer Belegschaft sich als Pioniere fühlen, 60 Prozent sich eher zögerlich verhalten und bei den restlichen 20 Prozent sowieso Hopfen und Malz verloren ist. Wenn sich, *worst case,* niemand meldet, hat die Unternehmensführung zumindest einen wertvollen Befund erhalten: Dann läuft in ihrer Organisation etwas grundfalsch. Denn daß keiner zumindest aus der jüngeren Führungsriege bereit ist, die Herausforderung anzunehmen – das passiert nur dann, wenn sich die gesamte Belegschaft im Zustand der inneren Kündigung befindet.
Es wird aber doch so sein, daß sich ein harter Kern von Interessierten zur Verfügung stellt, der die Herausforderung annimmt. Sie sind als Pioniere zu betrachten, denen ein spezielles Multiplikatorenprogramm zukommen muß, damit sich die neue Orientierung zum Selbstläufer entwickeln kann. Denn Partizipation an öffentlichen Angelegenheiten darf nicht auf ewig eine Top-down-Angelegenheit bleiben, sondern muß sich zur Bottom-up-Strategie entwickeln.

Zum Schluß noch ein Blick auf die Meta-Ebene oberhalb der unternehmerisch-egoistischen Beweggründe, Teilnahmeprogramme aufzulegen: Die offene, pluralistische Gesellschaft ist eine permanente Baustelle. Der Bürger hat – aus welchen Gründen auch immer – das Gefühl verloren, daß er an dieser Baustelle teilhat; so erlebt er die kontinuierliche Arbeit daran ausschließlich als endloses politisches Gezerre, dessen Ergebnis doch nur die Erhöhung der Abgaben ist. Die dadurch entstandene Entfremdung gefährdet diese Gesellschaft langfristig. Dadurch, daß Unternehmen die Möglichkeit eröffnen, an der Baustelle mitzugestalten (und zwar aktiv, nicht von Administration und Politik bevormundet), gewinnt der Bürger seine Identifikation mit dem Staatswesen, mit der Gemeinschaft zurück. Unternehmen, die sich hier aktiv einmischen, beweisen, daß sie ihre neue gesellschaftliche Rolle verstanden haben. Und es wird endlich realisiert, was in jedem besseren »Unternehmensleitbild« verfaßt ist: die gesellschaftliche Verantwortung. In den USA gehört ein entsprechender Erfolgsnachweis vielfach bereits zu den Grundlagen der Existenzberechtigung – das »ethical audit«.

Die Krise des Sozialen

»Wir haben keine Sozialstaatskrise, wir haben eine Krise des Sozialen in unserer Gesellschaft.« Hejo Manderscheid, Mitautor des Frankfurter Armutsberichtes, beschäftigt sich nicht bloß mit Symptomen, sondern auch mit Ursachen. Die Frankfurter Grünen beschäftigen sich gegenwärtig mit seinem Bericht, und so war Manderscheid der ideale Gastredner auf dem Kongreß »Der Sozialbericht und seine Folgen für die Politik« im Haus der Jugend. Zumal die Lehren, die die grünen Politiker und Manderscheid ziehen, fast deckungsgleich sind.

So fordert Manderscheid ein Frankfurter Sozialkabinett,

»keine Unterabteilung der Wirtschaft, und auch kein Reparaturbetrieb für verfehlte Wirtschaftspolitik«. Wie die Grünen regt er ein »Sozialverträglichkeits-Audit« an, bei dem Unternehmen, ähnlich wie beim »Öko-Audit«, sich auf den Prüfstand stellen können – diesmal allerdings nicht unter ökologischem Aspekten, sondern bei Fragen wie Ausbildungsplätzen und Investitionen. Und wie die Grünen weiß er, daß bei der momentanen Finanzlage die Sozialarbeit nach neuen, effektiveren Wegen suchen muß.

Doch warum ist der alte Weg ein Auslaufmodell? Die Sozialpolitik ist gescheitert, »nicht weil sie schlecht war, sondern weil sie als Antwort auf eine andere Wirtschaftspolitik ausgerichtet war«. Die alte Weisheit, daß eine gute Wirtschaftspolitik zugleich eine gute Sozialpolitik sei, werde heute auch in Frankfurt ad absurdum geführt. Der Wirtschaft gehe es blendend – es sickere bloß nichts mehr nach unten durch. Und eine Gesellschaft, die zulasse, »daß eine Mehrheit eine Minderheit« ins soziale Abseits drängt, könne nur noch schwer Werte vermitteln.

Frankfurter Rundschau, 25. November 1997

Es macht wenig Sinn, mit der Durchführung dieser Strategie zu warten, bis andere ihre – auch negativen – Erfahrungen damit gemacht haben. Denn das Konzept des »Ethical audit« ist inzwischen auch hier angekommen, und bevor andere ihn für sich besetzen, sollte die Wirtschaft diesen Claim überzeugend und frühzeitig selbst abgesteckt haben.

Responsiveness – der neue Aspekt in der Performance eines Unternehmens

von Daniel J. Berger

Betrachtet man Unternehmen reduktionistisch ausschließlich als erwerbswirtschaftliche Systeme, die unter Anwendung des ökonomischen Prinzips Gewinne maximieren, werden möglicherweise die Aspekte systematisch übersehen, die Unternehmen dazu motivieren können, aktiv an Initiativen der Private Public Partnership teilzunehmen. Neben den Shareholdern, deren Interessen ein Unternehmen bedienen muß, gibt es vielfältige weitere sogenannte Stakeholder, die Ansprüche an das Unternehmen stellen und denen gegenüber eine Legitimationsnotwendigkeit des Unternehmenshandelns besteht.

Die Vielfalt der Stakeholder - sei es der Staat, seien es *non governmental organizations* wie beispielsweise Greenpeace - macht es deutlich: Das Handeln von Unternehmen – als soziotechnische Systeme betrachtet – ist auf vielfältige Weise gesellschaftlich kontextualisiert.

Gesellschaftlich geteilte Werte sind Bedingungen und Restriktionen, die den Raum der Handlungsmöglichkeiten von Unternehmen beschränken. Kulturelle Prägungen, Mentalitäten und gesellschaftlich vermittelte Sinnbezüge sind Bedingungen, die das Handeln von Unternehmen auf vielfältige Weise beeinflussen. Auf den ersten Blick handelt es sich dabei nicht im engeren Sinne um ökonomische Bedingungen; ihre ökonomische Bedeutung für Unternehmen wird allerdings deutlich, wenn Konsumenten durch Nachfrageentzug auf Handlungen von Unternehmen reagieren,

die sie als konfligierend mit gesellschaftlichen Werten oder Zielen interpretieren.
Die so entstandene Legitimationsnotwendigkeit, der Unternehmen ausgesetzt sind, erfordert ihre systematische Öffnung gegenüber den unterschiedlichen gesellschaftlichen Anspruchsgruppen. Diese Öffnung gegenüber der Gesellschaft macht eine spezifische Fähigkeit notwendig, die der Betriebswirt Werner Kirsch als »Responsiveness« bezeichnet.
Responsiveness bildet nach seiner Auffassung neben Handlungs- und Lernfähigkeit die dritte Kernfähigkeit von Unternehmen. Die Empfänglichkeit gegenüber den Ansprüchen und Legitimationsforderungen hat entscheidenden Einfluß auf erfolgreiches unternehmerisches Handeln – die Wahrnehmung gesellschaftlicher Veränderungen und Entwicklungen setzt eine hohe Sensibilität gegenüber den unterschiedlichen gesellschaftlichen Kontexten voraus.
Veränderungen der Umwelt des Unternehmens müssen aufgespürt und in ihren Auswirkungen antizipiert werden, um in neuen Situationen nicht mit in der Vergangenheit zwar bewährten, der neuen Situation aber nicht mehr angemessenen Verhaltensweisen zu scheitern. Responsiveness bedeutet nicht, daß Unternehmen sich den Forderungen der unterschiedlichen Anspruchsgruppen passiv stellen und diese erfüllen – zunächst liegt ihre Bedeutung in der Aufnahme eines Dialogs, in der Schärfung der Aufmerksamkeit für die das Unternehmen umgebende und in gewisser Weise das Unternehmen auch tragende Gesellschaft.
Initiativen der Private Public Partnership können als systematische Öffnung eines Unternehmens gegenüber der Gesellschaft, als Dialogforum zwischen Wirtschaft und ziviler Gesellschaft bewertet werden. Dabei geht es primär nicht darum, daß ein Unternehmen durch finanzielle Beteiligung an einer Initiative einen Marketingnutzen erzielt und sich im Umfeld einer positiv bewerteten Initiative positioniert.
Im Dialog, in der Auseinandersetzung der an der Initiative betei-

ligten Partner geht es vielmehr um Veränderung zur Entwicklung. Es geht um das Bewußtmachen und die Erweiterung der jeweils eigenen Perspektive im Dialog mit dem Partner, um die Weiterentwicklung der Initiative auf das gemeinsame Ziel hin, und schließlich darum, einen Beitrag zur Gestaltung und Kultivierung der Gesellschaft zu leisten.

Private Public Partnership als Instrument zum Abbau der Arbeitslosigkeit?

von Bernhard Jagoda

Private Public Partnership macht gegenwärtig nicht nur als Schlagwort in der öffentlichen Diskussion die Runde, sie macht auch zunehmend mit erfolgreichen Kooperationsprojekten auf sich aufmerksam. Ob im Kultursektor, im sozialen Bereich oder in der Wissenschaft – an vielen Orten rücken der Staat und Private näher zusammen, um konkrete Vorhaben gemeinsam umzusetzen oder zumindest ein Stück nach vorne zu bringen. Hierzu hat zum einen sicherlich die angespannte öffentliche Kassenlage beigetragen, die es der öffentlichen Hand immer schwerer macht, alle Wünsche zu erfüllen, zum anderen aber auch die Erkenntnis, daß der Staat auch inhaltlich nicht alle Felder bestellen kann. Private Public Partnership bietet die Möglichkeit, die Kreativität beider Partner zu bündeln und finanzielle Lasten zu teilen.

Was an etlichen Stellen schon funktioniert, spricht oftmals für sich, strahlt aus, fordert andernorts zu Überlegungen und zur Nachahmung heraus. So stellt sich beispielsweise die Frage, ob Private Public Partnership ein Instrument ist, das zum Abbau der Arbeitslosigkeit beitragen kann.

Wenn es stimmt, daß der Staat das Beschäftigungsproblem allein nicht lösen kann – zum Beispiel über Arbeitsmarktpolitik –, dann sind auch die Privaten gefordert. In erster Linie natürlich die Unternehmen, denn eine Marktwirtschaft gründet sich auf privatwirtschaftlichen Arbeitsplätzen. Wir brauchen mehr Arbeitsplätze, deshalb brauchen wir auch eine mentale Wende in den Unternehmen. Innovationsmanagement ist gefragt, mit Kostenmanagement allein ist die Zukunft nicht zu gestalten. Denn letztere besteht nicht nur aus Lean Production und Downsizing. Die Zukunft ist nur mit neuen Ideen, neuen Produkten und neuen Dienstleistungen zu gewinnen.

Was können die Betriebe aber konkret tun, um mehr Beschäftigung zu ermöglichen? Sie können im Rahmen einer konsequenten Innovationsstrategie die Weichen auf Wachstum stellen. Sie können mit einer flexiblen und intelligenten Arbeitszeitpolitik (Mobilzeit) mehr Menschen in Beschäftigung bringen und dadurch gleichzeitig die Arbeitsproduktivität erhöhen und die Lohnstückkosten vermindern. Sie können über eine gezielte Weiterbildung ihrer Mitarbeiter und eine strategische Personalentwicklung das Humankapital vermehren und damit die wichtigste Ressource der Zukunft fördern. Wenn es uns gelänge, die Zusammenhänge zwischen diesen betriebswirtschaftlichen Handlungsfeldern und der Beschäftigungsentwicklung wieder deutlicher in das Bewußtsein betriebswirtschaftlichen Denkens zu rücken, könnte ein nicht gering zu schätzender Beitrag für mehr Beschäftigung in Deutschland geleistet werden. Dies wäre ein erster, im Grunde genommen klassischer Schritt, denn er findet im Kernbereich der Unternehmen statt. Weitere Schritte müssen folgen.

Die Gründung einer Stiftung durch die Aral AG, die die Aufgabe hat, Modelle für die Überwindung von Arbeitslosigkeit Jugendlicher zu entwickeln, ist beispielhaft für einen solchen weiteren Schritt. Der Kreativität sind hier kaum Grenzen gesetzt. Die verschiedensten Formen sozialen Engagements sind denkbar, um einzelnen Zielgruppen die Integration auf dem Arbeitsmarkt zu erleichtern. Mit derartigem Einsatz leisten Private auch einen Beitrag, um das Subsidiaritätsprinzip mit Leben zu erfüllen. Nur wenn dieser Grundsatz in Zukunft wieder eine stärkere Beachtung findet, wird der Umbau des Sozialstaates gelingen.

Das Subsidiaritätsprinzip besagt, daß das, was kleinere gesellschaftliche Einheiten regeln können, nicht größeren Organisationen übertragen werden sollte. Dies geschah in der Vergangenheit

wohl zu häufig. Der Ruf nach dem Staat ist in Deutschland ausgeprägt. Da dies in den meisten Fällen auch mit Ausgaben verbunden ist, steigt zwangsläufig die Staatsquote.
Offenbar sind die meisten kontinentaleuropäischen Gesellschaften doch in starkem Maße »Staatsgesellschaften« mit großem Vertrauen und hohem Anspruch in die Leistungsfähigkeit des Staates. Demgegenüber finden wir in den angelsächsischen Ländern ausgeprägte »Bürgergesellschaften«, die in nicht unerheblichem Umfang auf privater Basis Leistungen für die Gemeinschaft erbringen, nicht nur im sogenannten Charity-Bereich. Am besten kommt diese Denk- und Verhaltensweise wohl in dem längst legendären Satz John F. Kennedys anläßlich seiner Inauguration zum Ausdruck: »Frage nicht, was dein Land für dich tun kann; frage, was du für dein Land tun kannst.« Eine derartige Haltung muß auch bei uns zunehmend Verbreitung finden.
Die Erhaltung des Sozialstaates in Deutschland macht es notwendig, im Rahmen das Subsidiaritätsprinzips die beiden Pole Individualität und Solidarität neu auszutarieren im Sinne einer Stärkung der Individualität. Hier eröffnet sich ein breites Feld für privates Engagement und damit auch für Private Public Partnership. Eine stärkere Berücksichtigung des Grundsatzes der Subsidiarität dürfte im übrigen auch dazu führen, daß das ebenso wichtige Prinzip der Solidarität wieder mehr Akzeptanz in unserer Gesellschaft findet. Alfred Müller-Armack, einer der geistigen Väter der bundesdeutschen Wirtschaftsordnung, hat betont, daß die soziale Marktwirtschaft gemäß ihrer Konzeption kein fertiges System sei, kein Rezept, das, einmal gegeben, für alle Zeiten im gleichen Sinne angewendet werden könne. Sie sei eine evolutionäre Ordnung, in der es neben dem festen Grundprinzip, daß sich alles im Rahmen einer freien Ordnung zu vollziehen hat, immer wieder nötig sei, gemäß den Anforderungen einer sich wandelnden Zeit, Akzente neu zu setzen.
Die Bundesanstalt für Arbeit hat seit ihrer Gründung im Jahr 1952 mit Privaten zusammengearbeitet, wenn es darum ging, Menschen

in Beschäftigung zu bringen. Ich meine hier nicht nur die privaten Unternehmen, auf deren Stellenangebote hin Arbeitsvermittlungen erfolgten, sondern in erster Linie die Träger der Arbeitsmarktpolitik, die überwiegend privatwirtschaftlich organisiert sind. Die arbeitsmarktpolitischen Instrumente werden zwar von der Bundesanstalt entwickelt und auch von Nürnberg aus gesteuert, die konkrete Umsetzung erfolgt hingegen durch Träger vor Ort, insbesondere im Bereich der beruflichen Bildung. Allerdings war dies bisher eher eine Form des »Public Private Partnership«, denn die Initiative ging in nahezu allen Fällen von der Arbeitsverwaltung aus, die außerdem den allergrößten Teil der Kosten trug.

Ich würde mich freuen, wenn im Bereich der Arbeitsförderung aus »Public Private Partnership« wirklich »Private Public Partnership« würde, also verstärkt Initiative von Privaten ergriffen und gemeinsam mit dem öffentlichen Sektor umgesetzt würde.

Der Rahmen der Möglichkeiten ist hierfür heute weiter gesteckt als in der Vergangenheit. Das neue Arbeitsförderungsrecht macht es möglich. So verfügen die Arbeitsämter seit Beginn das Jahres 1998 über einen sogenannten »Innovationstopf«, in den sie bis zu 10 Prozent der ihnen für Arbeitsmarktpolitik zur Verfügung stehenden Mittel einspeisen können. Damit können sie sogenannte »Freie Förderung« betreiben, das heißt, innovative Ansätze der Arbeitsmarktpolitik unterstützen, die der Integration von Erwerbspersonen auf dem Arbeitsmarkt dienen und nicht im gesetzlichen Maßnahmenkatalog enthalten sind.

Ein interessanter Ansatzpunkt für Private Public Partnership.

Teil III: Andockpunkte

Wo sich Bürger, Wirtschaft und Staat näherkommen

Es herrscht Anarchie im Land. Klaus von Dohnanyi, der ehemalige 1. Bürgermeister von Hamburg, hat es bestätigt und begrüßt: Stiftungen seien ein »notwendiges Stück Anarchie«. Denn nur der Dritte Sektor, also der weite Bereich der ehrenamtlichen zivilen Tätigkeiten, könne dem staatlichen Anspruch einen anderen, nämlich den Anspruch der Freiheit entgegensetzen. Stiftungen sind ein Teil des Dritten Sektors, aber auch all die vielen zehntausend Selbsthilfegruppen, Kunstinitiativen, autonomen Kinderläden und frei finanzierten sozialen Auffanggruppierungen.
Leider sprechen aber die Fakten gegen die so liberal klingende Theorie von der gesunden Anarchie. Denn der Staat hat fast überall seine Hände im Spiel, weil nämlich alle diese Gruppen und auch viele der Stiftungen Geld vom Staat erhalten, damit sie ihre Tätigkeit überhaupt ausführen können. Und so verebbt der anarchische Ansatz spätestens dann, wenn Wohlverhalten zur Voraussetzung für die weitere Unterstützung wird.
Die Wirtschaft kann diesen Einfluß ein wenig zurückdrängen, indem sie dort helfend eingreift, wo sie meint, daß einzelne Gruppierungen sinnvolle und effiziente Arbeit leisten. Sie kann auch Einfluß nehmen, indem sie geeignete Partner für Modellprojekte findet, die später von anderen übernommen werden. Die Frage ist nur: Wo suchen, wie auswählen?
Die wichtigsten Andockpunkte eröffnen sich den Interessierten, indem sie selber Stiftungen gründen oder solche mitfinanzieren. Daher der Überblick über die Szene und eine Systematisierung. Deutlich wird, welch großes Potential in den Stiftungen steckt – von der Leistung wie auch von der Wirkung nach außen her gesehen.
Der zweitwichtigste Weg ist der des Sponsoring, wie er zum

Beispiel in den Kulturbereichen besonders ausgeprägt ist. Es geht hier nicht um die Grundsatzfrage, ob Sponsoring der Kunst guttut oder nicht – es geht darum, daß diese die Chance erhält, sich vom Staat zu emanzipieren und sich mit den freien Wirtschaftskräften zu arrangieren. Nebenbei gesagt, es ist auch ziemlich gleichgültig für die Ausstrahlung eines Kunstwerks, ob sich irgendwo in der Nähe ein Firmenlogo befindet. Ausschlaggebend ist, daß dieses Kunstwerk überhaupt existieren kann.

Woran es in diesem Land noch krankt, ist die fehlende Wiedergeburt der »Social Entrepreneurs«, jener unternehmerischen und charismatischen Persönlichkeiten, die so sehr unter einem Mißstand leiden, daß sie ihn anpacken und aus ihrem Problemlösungskonzept ein leuchtendes Vorbild der Gemeinwohlorientierung erwachsen lassen. Warum es diese Persönlichkeiten nicht mehr gibt? Vielleicht gibt es sie, aber sie haben es nur in dieser verkrusteten Anarchie allzu schwer, ihre Ideen durchzusetzen? Sie unter den Begründern der Selbsthilfeorganisationen zu finden, mag schwerfallen, die Suche dürfte sich aber lohnen. Sie mitzufinanzieren und ihrer Vision zum Fliegen zu verhelfen, verlangt ein ganz besonderes Maß an Mut – und ein neues Verständnis von *venture capital.*

Der Staat hat seine Hände nicht nur in der Finanzierung fremder Initiativen, er begründet auch selbst welche. Wer einmal sein grundsätzliches Mißtrauen beiseite läßt, daß hier nur wieder Etatpflege betrieben werden soll, und einige dieser Staatsinitiativen genauer untersucht, stößt auf positive Ansätze. Schon allein deswegen, weil die Initiativen offenbar weitgehend positiv angenommen werden – die Seniorengemeinschaften zum Beispiel und die Agenturen für Bürgerarbeit. Auch hier eröffnen sich Möglichkeiten, den Staatseinfluß durch kleine finanzielle und große Strukturhilfen zurückzudrängen.

Fazit: Unternehmen, die in Private Public Partnership investieren wollen, brauchen das Rad nicht neu zu erfinden. Sie brauchen es nur zum Laufen zu bringen.

Kultursponsoring der Großunternehmen

von Rainer Zimmermann und Alexandra von Schmeling

An der Schwelle zum 21. Jahrhundert hat die Privatwirtschaft längst ihre gesamtgesellschaftliche soziale Verantwortung für das Umfeld der Produktionsbedingungen entdeckt. So sind die eigenen Mitarbeiter nicht selten wichtige Teilnehmer von Kultursponsoring-Aktivitäten der Unternehmen.

Auch der hohe Kommunikationswert des Kultursponsoring ist erkannt: Ältere, finanziell gutgestellte Konsumenten, die herkömmlicher Werbung ambivalent gegenüberstehen, lassen sich durch Kulturaktivitäten der werbenden Wirtschaft erreichen.

Kultur wird aber nicht nur für elitäre Randzielgruppen zunehmend zum Thema: Die wachsende Freizeit wird mehr und mehr auch für den Kulturkonsum genutzt, was erstens damit zusammenhängt, daß aufgrund der höheren Bildung Zugangsschwellen zur klassischen Hochkultur schwinden, zweitens moderne Darstellungs- und Präsentationsformen den Zutritt zu ihr erleichtern und drittens populäre Kunstformen wie Musicals die allgemeine Akzeptanz für jede Art von Kultur erhöht haben.

Entsprechend beginnt die Kultur, die Unternehmenskommunikation zu ergänzen: Neben die formale Gestaltung des Unternehmensprofils, die »Corporate Identity«, ist, über das Vehikel des Kultursponsoring, die sogenannte »Corporate Culture« getreten. Michael Roßnagl, Leiter des Siemens-Kulturprogramms, weiß natürlich um den Image-Transfer vom Kultur- auf das Wirtschaftsobjekt. Darüber hinaus aber, so Roßnagl, lohne es sich immer, »mit Engagement für die Kultur eine lebenswerte Zukunft zu gestalten«.

Das Phänomen des bleibenden kulturellen Wertes bringt er auf den Punkt: »Der Hauptgewinn, den Kultur abwirft, ist Kultur. Dieser Gewinn mag nicht meßbar sein – spürbar ist er.«

Erfreulich meßbar hingegen sind die Kultursponsor-Aktivitäten deutscher Unternehmen. Erstmals ging es in dieser Erhebung um eine umfassende Bestandsaufnahme unter den 500 größten Unternehmen der Bundesrepublik Deutschland. Unsere Frage lautete: Engagieren sich die größten bundesdeutschen Unternehmen für die Kultur, und wenn ja, in welchem Umfang und auf welchen Gebieten? 273 Firmen beantworteten im Frühjahr 1997 einen ersten Fragebogen und 159 davon einen zweiten.

Eindeutiges Ergebnis war, daß die deutsche Wirtschaft das Kultursponsoring entdeckt hat: Denn in 143, also etwas mehr als jeder zweiten der Firmen aus der ersten Antwortrunde ist Kultursponsoring heute eine nachweisbare Größe; wir nennen sie in der Folge auch »kulturaktive« Firmen. Das Engagement variiert zwar von Branche zu Branche, liegt jedoch in keinem Wirtschaftszweig unter einem Drittel der befragten 273 Unternehmen.

Diejenigen Unternehmen, die kein Kultursponsoring betreiben, sind zum Teil auf anderen Sponsoringfeldern aktiv. So gab ein Fünftel von ihnen an, sich im Sportsponsoring zu betätigen, ein kleinerer Anteil engagiert sich im Soziosponsoring. Die Mehrheit machte jedoch keine Angaben zu anderen Förderaktivitäten.

Regional, national oder international – wo liegen die Schwerpunkte des kulturellen Engagements? Unsere Umfrage ergab, daß drei Viertel der kulturaktiven Unternehmen eine regionale Ausrichtung bevorzugen. Immerhin fast die Hälfte dehnt ihre Sponsoring-Aktivitäten auf das gesamte Bundesgebiet aus, nur ein knappes Drittel wählt einen internationalen Radius; besonders aktiv sind hier vor allem die Finanzdienstleister.

Die Entscheidung für ein regionales oder überregionales kulturelles Engagement der Unternehmen könnte im Zusammenhang mit den unterschiedlichen Kommunikations- und Marketingaufgaben in den einzelnen Wirtschaftszweigen stehen. Beispiel Energie-

und Chemieindustrie, deren Unternehmen sich eher regional engagieren: Hier kommt der öffentlichen Akzeptanz am Standort ein hoher Stellenwert zu. Denn regionales Kultursponsoring kann positive Kommunikationseffekte auslösen, indem es die Bindung des Unternehmens an eine Region hervorhebt.

Vor allem aber ist es der Wertewandel, die Sensibilisierung des gesellschaftlichen Umfelds in Richtung Kultur, Soziales und Ökologie, der dafür sorgt, daß die Menschen, die in der Nähe eines Energie- oder Chemieunternehmens leben, besonders in dessen Kultursponsoring-Aktivitäten einbezogen werden. Es entsteht, gleichsam vor den Werkstoren, eine humane Erlebnisdimension. So hat sich die Jahrhunderthalle Hoechst, 1963 anläßlich des 100jährigen Bestehens der Hoechst AG von dem Chemieunternehmen erbaut, zum vielbesuchten Kulturzentrum im Rhein-Main-Gebiet entwickelt, das vor allem Musik- und Ballettveranstaltungen ein Forum bietet. Von der Kulturförderung, so das Unternehmen, »sollen möglichst viele Menschen in unserem Wirkungsbereich profitieren«.

Zahlreiche Unternehmen fördern offensichtlich, je nach Kommunikationsbedarf, mehrere Projekte mit unterschiedlicher regionaler Orientierung und unterschiedlichem räumlichem Radius. Bei den Sparkassen liegt der Schwerpunkt zum Beispiel im lokalen und regionalen Engagement. Die Stadtsparkasse Düsseldorf verleiht regelmäßig einen Kunstpreis, die Sparkassen fördern den Nachwuchswettbewerb »Jugend musiziert«, und das Käthe-Kollwitz-Museum wird von der Kreissparkasse Köln gesponsert, um nur einige Engagements zu nennen. Drei Viertel der Unternehmen, die sich primär international engagieren, unterstützen auch regionale Projekte, knapp zwei Drittel zugleich überregionale. Die breite Auffächerung der Sponsoring-Aktivitäten nimmt erst mit der engeren räumlichen Orientierung zunehmend ab.

Die Strategie des Kultursponsoring, die im wesentlichen durch Zielgruppenüberlegungen bestimmt wird, ändert sich mit Blick auf die Regionen, auf nationale oder internationale Unternehmensräume. Langfristiges Kultursponsoring ist in der Regel verknüpft mit überregional und international fördernden Unternehmen. Mit der regionalen Unternehmensorientierung nimmt das langfristige Sponsoring sichtbar ab.

Was wird gesponsert? Den Spitzenplatz hält die klassische Musik, knapp dahinter folgt die Malerei: Knapp zwei Drittel beziehungsweise gut die Hälfte der sponsernden Unternehmen unterstützen diese Sparten. Es folgen in dieser Reihenfolge mit Anteilen zwischen 30 und 20 Prozent: Plastik, Grafik, Denkmalpflege, Oper, Fotografie sowie die Heimat- und Brauchtumspflege. Nur knapp ein Zehntel der Unternehmen entscheidet sich bei ihren kulturellen Sponsorships für Rock- und Popmusik oder für den Film. Auf dem letzten Platz liegt die volkstümliche Musik, die gerade von 4 Prozent der kulturaktiven Unternehmen gefördert wird. (Bei dieser wie bei vielen anderen Fragen waren Mehrfachnennungen möglich.)

Das Umfrageergebnis zeigt eine deutliche Konzentration der Kultursponsor-Aktivitäten auf die klassischen schönen Künste. Ein möglicher Grund: Musik und Malerei haben die kulturellen Grundlagen des abendländischen Denkens entscheidend mitgeprägt. Die von ihnen vermittelten Werte heißen Bildung, Qualität, Prestige und Beständigkeit – Werte jenseits kurzlebiger Moden und Eigenschaften, die auf der Imageskala der Gesellschaft ganz oben stehen. Ein Zusammenwirken zwischen diesen Künsten und der Wirtschaft verspricht einen positiven Werte- und Sympathietransfer. Außerdem erregen spektakuläre Ausstellungen renommierter Maler oder klassische Konzerte international bekannter Stars weithin Aufmerksamkeit und garantieren hohe Reichweiten. Im Bereich der klassischen Musik sind Festivals als Empfänger der Förderung besonders beliebt. Internationale Besetzungen und internationales Publikum garantieren einen hohen Wahrnehmungseffekt, dies oft in der sogenannten Nebensaison des Kulturbetriebs, was zusätzlich für konzentrierte Aufmerksamkeit sorgt. Hinzu kommt, daß es sich hierbei um ebenso effektive wie begrenzte und überschaubare Projekte handelt. Der Sponsor kann sein Engagement seiner Wirtschaftslage anpassen. So fördert die Audi AG die Salzburger Festspiele und den mdr-Musiksommer. Die Sparkassen-Finanzgruppe in Schleswig-Holstein widmet ihre Sponsormittel unter anderem dem Schleswig-Holstein-Musik-Festival, und die Binding-Brauerei fördert das Rheingau-Musik-Festival – um nur einige zu nennen.

Die Bevorzugung von Konzert- und Ausstellungsveranstaltungen scheint sich daraus zu erklären, daß hier die größten Zielgruppen beim gemeinsamen, unmittelbaren Erleben von Kultur zu erreichen sind. Nicht zufällig hat die »Philharmonie der Nationen« den Markennamen Montblanc grafisch integriert. Norbert A. Platt, Chef des traditionsreichen Hamburger Schreibgeräte-Herstellers, liefert ein gelungenes Beispiel für Werte- und Imagetransfer. Bei der Verwendung von Füllfederhaltern mit der schneebedeckten Kappe schlage sich der Individualismus seines Produkts in Formeln wie »Sich Zeit nehmen«, »Sich bewahren«, »Beseelt bleiben« symbolhaft nieder. Norbert A. Platt: »Das hochqualifizierte Produkt herzustellen reicht allein nicht mehr aus. Nur die Mischung und die Komplexität dieses Engagements führen zur Glaubwürdigkeit.« Für den Unternehmer Reinhold Würth hat die bildende Kunst dagegen auch einen Werbewert, der in einem Langzeitkontinuum wirkt – in Gestalt von Büchern, Katalogen oder gar Sammlungen, die den Tag überdauern.

Kultursponsoring im Bereich Malerei und Ausstellungen profitiert vom Museumsboom, der in den achtziger Jahren begann und den öffentlichen Kunstraum aus dem Dämmerlicht mit Schwellenangst in einen Erlebnisraum auf gesellschaftlicher Ebene überführte. Besondere Ausstellungen wurden als internationale Kooperationen mit groß angelegten Vermarktungsstrategien und einer Fülle von Merchandising-Produkten realisiert. Sechsstellige Besucherzahlen innerhalb weniger Monate sind bei zugkräftigen Großereignissen keine Seltenheit, wie zum Beispiel die 430 000 Besucher, die 1993 die von Mercedes-Benz gesponserte Paul-

Cézanne-Ausstellung in der Kunsthalle Tübingen gesehen haben. Oder die Ausstellung »Vincent van Gogh und die Moderne«, die 1990 über 500 000 Besucher ins Essener Museum Folkwang gelockt hat. Hier war die Ruhrgas AG der Sponsor. Ein weiteres Beispiel ist die documenta X in Kassel: Neben dem hohen kommunikativen Nutzen, den sich die drei Hauptsponsoren (Sparkassen-Finanzgruppe, Sony, Deutsche Bahn AG) von der Unterstützung der international renommierten Kunstausstellung erwarteten, verstand Hans-Michael Heitmüller, geschäftsführendes Vorstandsmitglied des Deutschen Sparkassen- und Giroverbandes, die Förderung der documenta X als »Teil des umfangreichen gesellschaftlichen Engagements der Sparkassen. Spitzenleistung braucht eine breite Basis; Breite wiederum braucht Spitzenleistung als Ansporn. Deshalb sponserten wir die documenta X, ohne jedoch den deutlichen Schwerpunkt der Breitenförderung in der Region zu verändern«.

Innerhalb der einzelnen Branchen variiert das Engagement stark. Große Unterschiede gibt es auch in der Bandbreite der Kultursponsor-Aktivitäten. Addiert man die einzelnen Prozentwerte der in den verschiedenen Kultursparten aktiven Unternehmen getrennt nach Branchen, entsteht ein Index, der die Breite des kulturellen Sponsorships eines Wirtschaftszweiges mißt. Das stärkste Engagement in allen Kultursparten zeigen danach die Finanzdienstleister. Viele Unternehmen der Branche streuen ihre Sponsor-Aktivitäten und unterstützen die unterschiedlichsten künstlerischen Ausdrucksformen, wobei damit noch nichts über die Höhe des finanziellen Engagements gesagt ist. Tatsächlich fällt der materielle Einsatz der Finanzdienstleister mit rund 1,28 Millionen Mark pro Unternehmen geringer aus als derjenige anderer Branchen. Zu berücksichtigen ist allerdings, daß die Branche Banken und Versicherungen sich durch überdurchschnittlich viele Unternehmensstiftungen auszeichnet, die ihrerseits in der Kulturförderung aktiv sind. Inwieweit die Unternehmen durch Stiftungsetats gebundene Gelder in ihre Angaben einbezogen haben, wurde nicht eruiert.

Das Verhältnis von Branchenindex und durchschnittlichen Aufwendungen gibt genauen Aufschluß darüber, wie die Unternehmen in den unterschiedlichen Branchen ihre Sponsormittel für die Kultur streuen. Es bestätigt sich, daß sich die Finanzdienstleister besonders häufig in mehreren Kultursparten engagieren. Die Branchen Mobilität/Tourismus/Transport sowie Nahrung/Genußmittel liegen in puncto Vielfalt des Kultursponsoring im Mittelfeld, weisen aber pro Unternehmen nur unterdurchschnittliche Budgets auf. Mit deutlich höheren Sponsormitteln für Kultur engagieren sich die Branchen Informationstechnologie/Eletronik/Medien/Telekommunikation und Handel/Dienstleistungen, wobei sich diese aber auf einige Sparten konzentrieren. Absoluter Branchenprimus, was die Ausgabenhöhe betrifft, ist der Sektor Energie/Rohstoffe/Chemie mit durchschnittlichen Ausgaben pro Unternehmen in Höhe von 4,95 Millionen Mark, wobei die Sponsor-Aktivitäten sich auf wenige Kulturbereiche beschränken.
Neben den bevorzugten Kultursparten der Unternehmen galt unser Interesse den Empfängern der Sponsorgelder. Wohin fließen die Mittel, wer ist Nutznießer der Förderung? Sind die Begünstigten Institutionen oder Einzelpersönlichkeiten, öffentliche Haushalte oder Kulturstiftungen? Im Ergebnis zeigt sich, daß die Unternehmen ihre Finanzmittel auf unterschiedliche Empfänger verteilen, dabei jedoch Prioritäten setzen. Erneut fällt auch hier die Strategie der Branche Finanzdienstleistungen auf, ihre Mittel breit zu streuen. Eine entgegengesetzte Strategie verfolgen auch hier die Unternehmen aus dem Sektor Chemie/Energie/Rohstoffe, die ihre höheren Kontingente insgesamt in weniger Empfängerkanäle leiten.
Den größten Anteil am Sponsorenkuchen erhalten die Kulturinstitutionen (Museen, Theater oder Orchester), wie beispielsweise das Museum Folkwang in Essen (Ruhrgas AG) und die Klassische Philharmonie Bonn (Deutsche Telekom AG), um nur zwei zu nennen, die mit ihren jeweiligen Sponsoren langfristige Partnerschaften eingegangen sind. Die Kulturinstitutionen sind die Sieger

im Wettbewerb um die Fördermittel der Unternehmen, und zwar branchenübergreifend. Mehr als zwei Drittel der kulturaktiven Unternehmen fördern diesen Sektor. Einzelkünstler werden von der Hälfte dieser Unternehmen unterstützt. Dürftiger fällt die Mittelzuteilung an andere Adressaten aus. Nur rund jedes vierte Unternehmen berücksichtigt in seinen Budgets Kulturvereine, Stiftungen oder öffentliche Haushalte.

Etwa dieselbe Zahl von Unternehmen unterstützt innerbetriebliche Aktivitäten. So organisiert zum Beispiel die Berliner Kraft- und Licht (Bewag) AG in der unternehmenseigenen Bewag-Galerie Kunstausstellungen von Mitarbeitern, die Burda Holding veranstaltet im Münchener Firmensitz wechselnde Ausstellungen, und die Hugo Boss AG führt mit Mitarbeitern kontinuierlich Workshops in der Reihe »Konfrontation Kunst« durch.

Abgesehen von der für alle Branchen geltenden Vorrangstellung der Institutionen sind in den einzelnen Wirtschaftszweigen deutliche Unterschiede feststellbar. So hält der Sektor Informationstechnologie/Medien/Elektronik/Telekommunikation nur geringe Mittel für Stiftungen und öffentliche Haushalte bereit. Um so größer ist hier das Interesse an innerbetrieblichen kulturellen Aktivitäten. Bei Handel und Dienstleistungen stehen dagegen eher Kulturstiftungen und öffentliche Haushalte, wie zum Beispiel Kulturämter, auf der Empfängerliste für Sponsorgelder, aber auch einzelne Künstler erscheinen einem Drittel der Unternehmen förderungswürdig. Ihren größten Anteil aus dem Sponsorentopf erhalten die Einzelkünstler von den Finanzdienstleistern (vier Fünftel der hier kulturaktiven Firmen fördern sie), aber auch von den Nahrungs- und Genußmittelherstellern (63 Prozent) sowie den Branchen Chemie/Energie/Rohstoffe (54 Prozent) und Informationstechnologie/Medien/Elektronik/Telekommunikation (55 Prozent) fließen beträchtliche Summen.

Wie gewichten die Unternehmen ihren Mitteleinsatz? Das bemerkenswerte Resultat: Die Nachwuchsförderung sowie die Zahlungen an Stars und etablierte Künstler haben annähernd gleich große

Bedeutung; sie werden von 71 beziehungsweise 65 Prozent der kunstaktiven Unternehmen gefördert. Mit der Unterstützung junger Nachwuchskünstler, die in besonderem Maße auf materielle Zuwendungen angewiesen sind, wollen die Unternehmen auch gesellschaftliche Verantwortung demonstrieren. Sie gehen davon aus, daß ein solches Engagement Akzeptanz in der Bevölkerung findet, besonders bei Kulturinteressierten, und erwarten eine Verbesserung ihrer Werte auf der Sympathieskala.
Diese Förderung ist auf ein glaubhaftes, in der Regel längerfristiges Engagement angelegt, das das Unternehmensprofil trotz aller Risiken auf Dauer prägt. Denn die große Chance der Nachwuchsförderung liegt in der unmittelbaren Beteiligung am Aufbau kultureller Qualität, deren Ertrag einmal »Spitzenkultur« heißen kann.
Bei der Nachwuchsförderung scheint sich das Kultursponsoring in einem Übergangsstadium zur Partnerschaftsbindung zu befinden und kommt dem klassischen Mäzenatentum oftmals sehr nahe. Die Deutsche Bank AG hat zum Beispiel einen Ankaufsetat für Arbeiten deutschsprachiger, insbesondere junger Künstler reserviert, deren Werke in der Frankfurter Zentrale sowie in allen Filialen präsentiert werden. Die Banker erhoffen sich daraus eine Förderung der Mitarbeiter-/Kundenkommunikation. Das Fotounternehmen Agfa verleiht jährlich einen Preis an junge Bildjournalisten. Der Tabakkonzern Philip Morris unterstützt internationale Nachwuchskünstler mittels Stipendienprogrammen (Berlin), Kunstpreisen (Dresden, München) und Auftragsarbeiten in darstellenden beziehungsweise Performance-Bereichen (München). Die Varta AG vergibt jährlich den Varta-Musikpreis für junge Musiker.
Branchenspezifisch bestätigen sich die bereits registrierten Trends. Die Kultur sponsernden Finanzdienstleister profilieren sich wiederum durch die breite Streuung ihrer Mittel ebenso zugunsten etablierter Künstler (84 Prozent) wie zugunsten von Nachwuchstalenten (95 Prozent). Die Branche Chemie/Energie/Rohstoffe

konzentriert ihre in der Gesamtsumme vergleichsweise höheren Investitionen in gleichen Anteilen auf die etablierte Kunst und die Nachwuchsförderung (jeweils 71 Prozent).

Meist wird Sponsoring mit Geldvergabe gleichgesetzt. Doch Kultursponsoring ist keineswegs auf finanzielle Zuwendungen begrenzt, sondern integriert das gesamte Spektrum der Sach- und Dienstleistungen. Dennoch stellt die finanzielle Unterstützung die häufigste Form des Kultursponsoring dar. Unsere Umfrage ergab, daß drei Viertel der fördernden Unternehmen kulturelle Projekte durch Geldmittel unterstützen. Auf Platz zwei rangieren mit 59 Prozent Eigenveranstaltungen der Sponsoren. 41 Prozent der Unternehmen leisten darüber hinaus Hilfestellung bei Publikationen, 40 Prozent vergeben Sach- und Materialzuwendungen. Jedes dritte sponsernde Unternehmen engagiert sich beim Ankauf von Kunstwerken oder bei der Ausschreibung und Ausrichtung von Kunstpreisen und Wettbewerben. Die übrigen Förderformen – Stipendien, Beratungs- und Organisationshilfen, Schaffung von Infrastruktur – sind in weniger als einem Fünftel der Unternehmen üblich.

Deutlich wird: Viele Unternehmen unterschätzen offenbar die Möglichkeiten des Sponsoring durch Sach- und Dienstleistungen, bieten sich hier doch vielfältige Formen einer konkret sichtbaren Zusammenarbeit an. Dabei können sowohl das unternehmenseigene Know-how wie auch eigene Produkte imagewirksam eingebracht und maßgeschneiderte Förderungslösungen entwickelt werden.

Der dem Kultursponsoring in Form von Sach- und Materialspenden innewohnende Reiz ist beträchtlich: Das eigene Produkt wird zur Sponsormaßnahme. Andererseits betritt man hier ein äußerst heikles Terrain: Der Sponsor und das zu fördernde Ereignis müssen nach Gehalt und Gestalt zueinander passen. Klassisches Beispiel für ein Scheitern aus der Nichtbeachtung dieser Regel ist die zunächst geplante Zusammenarbeit des auch in der Rüstung tätigen Konzerns MBB mit dem Hamburger Thalia-Theater. Aus

einem Image-Transfer wurde ein Krieg der Werte-Welten, den die Medien genußvoll kommentierten.
Beispiele gelungener kultureller Sponsor-Aktivitäten in Form von Sach- und Materialspenden reichen von der Maßanfertigung der Roben für die Hauptdarsteller des Musicals »Sisterella« durch die Modefirma Escada bis hin zur besonderen Konzentration des Unterhaltungselektronik-Konzerns Sony auf die Medienkunst, die im großen Ausstellungsrahmen durch finanzielle Unterstützung und technisches Know-how ergänzt wird. Das Sony-Monitor-Equipment wurde auf den verschiedenen documenta-Veranstaltungen gleichsam zum Mittler für das Sichtbarmachen künstlerischen Kreativität, die sich wiederum auf das Produkt und die Unternehmensphilosophie übertragen. Die Nordstern Kunst-Versicherung stellt für Ausstellungen ihre Versicherungsleistung zur Verfügung, wobei Service und Schadensverhütung Kosten verursachen, die konzernintern beglichen werden müssen (Rückversicherung zum Beispiel). Das Hannoveraner Unternehmen Varta sponsert seit mehreren Jahren das Deutsche Museum in München mit Batterien für historische Uhren und Maschinen.
Die Finanzdienstleister scheinen sich am besten auf die Vielfalt der Kultursponsor-Möglichkeiten eingestellt zu haben. Sie ziehen alle Register der Unterstützung und nutzen die breitgefächerten Fördervarianten. Einseitig und wenig variantenreich in der Form der Förderung geht dagegen die überwiegende Zahl der Hersteller von Industriegütern vor.
Kultursponsoring erfolgt überwiegend im Namen des sponsernden Unternehmens. Dies bestätigen nahezu alle der einschlägig aktiven Firmen. 18 Prozent der Unternehmen hingegen lenken ihre Fördermittel über eine Stiftung; unter einem Markennamen sponsern lediglich 11 Prozent. Etliche Unternehmen bedienen sich offenbar auch verschiedener Optionen, die parallel eingesetzt werden. Im Branchenvergleich sind es erneut Banken und Versicherungen, die am flexibelsten vorgehen. So unterscheidet die Deutsche Bank zum Beispiel zwischen Kultursponsoring, das

vom Unternehmen verantwortet wird, und Kulturförderung, die ein Engagement der Kulturstiftung der Deutschen Bank ist. Industriegüterproduzenten fördern zu großen Teilen im Namen des Unternehmens, 27 Prozent der Kulturaktiven hier lenken die Sponsorgelder zudem über den Weg der Stiftung.

Bei genauerer Betrachtung lassen sich Zusammenhänge zwischen dem jeweils eingeschlagenen Weg, der Förderstrategie und dem räumlichen Radius der Förderung erkennen. Wer den Weg über die Stiftung geht, engagiert sich augenscheinlich stärker als andere Unternehmen in überregionalen Projekten. Zugleich wird das Engagement auch wesentlich stärker unter strategischen und langfristigen Gesichtspunkten konzipiert. Entsprechend breit gefächert ist die eingesetzte Förderpalette. Sie reicht von Stipendien, Wettbewerben, Sachhilfen, Aufträgen an Künstler, Publikationshilfen bis hin zu Ankäufen. Kultursponsoring unter einem Markennamen geht ebenfalls auffallend häufig mit überregionalem und internationalem Engagement einher. Zugleich geht man auf Nummer Sicher und legt damit stärkeres Gewicht auf die Breitenkultur und die etablierten Künstler. Auch schöpft man häufig aus der gesamten Palette der Fördermaßnahmen. Überdurchschnittlich viele Unternehmen dieser Gruppe gaben außerdem an, ihr kulturelles Engagement in den letzten Jahren erweitert zu haben.

Wer entscheidet in den Unternehmen über das kulturelle Sponsorship, wer zieht die Fäden, bestimmt Strategie, Projekte, Inhalte und Mitteleinsatz? Es zeigt sich, daß die Entscheidungsträger vor allem in den Vorstandsetagen beziehungsweise in der Geschäftsführung und/oder in den Abteilungen für Kommunikation und Öffentlichkeitsarbeit zu finden sind. Die Marketingabteilung und andere Entscheider sind nur jeweils bei jedem zehnten sponsernden Unternehmen mit von der Partie, wenn es um die Festlegung der kulturellen Aktivitäten geht.

Beim Stichwort »andere Entscheider« muß im Zusammenhang mit unserer Umfrage darauf hingewiesen werden, daß es eindrucksvolle Ausnahmen gibt: Unternehmen wie Siemens, die Deutsche

Bank, Hugo Boss, Sony, Bayer oder Preussen Elektra haben eigene Abteilungen für Kulturförderung fest in die Unternehmenskommunikation integriert. Bei der HUK Coburg Versicherung entscheidet ein Kulturbeirat über Kultursponsoring-Konzepte. Die Bayerische Hypotheken- und Wechsel-Bank nennt ein Gremium von Bank und Stiftung als verantwortlich für kulturelle Aktivitäten. Von diesen Vorbildunternehmen wird zudem immer wieder betont, daß bei der grundsätzlichen Entscheidung für Kultursponsoring-Maßnahmen die gesamte Unternehmenskultur und -philosophie darauf ausgerichtet werden muß – Kultursponsoring wird somit eine Angelegenheit des gesamten Unternehmens. Nicht zuletzt Peter Littmann spricht, aus Kultursponsor-Perspektive, von den neunziger Jahren als von einer Zeit, in der »Werte, die mit Nachdenklichkeit zu tun haben, eine große Rolle spielen«, was sich deutlich in einem gewandelten Kundenverhalten niederschlage.

Der Branchenvergleich zeigt, daß die Finanzdienstleister ihre Marketingabteilungen häufiger an Kultursponsoring-Entscheidungen beteiligen als andere Branchen. Zentralisiert sind die Entscheidungsprozesse vor allem bei den Herstellern von Industriegütern. In nahezu allen kulturaktiven Unternehmen bestimmen Vorstand beziehungsweise Geschäftsführung, nicht einmal ein Drittel bindet andere Abteilungen ein. In keiner anderen Branche wird der Kommunikationsabteilung so selten Entscheidungskompetenz in Sachen Kultur eingeräumt. In der Branche Energie/Chemie/Rohstoffe haben die Kommunikationsabteilungen am häufigsten kulturelle Entscheidungs- oder Mitspracherechte.

Es liegt auf der Hand, daß die Wahl der Entscheidungsinstanz Einfluß auf die erreichbaren oder angestrebten Ziele und Effekte des Kultursponsoring hat. Bestimmt der Vorstandsvorsitzende eines Unternehmens die Leitlinien des Sponsorship, so stehen nicht selten die persönlichen Vorlieben im Vordergrund und weniger die Kommunikationseffekte. Diese Form des Sponsoring

kommt dem Mäzenatentum noch sehr nahe. Umgekehrt spricht eine Einbeziehung von Marketing-, Werbe- und Öffentlichkeitsabteilungen eher für eine konzeptionell-strategische Ausrichtung der kulturellen Sponsoraktivitäten.
Von besonderem Interesse ist die Frage, wie die kulturell engagierten größten Unternehmen Deutschlands ihre Kultursponsoring-Aktivitäten planen und durchführen. Reagieren sie spontan auf Sponsorenanfragen? Ist ihr Engagement also eher passiv oder wird es von der aktiven Suche nach Sponsorpartnern auf der Basis wohlüberlegter Strategien geprägt? Immerhin geben fast zwei Drittel der kultursponsernden Unternehmen an, daß strategische und langfristige Aspekte eine Rolle spielten. Knapp die Hälfte arbeitet nach eigenen Angaben nicht auf der Grundlage von Sponsorkonzeptionen. Folgende Zusammenhänge sind erkennbar:

- Je weitergespannt die räumliche Dimension des Kultursponsoring ist, desto eher ist von strategischer Orientierung auszugehen. Acht von zehn Unternehmen, die sich international oder überregional engagieren, planen ihre Aktivitäten strategisch-langfristig. Zugleich handelt es sich hierbei in der Mehrzahl um Unternehmen, die das Kultursponsoring in den vergangenen Jahren ausgebaut haben.
- Vor allem die Finanzdienstleister und die Nahrungs- und Genußmittelbranche dimensionieren ihre Kultursponsor-Aktivitäten unter strategisch-konzeptionellen Gesichtspunkten.
- Wer (unter anderem) im Kulturbereich anlaßbezogen sponsert, agiert eher regional. Die Schwerpunkte liegen hier neben der Förderung von Institutionen auf der Unterstützung einzelner Künstler oder innerbetrieblicher Aktivitäten. Dabei unterstützen die Unternehmen künstlerische Projekte überdurchschnittlich oft durch Sach- oder Materialzuwendungen.
- Punktuelles Sponsoring ist eher fremdinitiiert. Nur ein Drittel der Unternehmen, die sich für kurzfristig anlaßbezogene Maßnahmen entscheiden, haben ihr Engagement in den letzten

Jahren erweitert. Offensichtlich führt strategische Planung eher zum kontinuierlichen Aufbau der Fördermaßnahmen als punktuelles beziehungsweise anlaßbezogenes Kultursponsoring.

Fast zwei Drittel der fördernden Unternehmen geben an, auf Initiative externer Vermittler, Künstler oder Veranstalter Sponsorenschaften zu übernehmen. Augenscheinlich existiert eine große Bereitschaft, Vorschläge oder Angebote von außen aufzugreifen, wenngleich die Mehrzahl der Unternehmen eigene Projekte realisiert.
Viele Unternehmen scheinen den Wert des Kultursponsorings als wirkungsvolles Kommunikationsinstrument erkannt zu haben. Die Hälfte der befragten kulturaktiven Unternehmen gab an, ihr Engagement in den vergangenen fünf Jahren ausgebaut zu haben – darunter insbesondere Unternehmen, die überregional beziehungsweise international fördern und zudem den künstlerischen Nachwuchs unterstützen. 40 Prozent haben ihr Engagement auf konstanter Höhe gehalten, und lediglich 9 Prozent geben für Kultursponsoring inzwischen weniger Geld aus.
Vorsichtigen Schätzungen zufolge ist bei den 500 größten deutschen Unternehmen von einem Sponsoringvolumen von rund einer Milliarde Mark auszugehen. Damit hat sich das Ausgabenvolumen seit 1994 fast verdreifacht, insgesamt macht es jedoch weniger als 10 Prozent aller in Deutschland jährlich für Kultur zur Verfügung stehenden Finanzmittel aus. Allerdings dürfte das Gesamtvolumen des Kultursponsoring in Deutschland weit höher liegen, da diese Erhebung die Sponsoraufwendungen kleiner und mittelständischer Unternehmen nicht berücksichtigt.
Die Etats für Kultursponsor-Aktivitäten differieren in den befragten Unternehmen teilweise sehr stark. Die Mehrzahl beschränkt sich auf ein Jahresbudget von bis zu 500 000 Mark, einzelne Unternehmen bewilligen aber auch ein- und zweistellige Millionensummen.

Für die nächsten zwei Jahre signalisiert die Mehrzahl der fördernden Unternehmen konstantes oder zunehmendes Interesse am Kultursponsoring. Jedes fünfte Unternehmen plant eine Erhöhung seiner Aufwendungen. Über die Hälfte will die Ausgaben stabil halten. Lediglich 11 Prozent der Unternehmen planen eine Reduzierung der Fördermittel.
Die Untersuchung machte deutlich: Eine übergeordnete Unternehmensphilosophie sowie Ideen, Strategien und Konzeptionen als Fundament des Kultursponsorings sind in deutschen Unternehmen nicht die Regel. Noch hat Kulturmanagement in deutschen Unternehmen keinen festen Platz. Daß sich das ändert, dafür wird der zu erwartende kommunikative Erfolg der beispielhaften Pionierunternehmen aber wohl sorgen.

Unternehmenstimmen: Kulturelles Engagement aus gesellschaftlicher Verantwortung

Global player wie die BMW AG nehmen Kulturförderung in zweifacher Weise wahr: Wir setzen einerseits »klassisches« Sponsoring von Sportdisziplinen und Kulturevents als Marketinginstrument ein zu Verkaufsförderung, Kundenpflege und Rekrutierung. Andererseits entwickeln wir im Rahmen unserer Kommunikationsstrategie eigene Kulturprogramme, die das Selbstverständnis und die Grundwerte des Unternehmens über das Medium Kultur diskret und glaubwürdig vermitteln. Hier geht es uns vornehmlich darum, daß BMW auch im Bereich Kultur als Partner verstanden und geschätzt wird. Das kulturelle Engagement der BMW AG impliziert die Wahrnehmung gesellschaftlicher Verantwortung. Es kommt in erster Linie jungen, nicht etablierten Künstlern in aller Welt zugute und setzt zukunftweisende Impulse für neue künstlerische Ausdrucksformen.

Christiane Zentgraf, BMW AG

»It takes art to make a Company great« – die Philosophie der Philip Morris Kunstförderung wird weder als bloßer Verkaufsanreiz noch als Mäzenatentum verstanden, sondern bedeutet für Philip Morris als aktivem Teil unserer Gesellschaft, diese mitzugestalten und Positionen einzunehmen: Sponsoring kann und soll die staatliche Förderung nicht ersetzen, sondern sie nur ergänzen.

Elfriede Buben, Philip Morris GmbH

Meine Unternehmensgruppe, Europas größter Verbund von Dienstleistungsunternehmen, betreibt seit vielen Jahren Kulturförderung. Das Fördervolumen betrug zuletzt jährlich rund 2 Mio. Mark (1997). Zum Beispiel: Dussmann-Stiftung, »Ascholdinger Nachmittag«, Sponsoring für die Deutsche Staatsoper Berlin, individuelle Förderung unterschiedlicher aktueller Kulturprojekte. Meine Motivation: Unternehmerisches Handeln soll zugleich der Allgemeinheit dienen. Das versuche ich durch Beiträge zur Entwicklung von Strukturen, Bereichen und Projekten zu leisten, die nicht vorrangig private Investitionen mobilisieren können, jedoch zur Erhaltung und Gestaltung von Lebenswelten beitragen. Ohne Kulturbezogenheit wäre ökonomisch orientiertes Wirken ohne gesellschaftliche Dimension. Darum betrachte ich meine Beiträge nicht nur als schöne Leidenschaft, sondern vor allem als unternehmerische Verpflichtung.

Peter Dussmann, Peter Dussmann GmbH & Co. KG

Zwei Hindernisse müssen schnell überwunden werden:

1. Die vornehme Zurückhaltung, teils sogar offensive Verweigerung und elfenbeinharte Unkenntnis der Feuilletonisten von wirtschaftlich vertretbaren Interessen der Sponsoren.
2. Die dilettantische, unkoordinierte Selbstverwaltungs-

praxis vieler gesponserter Institutionen, die ein effizientes Marketing behindern.

Es macht Spaß, Kunst zu fördern, die von den Mitarbeitern aufgenommen wird, und Unternehmenskultur dadurch wachsen zu sehen.

Dr. Thomas Wessel, Colonia Nordstern Versicherungsmanagement AG

Die notwendige Ausgabenreduzierung der öffentlichen Hand in Verbindung mit einer echten Steuerreform wird zwangsläufig die Mittel der gemeinnützigen Kulturträger einschränken. Diese Lücke sollte und könnte durch die Wirtschaft aufgefüllt werden. Sponsoring induziert Leistung und Vielfalt. Wo immer die Wirtschaft sich in dieser Weise nicht engagieren mag, könnten Privatpersonen und öffentliche Hände eigene Schwerpunkte setzen. Man mag es bedauern oder begrüßen: Große Veränderungen sind angezeigt.

Ulrich Putsch, Putsch GmbH & Co. KG

Für ein Unternehmen genügt es in der heutigen Zeit nicht, sich auf technischen, auf ökonomischen und auf ökologischen Feldern zu betätigen. Auch in kulturellen Belangen wollen wir Neuerungen suchen und uns der Gesellschaft gegenüber öffnen. Wenn wir ein modernes Kunstwerk installieren, bekommen wir gewiß nicht von 100 Prozent der Mitarbeiter Applaus. Es gibt kritische Auseinandersetzungen, aber genau das ist gewünscht. Wir wollen die zahlreichen Mitarbeiter, die Siemens in Deutschland und weltweit beschäftigt, in Konfrontation mit dem Neuen bringen. Das ist unsere Aufgabe.

Michael Roßnagl, Siemens AG

Im Sponsoring – auch im Kultursponsoring – treffen sich gesellschaftliche und wirtschaftliche Interessen zum gegenseitigen Nutzen. Für ein Unternehmen unserer Größenordnung besteht eine gesellschaftliche Verantwortung, die wir durch unsere Sponsoringaktivitäten zum Ausdruck bringen. Darüber hinaus dient Sponsoring der Demonstration unserer Leistungsfähigkeit. Im Bereich der Kunstförderung steht allerdings das Mäzenatentum im Vordergrund; die Publikumswirksamkeit ist hier gering. Dennoch können sowohl Sponsoring als auch Mäzenatentum immer nur einen Teil der Umsetzung von Kunst und Kultur leisten. Besonders in einer Zeit, in der sich die öffentliche Hand mehr und mehr aus der Finanzierung dieser Bereiche zurückzieht, darf nicht der Eindruck entstehen, der Staat könne sich dieser Aufgabe auf Dauer entziehen. Nach unserer Überzeugung ist eine Gesellschaft, die sich keine Kunst leistet, ärmlich und unattraktiv.

Dr. Hans Christian Bremme,
Unternehmensgruppe Tengelmann

Über die Auseinandersetzung mit der Kunst öffnen sich Grenzen im Denken, und es entstehen neue Ideen in der Unternehmensentwicklung und Kommunikation. Unternehmenskultur kann sich nicht nur an den Produkten des jeweiligen Unternehmens festhalten. Vielmehr muß eine »Innovationskultur« gelebt werden, die aus wirtschaftlichen und kulturellen Einflüssen gleichermaßen wächst. Die Wirtschaft braucht die Kultur ebenso, wie die Kultur der Unterstützung der Wirtschaft bedarf.

Caroline Ruppert, Sony Deutschland GmbH

Was fasziniert die Deutschen? Vor allem Menschen und Ideen

von Dieter Franke

Private Public Partnership-Initiativen suchen die Öffentlichkeit, denn ohne diese würde es nicht gelingen, Spendenmittel zu akquirieren, würden die Angebote nicht wahrgenommen und könnte von ihnen kein politischer Druck ausgehen. Stellt sich die Frage, ob die Bevölkerung, der häufig nachgesagt wird, sie orientiere sich ausschließlich an Konsumwerten, überhaupt bereit ist, sich von sozialem, kulturellem oder bildungspoltischem Engagement einfangen zu lassen.
Es gibt Hinweise, daß dem so ist. Vor allem eine umfangreiche Studie des Markt- und Sozialforschungsinstituts Ires, Düsseldorf, im Jahr 1997 mit 2000 Befragten durchgeführt, zeigt auf, daß Menschen und Ideen die Deutschen noch immer am meisten zu faszinieren scheinen. Das ist um so bemerkenswerter, als die Intention der Untersuchung vor allem in der Festlegung der Position von Marken und Unternehmen in einem »Faszinationsatlas '98« lag.
Die *absatzwirtschaft – Zeitschrift für Marketing* druckte im Januar 1998 Auszüge aus dem Ergebnisbericht der Studie, Autor ist der Geschäftsführer von Ires, Dieter Franke. Aus dieser Veröffentlichung wird hier zitiert:

> »Lediglich ein rundes Fünftel unserer Bevölkerung könnte man mit (dem) Terminus.(Faszinationsmuffel) belegen, ihnen begegnet Faszinierendes nur selten. Die große Mehrheit erlebt mehr oder weniger häufig Entsprechendes (Faszina-

tionsereignisse. *Anm. d. Hrsg.*), bei 50 Prozent liegt das maximal ein halbes Jahr zurück. Die Intensität eines solchen Erlebnisses wird von 76 Prozent (der Befragten) sehr hoch veranschlagt: Sie wählen dafür auf einer Skala, die von 0 bis 10 reicht, eine der drei höchsten Stufen.

Sowohl in der Faszinationshäufigkeit als auch der -intensität unterscheiden sich Frauen und Männer nur in Nuancen. Auch Unterschiede zwischen Menschen in den alten und neuen Bundesländern sind hierbei kaum auszumachen. Entscheidend dagegen wirken sich Alter und Schulabschluß aus: Mit steigendem Alter nimmt die Erlebnishäufigkeit ab, die Erlebnisintensität jedoch zu. Umgekehrt nimmt mit der Höhe des Schulabschlusses die Häufigkeit zu, die Intensität demgegenüber verringert sich. Jüngere und besser Gebildete geben sich gewissermaßen ein wenig ›cool‹.

Was fasziniert am meisten? Wenn unsere Interviewpartner mit eigenen Worten das Erlebnis schildern, von dem sie zuletzt fasziniert wurden, dann waren am häufigsten – nämlich zu 40 Prozent – Menschen dessen Auslöser: Deren Art, Ausstrahlung oder auch Handlungen sprachen nachdrücklich an, wobei sich das im übrigen nur höchst selten auf Prominente bezieht, sondern in der Regel auf mehr oder weniger ›normale‹ Leute, die man kennt oder denen man begegnete. Als Faszinationsauslöser – auf dieser spontanen Ebene – folgen Bereiche wie Natur/Naturereignisse, Reisen/Urlaub/ferne Länder und/oder Kunst/Unterhaltung.

Beim Vergleich dieser aktuellen Werte mit denen von 1987 in den alten Bundesländern ergibt sich eine fast durchgängige ›Auslöserkonstanz‹ – mit einer Ausnahme: Von Menschen ist man jetzt deutlich häufiger fasziniert. Außerdem zeigt sich ein gewisser Anstieg der Faszinations-›Frische‹. Die mit dem faszinierenden Erlebnis verbundene Gefühlslage zeigt ganz unterschiedliche ›Färbungen‹ zwischen Überwältigung, euphorischer Begeisterung einerseits und stillem Glück, romantischem Gerührtsein andererseits: Ein Teil unserer Gesprächspartner ›arbeitet‹ bei dessen Beschreibung zwar durchaus mit Vokabeln wie ›aufwühlend‹, ›toll‹, ›wahnsinnig‹, ›irre‹ und ähnlichen Superlativen. Viele verwenden jedoch gemäßigtere Ausdrücke – ›begeisternd‹, ›packend‹, ›fesselnd‹, oder noch etwas mildere wie ›beeindruckend‹, ›eindrucksvoll‹, ›interessant ‹–, andere wieder finden Worte wie ›ergriffen‹, ›gerührt‹, ›traumhaft‹. Faszination hat also eine Vielzahl ganz unterschiedlicher emotionaler Facetten.

Um diese Facetten noch genauer in den Griff zu bekommen, wurden mit den Interviewten mehr als 100 Werthaltungen und Interessen erörtert, von denen Faszination ausgehen kann. Bei ihrer Einstufung auf der bis 10 reichenden Faszinationsskala und anschließenden Gliederung per Faktorenanalyse ergaben sich acht mögliche Faszinationsdimensionen.

Von ihnen hat die – so definierte – ›Geborgenheit im anderen‹ sowohl für die Gesamtheit unserer Bevölkerung als auch für ihre verschiedenen soziodemografischen Subgruppen mit Abstand den höchsten Faszinationsrang. Sie wird gebildet durch Werte wie Geborgenheit, Partnerschaft, Treue, Liebe, Freundschaft, Familie, die für nahezu jeden positiv besetzt sind – für manchen wohl auch, weil er hier persönliche Erlebnisdefizite oder gar Enttäuschungen sieht.

Vor diesem Hintergrund ist der zumeist hohe Faszinationsrang von Organisationen wie SOS-Kinderdorf, Greenpeace, Rotes Kreuz, Amnesty International, Brot für die Welt und einer Gestalt wie Mutter Teresa zu sehen: Sie ›heilen‹ gewissermaßen mit den Gefährdungen dieser Welt die persönliche Furcht vor Geborgenheitsverlust. (…)

Überraschen dürfte (…) zumindest in Teilen die Faszination bei Unternehmen und Marken unter Einschluß von Institutionen und Prominenten. Die (…) sozialengagierten Orga-

nisationen dominieren – auf die Spendenbereitschaft in Deutschland wird dadurch sicher ein zusätzliches Schlaglicht geworfen. Auch die Faszinationskraft der Mutter Teresa kann in diesem Kontext gesehen werden.
Daß Mozart, Goethe und Picasso zeitgenössische Prominente wie Michael Schumacher, Henry Maske und Boris Becker ›schlagen‹, besagt wohl nicht, daß man von ihnen stets aufgrund profunder Werkskenntnis fasziniert ist. Sie werden mehr als Chiffren für eine ›andere Welt‹ erlebt, weisen über den schnöden Alltag hinaus.«

Stiftungen – wichtige Partner bei der Bewältigung öffentlicher Aufgaben in Bildung und Wissenschaft

von Christoph Mecking

Eine wichtige Form, in der sich verantwortliche private, am Gemeinwohl orientierte Initiativen organisieren können, ist die Stiftung. Stiftungen sind Institutionen unserer Gesellschaft, in denen Ideen, persönliches Engagement und Kapital gebündelt werden und mit deren Hilfe gemeinwohlorientierter Wandel bewirkt werden kann, ohne dabei Stabilität aufzugeben. Sie können auf vielen Gebieten helfen, wo öffentliches Handeln zu schwerfällig oder zu langsam ist. Eine wesentliche Aufgabe kann dabei sein, nach Lösungen für die brennenden gesellschaftlichen Fragen der Gegenwart und Zukunft zu suchen und dabei auch zunächst fernliegende und ungewöhnliche Wege zu beschreiten. Fehlentwicklungen können spontan und flexibel korrigiert werden. Bei zukunftsorientierten Projekten ist Risikobereitschaft gefragt. Die notwendige freie Förderung der geistigen Entwicklung in der Gesellschaft können Stiftungen leisten. In ihnen kann sich auch der einzelne Bürger als Mitglied der Gemeinschaft engagieren und über das Eigeninteresse hinaus Verantwortung und Einsatz für das Wohlergehen anderer und der Allgemeinheit zeigen. Dieses altruistische Anliegen, das im Gegensatz zum Sponsoring keine unmittelbare Gegenleistung und keinen Marketingeffekt anstrebt, ist lediglich durch den Wunsch des Stifters mit motiviert, in der Stiftung über seinen Tod hinaus fortzuleben.

Ein Bestandteil der Stiftungslandschaft sind die Stiftungen der Wirtschaft. Mit ihnen mögen unterschiedliche Vorstellungen verbunden sein. In jedem Falle handelt es sich dabei um Stiftungen, die eng mit wirtschaftlichen Unternehmen verbunden sind und deren Vermögen aus der Wirtschaft stammt.

Unmittelbare Stiftungen der Wirtschaft sind solche, die durch ein Unternehmen gegründet wurden oder Anteile an Firmen halten – kurz: Unternehmensstiftungen. Dafür stehen Namen wie (nach der Größe ihres Vermögens) Deutsche Bank Stiftung Alfred Herrhausen »Hilfe zur Selbsthilfe«; Allianz-Stiftung zum Schutz der Umwelt; Kultur-Stiftung der Deutschen Bank; Hoechst Foundation – die Stiftung der Hoechst AG; Gottlieb Daimler und Karl Benz-Stiftung; SK Stiftung Kultur, Kulturstiftung der Stadtsparkasse Köln; Novartis – (früher Sandoz) Stiftung für therapeutische Forschung; Commerzbank-Stiftung; Herbert Quandt Stiftung, die Stiftung der BMW AG oder die Kunststiftung Volkswagen.

Als ein weiteres Beispiel sei die Robert Bosch Stiftung GmbH mit Sitz in Stuttgart genannt, die aus ihrem Vermögen in Höhe von rund 3,6 Milliarden Mark jährlich zirka 65 Millionen Mark ausgibt und in ihr Förderungsprogramm auch Wissenschaft und Bildung aufgenommen hat, ohne hier allerdings einen Schwerpunkt zu setzen.

Ein anderes Beispiel ist die Robert Bosch Jubiläumsstiftung. Sie wurde 1986 unter dem Dach des Stifterverbandes für die Deutsche Wissenschaft von der Robert Bosch GmbH zum 100jährigen Jubiläum der Werkstätte für Feinmechanik und Elektrotechnik errichtet und dient der Förderung der Wissenschaft in Forschung und Lehre, vorzugsweise durch die Bereitstellung von Mitteln für Forschungsprojekte und die Förderung hochbegabter junger Wissenschaftler durch Stipendien.

Und wieder ein weiteres Beispiel ist die Alfried Krupp von Bohlen und Halbach-Stiftung mit Sitz in Essen, die seit ihrer Gründung im Jahr 1967 bis einschließlich 1993 rund 430 Millionen Mark für die Förderung gemeinnütziger Zwecke ausgegeben hat. Im Rahmen von Wissenschaft und Bildung führte die Stiftung weitreichende Stipendienprogramme durch. Mitte 1994 wurde ein neues Förderprogramm aufgelegt, um Doktoranden zur Entwicklung fachübergreifender, intelligenter Verkehrskonzepte zu ermutigen.

Balanceakt: Verpflichtung auf Stifterwillen versus Handlungsfreiheit der künftigen Verantwortlichen

Für den nachhaltigen Erfolg einer Stiftung, die einerseits dem Willen des Stifters weit über seinen Tod hinaus verpflichtet ist, andererseits in einer sich verändernden Umwelt agieren muß, deren Erfordernisse sich zum Zeitpunkt der Verfügungen des Stifters notwendigerweise nicht antizipieren lassen, ist die Formulierung des Stifterwillens von entscheidender Bedeutung. Eine restriktive Formulierung der Stiftungssatzung, die die Handlungsmöglichkeiten der Stiftungsverwalter stark einschränken und keine Anpassung der Zwecke und damit des Handelns der Stiftung zulassen, induziert die Gefahr, daß die Stiftung gewisserweise von der Wirklichkeit überholt wird.

Die Krupp-Stiftung kann als Beispiel für eine gelungene Balance zwischen einer Verpflichtung auf den Stifterwillen und der Handlungsfreiheit und Flexibilität der in der Gegenwart Verantwortlichen angeführt werden: Ihr gelingt es, der Tradition des Hauses gerade dadurch gerecht zu werden, daß neue Wege beschritten und neue Formen des Engagements entwickelt werden. Die Satzungsaufgaben der 1967 gegründeten Stiftung lassen eine große Breite des Engagements zu – verbunden werden die Aufgabenbereiche durch die Leitlinien der Stiftung: Chancengleichheit, Völkerverständigung sowie die Orientierung auf die junge Generation. Die Stiftung legt Wert darauf, flexibel zu arbeiten – aus dieser Haltung heraus gewährt sie den Initiativen und Institutionen, für deren Unterstützung sich die Krupp-Stiftung ent-

schieden hat, ihrerseits Beweglichkeit und Flexibilität: »Eine Stiftung kann immer nur so gut sein wie diejenigen, die sie fördert«, erklärt Berthold Beitz, der der Stiftung seit ihrer Gründung vorsteht.
Der Aufbau der Universität Witten/Herdecke verdankt dem Engagement der Krupp-Stiftung viel: Weil die Stiftung, die sich vor allen anderen zur Förderung der Universität entschlossen hat, dieser die Möglichkeit gab, über die zugewendeten Mittel in Freiheit zu verfügen, konnte Witten/Herdecke das werden, was es ist. Die Universität ist jedoch bei weitem nicht das einzige Beispiel für die Haltung, mit der die Krupp-Stiftung ihrer Aufgabe nachgeht. Die Art und Weise, wie die Stiftung mit dem Alfried Krupp-Förderpreis junge Hochschullehrer fördert, illustriert die Risikobereitschaft und den Mut der Stiftung, Freiheitsräume zu schaffen: Die Preisgelder in signifikanter Höhe werden jungen Wissenschaftlern zugedacht, die nicht auf sicheren C4-Stellen sitzen. Sie sind dafür gedacht, die jungen Leute in die Lage zu versetzen, ihre Forschung voranzutreiben und ihre Potentiale zu entwickeln. »Es gehört zu den dankbaren Aufgaben einer Stiftung, in einer bürokratisierten Welt Freiräume erhalten und schaffen zu können«, erklärte Berthold Beitz, als er den Beschluß der Krupp-Stiftung bekanntgab, den Förderpreis für junge Hochschullehrer einzurichten.

Konrad Schily

Mittelbare Stiftungen der Wirtschaft sind solche, die ohne unmittelbaren Bezug zu einem Unternehmen von einer Person ins Leben gerufen werden, die ihr Vermögen in der Privatwirtschaft verdient oder eine besondere Stellung in Wirtschaftskreisen innehat und in deren mäzenatischem Engagement sich unternehmerischer Geist manifestiert – kurz: Unternehmerstiftungen. Als Beispiel sei die Hermann und Lilly Schilling Stiftung genannt. Hermann

Schilling war Staatsfinanzrat, Vorstand der VEBA und anschließend Mitinhaber des Hamburger Bankhauses Brinckmann, Wirtz & Co. Die Stifter lernten die schwerwiegenden Folgen der Multiplen Sklerose durch die Erkrankung eines Familienmitglieds kennen. Dies veranlaßte sie, mit ihrem Vermögen, das zum Teil aus Verkäufen von Unternehmensanteilen stammte, eine Stiftung zur Erforschung der Ursachen dieser Krankheit zu dotieren.

Mit der vorgestellten Begriffsbestimmung sind jedoch Unschärfen verbunden, zum Beispiel wenn Anteile an einem Unternehmen vom Unternehmer auf eine Stiftung übertragen werden – etwa um in mittelständischen Unternehmen die Nachfolge zu sichern. Die Abgrenzung zu anderen Stiftungsformen kann allerdings zur Verdeutlichung beitragen. Stiftungen der Wirtschaft sind zum einen keine öffentlichen Stiftungen, die ausschließlich öffentliche Zwecke verfolgen und als Teil der staatlichen Organisation erscheinen, und zum anderen keine Stiftungen, die von Privatpersonen oder Institutionen ohne Bezug zu wirtschaftlichen Unternehmen errichtet wurden.

Unberücksichtigt bleiben hier Stiftungen als Rechtsform für wirtschaftliche Unternehmen. Unternehmensverbundene Stiftungen, die nennenswerte Anteile am Produktionsunternehmen halten, werden häufig zur Regelung der Vermögensverhältnisse und der Erbfolge in Familienunternehmen errichtet. Komplizierte Stiftungsmodelle oder -projekte dieser Ausrichtung verbinden sich mit den Firmennamen Aldi, Beitlich, Bertelsmann, Bosch, Doornkaat, Grundig, Hertie, Krups, Lentjes, Lidl, Mahle, Reimers oder Stoll.

Allerdings vertreten solche Stiftungen aus ideellen, aber auch aus steuerlichen Gründen meist ein gemeinnütziges Anliegen. Die Carl-Zeiss-Stiftung als Prototyp einer unternehmensverbundenen Stiftung widmet sich beispielsweise der Förderung naturwissenschaftlicher und mathematischer Studien. Sie wurde 1889 von Ernst Abbe aus großen Teilen seines Privatvermögens und seiner Anteile an den Firmen Zeiss und Schott errichtet. Die FAZIT-Stif-

tung, deren Vermögen aus einer Mehrheitsbeteiligung an der Frankfurter Allgemeine Zeitung GmbH besteht, fördert vorrangig Wissenschaft und Bildung auf dem Gebiet des Zeitungswesens und des graphischen Gewerbes und kümmert sich um den journalistischen Nachwuchs.
Nachdem einige im Wissenschafts- und Bildungsbereich fördernde Stiftungen der Wirtschaft vorgestellt wurden, soll kurz auf den Begriff der Stiftung eingegangen werden. In streng juristischer Betrachtung bezeichnet die Stiftung eine organisatorisch verselbständigte Vermögensmasse, die nach dem Willen des Stifters auf Dauer einem bestimmten Zweck gewidmet ist. Voraussetzung für ihre Errichtung ist eine Güteraussetzung seitens des Stifters und der Vermögenstransfer auf die neugeschaffene Einrichtung. Im einzelnen weist die Stiftungslandschaft eine große Formenvielfalt auf, die selbst Ersatzformen wie Stiftung e.V. oder Stiftung GmbH umfaßt und auf unterschiedlichen Rechtsmaterien des Bundes und der Länder aufbaut.
Aus den detaillierten Anforderungen, die die Rechtsordnung an die Stiftung stellt, sind folgende Merkmale herauszuheben:

- eine eindeutige Stiftungsabsicht;
- ein im Stiftungszweck konkretisierter Stiftungswille;
- die Dauerhaftigkeit der Zwecksetzung und der Institution, die ihn trägt;
- eine Vermögensausstattung, die mit ihren Erträgen dem Stifterauftrag gerecht wird;
- schließlich eine Organisation, die vom Stifter in einer Satzung vorgegeben wird und mit Hilfe personeller und sachlicher Mittel den Stiftungszweck zu erfüllen in der Lage ist.

Grob kann zwischen rechtsfähigen und nichtrechtsfähigen, sogenannten treuhänderischen Stiftungen unterschieden werden. Die rechtsfähige Stiftung ist der gesetzliche Regelfall. Sie verwirklicht als eigenständige juristische Person den Willen des Stifters und unterliegt dabei der staatlichen Stiftungsaufsicht. Die treuhänderische Stiftung kann nicht selbständig im Geschäftsverkehr handeln und bedient sich dazu der Rechtsfähigkeit eines Treuhänders, bei dem sie errichtet ist. Sie läßt sich schneller errichten und ist vielfach in der Arbeitsweise flexibler als eine rechtsfähige Stiftung. Neben der unumgänglichen Überwachung durch das Finanzamt unterliegt sie keiner weiteren staatlichen Aufsicht.

Da die in Deutschland existierenden Stiftungen nicht lückenlos erfaßt sind, liegt ungeachtet terminologischer Probleme auch die Zahl, Größe und Entwicklung von Stiftungen der Wirtschaft weitgehend im dunkeln. Ein gemeinnütziges Engagement indessen dürfte Zweck der weitaus meisten Stiftungen und damit auch der Stiftungen der Wirtschaft sein. Rund 95 Prozent aller Stiftungen in Deutschland tragen den Status der Gemeinnützigkeit.

Dabei dürfte von allen Förderstiftungen – mit allerdings stetig abfallender Tendenz – immer noch ein Drittel auf den sozial-karitativen Bereich entfallen, in dem die Entwicklung des Stiftungswesens vor über einem Jahrtausend ihren Anfang genommen hat. Zwei Drittel der Stiftungen widmen sich den anderweitigen gemeinnützigen Zwecken, wobei die Förderung von Wissenschaft und Bildung eine herausragende Stellung einnimmt. Eine Datenerhebung des Bundesverbandes Deutscher Stiftungen vom Sommer 1994 weist für den Schwerpunkt »Bildung/Ausbildung/Erziehung« einen Anteil von 17,9 Prozent aus, während sich 15,8 Prozent der befragten Stiftungen Wissenschaft und Forschung zuwenden. Der Anteil des Bildungsbereichs fiel gegenüber der letzten Befragung aus dem Jahr 1994 um 1,5 Prozentpunkte zurück. Der Wissenschaftsanteil stieg dagegen um 2,6 Prozentpunkte. Bei dieser Befragung waren Mehrfachnennungen möglich.

Der genaue Blick auf einzelne Stiftungen der Wirtschaft macht deutlich, daß viele sich beiden Zwecken verschrieben haben. Eine solche Verbindung liegt auch nahe, weil manche Förderung im Einzelfall gar nicht eindeutig einem einzigen Zweck zugeordnet werden kann. Beide Bereiche fördert beispielsweise die von Otto

Wolff von Amerongen, dem langjährigen Präsidenten des Deutschen Industrie- und Handelstages und Vorsitzenden des Ostausschusses der Deutschen Wirtschaft, gegründete Otto Wolff von Amerongen-Stiftung. Sie verleiht seit 1993 jährlich den »Initiativpreis Aus- und Weiterbildung«. Durch die Vergabe dieses Preises an Unternehmen, die innovative und praxisnahe Ansätze in der beruflichen Bildung realisieren, sollen einer interessierten Öffentlichkeit exemplarisch die Leistungen der Wirtschaft auf dem Gebiet der Aus- und Weiterbildung transparent gemacht werden.
Weil es keine Publizitätsvorschriften gibt, fehlt es für Deutschland vor allem an einer verläßlichen Erfassung des vorhandenen Stiftungskapitals sowie der Einnahmen und Ausgaben der Stiftungen. Für die in den Bereichen Bildung und Wissenschaft tätigen Stiftungen gilt indessen, daß die wenigen großen Stiftungen (sie machen nicht einmal 5 Prozent der Zahl aller Stiftungen aus) den Löwenanteil des gesamten Stiftungskapitals auf sich vereinigen – rund 90 Prozent. Damit tragen sie auch den größten Teil des Förderungsvolumens. Große Stiftungen finden sich gerade in den Förderungsbereichen von Wissenschaft und Bildung. Man kann deshalb davon ausgehen, daß das für Wissenschaft und Bildung aufgewendete Förderungsvolumen verhältnismäßig größer ist als der zahlenmäßige Anteil der hier tätigen Stiftungen, bezogen auf alle deutschen Stiftungen.
Unter den zehn größten deutschen Stiftungen lassen sich einige mehr oder weniger dem Wirtschaftsbereich zuordnen. Sie alle befassen sich auch mit der Förderung von Wissenschaft und Bildung. Die Liste reicht von der Volkswagen-Stiftung über die Deutsche Bundesstiftung Umwelt, die Robert Bosch Stiftung, die Alfried Krupp von Bohlen und Halbach-Stiftung, die Carl-Zeiss-Stiftung, die Gemeinnützige Hertie-Stiftung, die Bertelsmann-Stiftung bis zur Körber-Stiftung.
Volkswagen-Stiftung und Deutsche Bundesstiftung Umwelt sind allerdings dem Wirtschaftsbereich nur sehr entfernt zuzurechnen. Sie entstanden im Rahmen von Privatisierungsbemühungen des

Staates. Die Deutsche Bundesstiftung Umwelt entstand auf der Grundlage des Erlöses aus dem Verkauf der Bundesanteile am Salzgitter-Konzern. Die Volkswagen-Stiftung verdankt ihre Existenz einem Staatsvertrag zwischen dem Land Niedersachsen und der Bundesrepublik Deutschland vom November 1959, der zugleich die nach dem Zweiten Weltkrieg unklaren Eigentumsverhältnisse beendete. Der Erlös aus der damaligen Umwandlung der Volkswagenwerk GmbH in eine Aktiengesellschaft sowie sämtliche Gewinnansprüche auf die dem Bund und dem Land übertragenen Anteile des Aktienkapitals wurden als Vermögen der Stiftung überschrieben. Hinter der Gründung dieser rechtsfähigen Stiftung bürgerlichen Rechts stand die Idee, in der noch jungen Bundesrepublik Deutschland über eine starke nichtstaatliche Institution zur Förderung von Wissenschaft und Technik zu verfügen. Mit zuletzt über 240 Millionen Mark jährlich fördert die Stiftung wegweisende Forschungsvorhaben in allen Wissenschaftsbereichen.

Ein weiteres Beispiel für Stiftungen der Wirtschaft im Wissenschafts- und Bildungsbereich ist die Fritz Thyssen Stiftung mit Sitz in Köln. Sie war 1959, die erste große wissenschaftfördernde Einzelstiftung, die in Deutschland nach dem Zweiten Weltkrieg errichtet wurde. Ihr ausschließlicher Zweck ist die unmittelbare Förderung der Wissenschaft an Wissenschaftlichen Hochschulen und Forschungsstätten, vornehmlich in Deutschland, unter besonderer Berücksichtigung des wissenschaftlichen Nachwuchses. Bei einem zu ihrer Errichtung eingebrachten Stiftungsvermögen mit einem Marktwert von 240 Millionen Mark wurden bis heute jährliche Mittel in Höhe von fast 390 Millionen Mark für Forschungsprojekte und Stipendien mit Schwerpunkt auf geisteswissenschaftlicher Grundlagenforschung vergeben.

Im Andenken an den ehemaligen Vorstandsvorsitzenden der VEBA wurden zwei Stiftungen errichtet, die im Wissenschafts- und Bildungsbereich tätig sind: Neben dem Rudolf von Bennigsen-Foerder-Hilfsfonds zur Ausbildung junger Menschen im

Ruhrgebiet besteht die Rudolf von Bennigsen-Foerder-Stiftung, die der Ausbildung qualifizierter Rechts- und Wirtschaftswissenschaftler dient, und zwar zunächst in den neuen Ländern. Die Haniel-Stiftung mit Sitz in Duisburg hat sich auf die Förderung der Erforschung des Unternehmertums und der Ausbildung des Führungsnachwuchses spezialisiert.

Hinter dem bunten und vielgestaltigen Bild der deutschen Stiftungslandschaft verbergen sich unterschiedliche Motive. Selten ist eines allein ausschlaggebend für die Errichtung einer Stiftung. In der Regel wird ein Bündel von Motiven zur Stiftungserrichtung führen. So sind Stiftungen das klassische Instrument, um das Lebenswerk eines Unternehmers über seine Schaffenszeit hinaus zu erhalten oder wegen fehlender Erben die Vermögensnachfolge für den Todesfall zu regeln. Die unternehmerische Nähe oder persönliche Neigung zu einem bestimmten Fachgebiet mag für eine Stiftung ausschlaggebend sein. Privatpersonen geht es vielfach darum, ihre ideellen Lebensschwerpunkte auch in Zukunft fortgeführt zu sehen. Manche wollen ihrer Betroffenheit über Schicksalsschläge naher Angehöriger oder ihrer Dankbarkeit für eine frühere Förderung der eigenen Person Ausdruck verleihen.

Zahlreiche Unternehmen feiern mit einer Stiftung ihr Firmenjubiläum. So wurde zum 100jährigen Bestehen der Deutsche Bank AG der Stiftungsfonds Deutsche Bank unter dem Dach des Stifterverbandes für die Deutsche Wissenschaft gegründet. Dieser verfolgt das Ziel, Wissenschaft und Lehre in der Bundesrepublik Deutschland zu fördern, und unterstützt unter anderem das Konzept der Privatuniversität. Die Wirtschaftswissenschaftliche Fakultät der Universität Witten/Herdecke oder die Wissenschaftliche Hochschule für Unternehmensführung in Koblenz erhalten wichtige Finanzierungshilfen.

Manche Firmen versprechen sich von der Errichtung einer Stiftung, die ihren Namen trägt, auch einen gewissen Werbeeffekt und eine Imageverbesserung für ihr Unternehmen. Sie wollen nach außen hin deutlich machen, daß es ihnen nicht um reine

Profitmaximierung geht, sondern daß sie auch bereit sind, sich für die Gesellschaft zu engagieren. Ein nützlicher Nebeneffekt mag es sein, durch bestimmte Förderungsmaßnahmen der Stiftung Ideen für die Entwicklung des eigenen Unternehmens und der eigenen Produkte zu gewinnen. Wenn etwa die »Stiftung Immunität und Umwelt im Stifterverband für die Deutsche Wissenschaft« neue Erkenntnisse auf dem Gebiet der Immunologie fördert und verbreitet, wird das in der Arzneimittelbranche tätige Stiftungsunternehmen von den geförderten Veranstaltungen gleichfalls inspiriert. Von privatnütziger Forschung unterscheidet sich die Förderung durch die gemeinnützige Stiftung jedoch dahingehend, daß der Kreis der Geförderten nicht fest abgeschlossen ist, die Ergebnisse der Forschung der Öffentlichkeit zugänglich gemacht werden und die Veranstaltungen von allen Interessierten besucht werden können.

Ein Unternehmen kann über die Stiftung regelmäßig Kontakt mit interessanten Personengruppen wie Forschern oder Studierenden halten und in einen Diskurs mit der Öffentlichkeit führen, ohne daß die Firma direkt auftritt.

Manche Unternehmen möchten häufig indirekt der Nachwuchsförderung innerhalb der Branche dienen. So vergibt der Stiftungsfonds IBM Deutschland Stipendien – etwa an Abiturientinnen, die ein Hochschulstudium der Natur- oder Ingenieurwissenschaften beginnen wollen und bereits in der Schule herausragende Leistungen nachweisen konnten, oder an Studierende in den Fachbereichen Elektrotechnik, Luft- und Raumfahrt, Maschinenbau, Physik und Chemie. Die Colonia Studienstiftung fördert zeitlich begrenzte Studienaufenthalte an ausländischen Hochschulen, die das Studium im Inland sinnvoll ergänzen und sich auch mit versicherungswirtschaftlichen Themenstellungen befassen sollen.

Mitunter entstehen Stiftungen auch auf verschlungenen Wegen in einem komplexen Interessengeflecht. Die Entstehungsgeschichte der Stiftung Industrieforschung mit Sitz in Köln ist ein beeindruckendes Beispiel dafür. Im Jahr 1924 wurden durch den

Dawes-Plan die Reparationsverpflichtungen des Deutschen Reiches neu geordnet und zu einem Teil auch auf die Wirtschaft bezogen. Alle Unternehmen, deren Betriebsvermögen den Betrag von 20 000 Goldmark überstieg, mußten eine sogenannte Aufbringungsumlage entrichten, die bei der Bank für deutsche Industrie-Obligationen verwaltet wurde.

Nach dem Ende der Reparationsverpflichtungen aus dem Dawes-Plan blieb diese Bank als Deutsche Industriebank bestehen. Unter anderem vergab sie langfristige Unternehmenskredite. Statt durch Aktionäre wurde die Bank durch rund 200 Treuhänder aus jenen Unternehmen kontrolliert, die seinerzeit die Aufbringungsumlage zu entrichten hatten. Um ihre Verschmelzung mit dem nach dem Zweiten Weltkrieg in Düsseldorf gegründeten Tochterinstitut Industriekreditbank zu ermöglichen, wurden die Treuhänder durch das Bundesgesetz über die Verwendung des Vermögens der Deutschen Industriebank durch die gemeinnützige Stiftung zur Förderung der Forschung für die gewerbliche Wirtschaft ersetzt. Seit 1988 führt sie die Bezeichnung »Stiftung Industrieforschung« und hält als Stiftungsvermögen einen Anteil von gut 11 Prozent des Grundkapitals der IKB Deutsche Industriebank. Ganz in Übereinstimmung mit ihrem Ursprung fördert die Stiftung nun schon seit zwanzig Jahren erfolgreich Forschungsprojekte, die für kleine und mittlere Unternehmen von Nutzen sind.

Stiftungen funktionieren anders als Unternehmen. Organisationsformen der Philanthropie sind anders und müssen anders sein als solche der Wirtschaft. Ist Ungeduld eine Tugend der Unternehmer, muß Geduld eine Tugend der Wohltäter sein. Ralf Dahrendorf hat am Beispiel des amerikanischen Mäzens Andrew Carnegie deutlich gemacht, daß für das Wachstum eines Unternehmens ein Entscheidungszentrum unentbehrlich ist. Ein Unternehmer darf sich nicht von Mittelsmännern abhängig machen. Er darf Verantwortlichkeiten delegieren, doch muß immer klar sein, wer die Verantwortung trägt. Stiftungen dagegen brauchen nicht nur Initiative und klare Verantwortungen, sondern vor allem Rat. Selbstzweifel sind ebenso wichtig wie die Bereitschaft, manches zu versuchen, was sich im nachhinein als Irrtum oder doch als unergiebig erweist. Bestimmte Gegenpositionen zum Mainstream aufzuzeigen und Akzente gegen »herrschende Meinungen« zu setzen und zu begründen, das ist eine wichtige gesellschaftspolitische Zielsetzung von Stiftungen. Sie ergänzen die öffentliche Förderung und geben neue Impulse bei der Bewältigung von Zukunftsaufgaben. Insoweit hat ihr Wirken auch eine wichtige ordnungspolitische Funktion.

Von der Wirtschaft unmittelbar oder mittelbar ins Leben gerufene Stiftungen sind eine Bereicherung des gesellschaftlichen Umfeldes, wie die hier aufgeführten Beispiele erhellt haben. Dies gilt insbesondere im Bereich der Bildungs- und Wissenschaftsförderung. Stiftungen sind ein Beispiel für verantwortliches, gemeinwohlorientiertes Engagement eines Unternehmens oder eines Unternehmers. Mit ihrer Errichtung zeigt ein einzelner über sein Eigeninteresse hinaus Verantwortung und Einsatz für das Wohl anderer. Stiftungen der Wirtschaft helfen gerade im Bildungsbereich, einem überbordenden und regelungsintensiven Sozialstaat ein Stück Freiheit und Kreativität entgegenzusetzen. Der zukünftige Standort von Stiftungen der Wirtschaft in der Stiftungslandschaft und besonders im System der Wissenschafts- und Bildungsförderung wird entscheidend von zwei Faktoren abhängen:

Erstens von der zukünftigen Einstellung des Staates zu Bildung und Wissenschaft sowie zur Institution der Stiftung. Schädlich wären weitere Versuche staatlicher Stellen, Stiftungen in das Prokrustesbett staatlicher Wissenschafts- und Bildungspolitik einzubinden. Setzte sich bei privaten Stiftern der Eindruck fest, die von ihnen geschaffenen Stiftungen würden als verlängerter Arm der öffentlichen Verwaltung benutzt, würden sie sich zurückziehen oder zurückhalten. Zwar muß der generelle staatliche Auftrag zur Bildungs- und Wissenschaftsförderung bestehen bleiben, doch sollte der Staat in diesen Bereichen nicht die Alleinverantwortung

Die zehn größten gemeinnützigen Stiftungen auf privatrechtlicher Basis (ohne Anstaltsträgerstiftungen) – nach Vermögensausstattung				
Name	Sitz	Errichtungsjahr	Vermögen in Mio DM	Jährliche Gesamtausgaben (Förderung, Verwaltung) in Mio DM
Robert Bosch Stiftung	Stuttgart	1964	3601	65
Volkswagen-Stiftung	Hannover	1961	3300	241
Deutsche Bundesstiftung Umwelt	Osnabrück	1990	2800	207
Gemeinnützige Hertie-Stiftung	Frankfurt/Main	1974	1608	8
Bertelsmann-Stiftung	Gütersloh	1977	1264*	49
Körber Stiftung	Hamburg	1959	680	19
Alfried Krupp von Bohlen und Halbach-Stiftung	Essen	1967	660	k. A.
Wilhelm Sander-Stiftung	Neustadt a. d. Donau	1974	530	42
Else Kröner-Fresenius-Stiftung	Bad Homburg	1983	300	k. A.
Dr. Mildred Scheel-Stiftung für Krebsforschung	Bonn	1976	211	27

* Buchwert der Anteile der Bertelsmann-Stiftung an der Bertelsmann AG (68,8 Prozent)

Quelle: Institut für Stiftungsberatung, *Verzeichnis der Deutschen Stiftungen* 1997 (Bundesverband Deutscher Stiftungen)

Stand: Oktober 1997

Die zehn größten von Unternehmen errichteten Stiftungen				
Name	Sitz	Errichtungsjahr	Vermögen in Mio DM	Jährliche Gesamt-ausgaben (Förderung, Verwaltung) in Mio DM
Deutsche Bank Stiftung Alfred Herrhausen »Hilfe zur Selbsthilfe«	Frankfurt/ Main	1986	114	7
Allianz-Stiftung	München	1990	100	6,8
Kultur-Stiftung der Deutschen Bank	Frankfurt/ Main	1994	100	k. A.
Hoechst-Foundation – Die Stiftung der Hoechst AG	Frankfurt/ Main	1996	100	k. A.
Gottlieb Daimler und Carl Benz-Stiftung	Ladenburg	1986	48	3,9
SK Stiftung Kultur, Kulturstiftung der Stadtsparkasse Köln	Köln	1976	40	2,8
Sandoz-Stiftung für therapeutische Forschung in Nürnberg	Nürnberg	1969	23	1,6
Commerzbank-Stiftung	Frankfurt/ Main	1970	22	1
Herbert Quandt Stiftung, Die Stiftung der BMW AG	München	1970	20	k. A.
Kunststiftung Volkswagen	Wolfsburg	1987	15	k. A.

Quelle: Institut für Stiftungsberatung, *Verzeichnis der Deutschen Stiftungen 1997* (Bundesverband Deutscher Stiftungen)

tragen. Private Stiftungsinitiativen mit öffentlicher Orientierung verschaffen ihm die heute mehr denn je notwendige Entlastung und der Bildungs- und Wissenschaftsförderung die notwendige Flexibilität und Vielfalt. Der Staat muß Bereitschaft zeigen, in Übereinstimmung mit dem vieldiskutierten Subsidiaritätsprinzip Aufgaben an die Gesellschaft zurückzugeben. Und er muß durch verbesserte Rahmenbedingungen Stifter und Stiftungen in ihrem Wirken bestärken.

Daß diese Anliegen auch in der Politik zunehmend Berücksichtigung finden, hat etwa die Rede von Bundeskanzler Helmut Kohl anläßlich der Jahresversammlung der Deutschen Forschungsgemeinschaft am 21. Juni 1994 in Halle gezeigt. Er hat das Anliegen vorgetragen, mit Stiftungen und anderen Dotationen müsse das Bewußtsein gemeinsamer Verantwortung für das Gemeinwesen gestärkt werden, was größere, auch steuerliche Anreize für die Errichtung und in die Tätigkeit von Stiftungen erfordere.

Vielleicht noch entscheidender ist zweitens das Engagement der Wirtschaft, der Unternehmen und Unternehmer, sich mit langfristiger Perspektive für die Weiterentwicklung von Wissenschaft und Bildung einzusetzen und dadurch mitzuhelfen, den Wirtschaftsstandort Deutschland zu sichern. Zahlreiche neue Stiftungen der Wirtschaft im Bildungs- und Wissenschaftsbereich zeigen, daß die Idee der gemeinnützigen Stiftung im Umfeld der Wirtschaft lebendig ist. Gerade unternehmerischer Geist kann aus der Stiftung ein Instrument machen, anderen Menschen Mittel an die Hand zu geben, persönlich und mit ihrem Wissen und Können wichtige Akzente für die Gestaltung der Zukunft zu setzen. In einer Gesamtschau bilden Stiftungen ein System der gesellschaftlichen Selbstorganisation aus, das einen dritten Weg zwischen Markt und Staat bezeichnet. In der Abkoppelung von materiellen Gewinnzwängen, von politischen Auseinandersetzungen und fiskalischen Zwängen liegt ihre besondere Bedeutung sowie die Chance für notwendiges und erfolgreiches Handeln zum Wohle der Gemeinschaft.

Social Entrepreneurs – Erneuerer des Gemeinsinn-Prinzips

In seinem Buch *The Rise of the Social Entrepreneur* (erschienen bei »Demos«, einem unabhängigen Londoner Think Tank) beschreibt der Publizist Charles Leadbeater die Rolle einer besonderen Spezies unternehmerisch tätiger Menschen, der »social entrepreneurs«. Dieser Typus wird im deutschen Sprachraum wohl am besten repräsentiert von Persönlichkeiten wie Hermann Gmeiner, der die SOS-Kinderdörfer ins Leben gerufen hat, Björn Steiger, der mit Hilfe einer Stiftung deutsche Bundesstraßen mit Notrufsäulen ausstattet, oder Emil Morsch, der nach dem Leukämie-Tod seines Sohnes die Stefan-Morsch-Stiftung ins Leben gerufen hat, die bei der Suche nach Rückenmarkspendern hilft, die Krebsforschung unterstützt und inzwischen eigene Kliniken betreibt.
Im »executive summary« faßt Leadbeater seine Thesen folgendermaßen zusammen:

»1. Das Konzept des Wohlfahrtsstaates basiert auf der inzwischen unrealistischen Vorstellung einer Volkswirtschaft, in der die Männer vollbeschäftigt und die Familien stabil sind. Das Netzwerk makroökonomischen Handelns, staatlicher sozialer Absicherung und steuerlich finanzierter Dienstleistungen gerät heute aber zunehmend unter Druck. Es ist unfähig, effizient auf die zunehmenden sozialen Probleme zu reagieren, zum Beispiel auf Langzeitarbeitslosigkeit, Drogen, hohe Scheidungsraten und Analphabetentum.
2. Obwohl die Kritik am sozialen System wächst, sind radikale Änderungen nicht durchsetzbar. Das Unbehagen an den wachsenden Abgaben führt noch längst nicht zur Bereitschaft, auf Teile des sozialen Netzes zu verzichten.

Die Folge ist, daß sich die Reformen auf Einsparungen und geringfügige Leistungsminderungen reduziert haben.

3. Daher steckt das System in einer Sackgasse (...)
4. Wir brauchen einen neuen Ansatz, um aus dieser Sackgasse herauszukommen, der nur in Form sozialer Innovationen daherkommen kann, die sich auf das Selbstverständnis, die Praxis und die Organisation der sozialen Hilfe erstrecken. Dabei müssen die Hilfe leistenden Institutionen sich in Problemlösungsagenturen verwandeln, statt ihre Klienten in einem Status der Abhängigkeit und Armut zu halten. Es muß sich um ein aktives System handeln, das soziales Kapital generiert und die Menschen ermuntert, wieder mehr Selbstverantwortung für ihr Leben zu übernehmen.
5. Die sozialen Innovationen entstammen den unterschiedlichsten Quellen (...)
6. Zu den wichtigsten Quellen gehören die ›social entrepreneurs‹. Sie spüren unerschlossene Ressourcen (Menschen, Gebäude, Arbeitsmittel) auf und finden Wege, diese für soziale Lösungen zu aktivieren. Sie erfinden neue Dienstleistungen und erschließen neue Möglichkeiten, bestehende Dienstleistungen zielorientiert einzusetzen. Sie (...) sind sowohl in Bereichen der öffentlichen Verwaltung, der privaten Unternehmen wie auch unter den Ehrenamtlichen zu finden.
7. (Nennt die Fallbeispiele, die in dem Report beschrieben werden.)
8. ›Social entrepreneurs‹ sind hoch motivierte, ambitionierte Führungspersönlichkeiten, die über große Fähigkeiten verfügen, anderen eine Vision nahe zu bringen sowie Mitarbeiter, Partner und ihre Klienten zu inspirieren.
9. ›Social entrepreneurs‹ schaffen flache und flexible Organisationen, deren Kern aus festangestellten Mitarbeitern

besteht, die geringe Ressourcen mit einem Höchstmaß an Kreativität nutzen.

10. Diese Organisationen arbeiten als komplexe Systeme, in denen sich staatliche mit privaten Interessen verbinden können. ›Social entrepreneurs‹ finden oftmals einen Weg, unterschiedliche, vorgeblich inkompatible Lösungsansätze zu integrieren.
11. Derartige Organisationen verfügen normalerweise über einen offenen und durchlässigen Zugang zu ihrem Milieu. Sie verstehen sich nicht als Institution, die ihre Klienten mit einer spezifischen Dienstleistung versorgt, sondern bemühen sich um langfristige und umfassende Betreuung. Sie erkennen an, daß die von ihnen Betreuten mit individuellen Problembündeln belastet sind.
12. Die Arbeit der ›social entrepreneurs‹ schafft auf unterschiedliche Art und Weise Werte. Sie fungieren sozusagen als die Abteilung Forschung und Entwicklung des Wohlfahrtsystems, indem sie für soziale Probleme, die als unlösbar gelten (...) Lösungen schaffen. Besonders bemerkenswert ist ihre Fähigkeit, soziales Kapital zu akkumulieren. Sie helfen zudem der Gesellschaft, ihrerseits soziales Kapital zu schaffen, das für deren Stabilisierung dringend notwendig ist (...).«

Zur Definition des Begriffs »soziales Kapital«: Es setzt sich aus zwei Komponenten zusammen. Einmal aus der Hardware, die das Vermögen ausmacht, das eine erfolgreiche »social entrepreneurship« ansammelt, und aus der Software, die wesentlich schwerer zu fassen ist. Es geht dabei um den Konsens, über den Leadbeater schreibt: »Soziales Kapital umfaßt die Netzwerke von Beziehungen, die geschäftliche Partnerschaften und Allianzen untermauern. Sie hängen von einer Kultur der Kooperation ab, die bestärkt wird durch gemeinsame Werte und durch Vertrauen (...). Soziales Kapital ist für den privatwirtschaftlichen (auf Kapitalmehrung ausgerichteten; *Anm. d. Übers.*) Bereich von derselben Bedeutung wie für den Dritten Sektor (Fachbegriff für den Aktionsbereich neben der öffentlichen Verwaltung und der Privatwirtschaft, der meist von Ehrenamtlichen und ›social entrepreneurs‹ besetzt ist; *Anm. d. Übers.*).«

Leadbeater verweist in diesem Kontext auf Untersuchungen über die Gründe für den Erfolg beispielsweise der deutschen und der japanischen Wirtschaft. Deutsche und Japaner hätten die Bedeutung langdauernder Beziehungen und einer Kultur der Kooperation erkannt. Beide seien der Grund für die hohe Innovations- und Produktionsleistung in Deutschland und Japan. ›Social entrepreneurs‹ bringen Menschen zusammen, die gemeinsam Problemlösungen erarbeiten, zu denen jeder für sich nicht in der Lage gewesen wäre.

Mit sozialen Bürgerinitiativen aus der Unwirtlichkeit finden

Wie wächst ein geteiltes Land wieder zusammen? Wie können 40 Jahre Trennung überwunden werden? Mögen die Antworten noch so vielfältig sein – eines steht jedenfalls fest: Große Anstrengungen gehören dazu, um sich einander anzunähern und einen gemeinsamen Weg in die Zukunft zu suchen. Dies gilt für den Staat und seine Bürger, für die Wirtschaft und ihre Akteure, aber vor allem auch für die Gesellschaft und die Menschen, die sie ausmachen.
Vor diesem Hintergrund hat die Robert Bosch Stiftung im Herbst 1993 das Förderungsprogramm »Soziale Bürgerinitiative in den neuen Bundesländern« eingerichtet, das die Menschen in Ostdeutschland dabei unterstützen sollte, ihre bürgerlichen Rechte wahrzunehmen und ein lebendiges demokratisches Gemeinwesen aufzubauen. Ein gutes Drittel der inzwischen geförderten Projekte arbeitet ausschließlich auf freiwilliger Basis. In über 60 Prozent der Initiativen arbeiten Ehrenamtliche mit Hauptamtlichen zusammen. Der folgende Text ist den *Nachrichten aus der Robert Bosch Stiftung*, Dezember 1997, entnommen.

Nach Schätzung eines Evaluationsteams wurden im Förderungsprogramm der Stiftung insgesamt über 10 000 ehrenamtliche Mitarbeiter unterstützt. Davon sind zwei Drittel Frauen. Die meisten Projekte, die in den neuen Bundesländern gefördert werden, beschäftigen sich mit Kinder- und Jugendarbeit (65,5 Prozent). Ebenfalls fast zwei Drittel der Gruppen und Vereine arbeiten »gemeinwesenorientiert«. Meistens handelt es sich dabei um Initiativen, die Räume für die dörfliche Gemeinschaft organisieren, einen Jugendtreff oder eine Kinderbetreuung retten und erhalten wollen. In

diesem Zusammenhang zeigt sich in den neuen Bundesländern ein besonderes Verständnis von Selbsthilfe: Dort engagieren sich Menschen oft, weil der Staat in diesen Bereichen nicht tätig wird oder es ihrer Meinung nach nicht werden sollte. Dagegen versteht man in den alten Bundesländern darunter einzelne Betroffene, die sich selbst helfen.
Die meisten Vorhaben werden in Städten mit über 100 000 Einwohnern oder in kleinen Städten mit 10 000 bis 50 000 Einwohnern umgesetzt. Außerdem wurden zahlreiche Initiativen in Orten mit bis zu 5000 Einwohnern gefördert. Die Erreichbarkeit der Ehrenamtlichen orientiert sich in vielen Fällen an den »klassischen Geschäftszeiten« von 10 bis 16 Uhr. Auf den ersten Blick ist dies ein überraschendes Ergebnis für das Forschungsteam, da traditionelle ehrenamtliche Arbeit nach der beruflichen Tätigkeit geleistet wird. Doch in den neuen Bundesländern sind viele der Engagierten arbeitslos, im Vorruhestand oder in der Warteschleife zu einem ABM-Projekt, was die Orientierung der »ehrenamtlichen Arbeitszeiten« an der hauptamtlichen erklärt. Außerdem spielt dabei der Wechsel von einer hauptamtlichen Tätigkeit ins Ehrenamt und umgekehrt – das »Phasing« – eine Rolle.
Die Zusammenarbeit von haupt- und ehrenamtlichen Mitarbeitern wird überwiegend (90 Prozent) als gut bezeichnet. Bei den meisten Projekten gibt es zum Beispiel regelmäßig eine gemeinsame Dienstbesprechung. Unterschiede zeigen sich vor allem in Fragen der Anleitung. Die geleistete ehrenamtliche Tätigkeit in den Projekten besteht im wesentlichen aus qualifizierter sozialer Arbeit: Ehrenamtliche übernehmen Beratungen, vermitteln Unterstützung oder organisieren Angebote zur Freizeitgestaltung. Manche der ehrenamtlichen Mitarbeiter befürchten, von hauptamtlichen dominiert zu werden. Daher sei es sinnvoll, so das Evaluationsteam, die Ehrenamtlichen in ihrem Selbstbewußtsein

zu stärken, was auch eine neue Bewertung des Ehrenamts in der Gesellschaft erforderlich mache.
Ehrenamtliches Engagement muß als komplementär zu professionellem Handeln anerkannt und in seiner besonderen Funktion für den Gestaltungswillen des Bürgers in einer demokratischen Gesellschaft gewürdigt werden. Diese Anerkennung kann nach Meinung der Befragten zum einen in Ehrungen oder Orden zum Ausdruck kommen, zum anderen etwa in der Anrechnung ehrenamtlicher Arbeit auf die Rente oder die Steuer, auf die Zulassung zum Studium oder auf den Wehr- und Zivildienst.
Für ihr Engagement erhalten knapp drei Viertel der Ehrenamtlichen eine monatliche Aufwandsentschädigung zwischen 10 und 50 Mark. Dabei halten sich Bargeld und Sachleistungen, wie zum Beispiel Fahrscheine oder die private Nutzung von Projekteigentum, die Waage. Über 90 Prozent der Ehrenamtlichen schätzen die Aufwandsentschädigung als Ersatz für Sachaufwand oder als »kleine Anerkennung«.
Bei der Entstehung von fast der Hälfte aller Projekte, die im Programm »Soziale Bürgerinitiative in den neuen Bundesländern« unterstützt werden, haben die Interessen von Hauptamtlichen oder die Aussicht auf hauptamtliche Stellen bei der Gründung eine Rolle gespielt. Fast zwei Drittel der Initiativen gehören größeren Organisationen an. Während der Förderung durch die Robert Bosch Stiftung haben die meisten (82 Prozent) ihren Einfluß auf die Gestaltung ihres sozialen Umfelds ausgedehnt und vertieft. Somit hat das Programm dazu beigetragen, die Ausweitung der Aktivitäten ehrenamtlicher Projekte in den neuen Bundesländern voranzutreiben und den Einfluß ehrenamtlicher Arbeit in Ostdeutschland zu stärken.
Die geförderten ehrenamtlichen Gruppen und Vereine sind in ihren Organisationsstrukturen im wesentlichen stabil.

Nach Auslaufen der Förderung durch die Robert Bosch Stiftung werden die wenigsten (4 Prozent) wegbrechen. Dies verdeutlicht, daß freiwilliges ehrenamtliches Engagement auch Ausdruck von Lebensfreude, gesellschaftlicher Verantwortung und bürgerlichem Gestaltungswillen ist.

Robert Bosch Stiftung

Ehrenamt in Deutschland: professionelle Förderstrukturen

von Mike Corsa

Ehrenamtliches Engagement ist in Deutschland weit verbreitet und unverzichtbar. Etwa 12 Millionen Menschen, das sind etwa 17 Prozent der Bevölkerung, sind hierzulande ehrenamtlich tätig. Der freiheitlich-demokratische und soziale Rechtsstaat lebt von der Bereitschaft zum ehrenamtlichen Engagement. Was Freiwilligenarbeit schafft und vermittelt, ist unbezahlbar. Ehrenamtliche arbeiten ohne Bezahlung, aber nicht umsonst. Sie dürfen daher nicht zur Manövriermasse werden, wenn bezahlte Arbeit zu teuer wird.

Ehrenamtliche Arbeit gilt immer noch in erster Linie als eine Angelegenheit der großen Verbände. Vor allem traditionelle Organisationen beklagen jedoch seit Jahren einen Mitgliederschwund und ein Nachlassen ehrenamtlichen Engagements. Dagegen finden Selbsthilfegruppen und Bürgerinitiativen wachsenden Zuspruch.

Besondere Akzeptanzprobleme für traditionelle Organisationen, Verbände und Vereine ergeben sich aus der Professionalisierung vieler Aufgaben sowie dem Verhältnis zwischen hauptamtlich und ehrenamtlich Tätigen. Adäquate Rahmenbedingungen und neue Infrastrukturen, welche die durchaus noch vorhandene Bereitschaft vieler Bürgerinnen und Bürger, sich zu engagieren, in die Arbeit integrieren, werden erst in jüngster Zeit vereinzelt aufgebaut. In vielen Bereichen werden originär ehrenamtliche Aufgaben zurückgedrängt und durch hauptamtlich Tätige ausgeführt.

Hinzu kommt, daß sich die Einstellung zum Ehrenamt gewandelt hat. Über das breitgefächerte traditionelle Ehrenamt hinaus su-

chen viele Bürgerinnen und Bürger eine Betätigung, ohne sich sogleich fest an einen Verband binden zu müssen. Zeitlich begrenztes und projektbezogenes freiwilliges Engagement gewinnt an Bedeutung. Die neuen Formen ehrenamtlicher Betätigung entsprechen stärker dem Bedürfnis nach mehr Freiraum, Selbstbestimmung, Zeitsouveränität und persönlicher Entwicklung.
Viele möchten eher autonom und unabhängig von verbandlichen und professionellen Strukturen Einfluß auf die Art und Weise der Gestaltung freiwilliger Tätigkeit nehmen und darin - in einer Balance von Geben und Nehmen - auch eigene Bedürfnisse integrieren. Daher wünschen sich freiwillig engagierte Menschen - als eine Art »Gegenleistung« - auch personelle, fachliche und materielle Unterstützung bei ihrer unentgeltlichen Tätigkeit.
Auf dieses neue Selbstbewußtsein von Ehrenamtlichen müssen sich viele Organisationen und deren Mitarbeiterinnen und Mitarbeiter einstellen. Organisationen, Verbände und Vereine müssen umdenken, da die Bereitschaft zum tatsächlichen Engagement wächst, wenn fördernde Rahmenbedingungen und unterstützende Infrastrukturen vorhanden sind.
In der Bundesrepublik Deutschland fehlte bislang eine überregionale, träger- und zielgruppenübergreifende Anlauf- und Vernetzungsstelle für bürgerschaftliches Engagement, die einerseits die traditionellen Verbände auf diesem Weg unterstützt und berät, andererseits aber auch als Ansprechpartner für alle an freiwilliger Arbeit Interessierten sowie für die bereits ehrenamtlich Tätigen zur Verfügung steht. Die Schaffung einer solchen Institution ist - insbesondere auch im europäischen Vergleich - dringend notwendig.
Deshalb gründeten der Präsident des Deutschen Fußball-Bundes, Egidius Braun, die Sportlerin Marianne Buggenhagen, der Moderator Peter Hahne, die Bundesministerin Claudia Nolte, die ehemalige Präsidentin des Deutschen Bundestages und Präsidentin des Arbeiter-Samariter-Bundes, Dr. h.c. Annemarie Renger, der Bundestagsabgeordnete Klaus Riegert, die Vizepräsidentin des

Malteser Hilfsdienstes, Elisabeth Freifrau Spieß von Bülleshelm, die stellvertretende Vorsitzende des Deutschen Frauenrates, Dr. Ursula Sottong, und der Moderator Ulrich Wickert die privatrechtliche Stiftung »Bürger für Bürger«. Diese Stiftung fungiert als deutsches Forum für freiwilliges Engagement und Ehrenamt.
Der Deutsche Sparkassen- und Giroverband e.V. stellte einen ganz wesentlichen Teil des Stiftungsvermögens zur Verfügung, die Schirmherrschaft übernahm Bundespräsident Roman Herzog. Auf der ersten Kuratoriumssitzung am 28. November 1997 wurden Mike Corsa vom Deutschen Bundesjugendring, die Bundestagsabgeordnete Andrea Fischer, der Vorsitzende der Zentralwohlfahrtsstelle der Juden in Deutschland e.V. Paul Spiegel, der Geschäftsführer und das Mitglied des Präsidiums des Wirtschaftsrates der CDU, Rüdiger von Voss, und die ehemalige Präsidentin des Zentralkomitees der Deutschen Katholiken, Rita Waschbüsch, in den Vorstand gewählt. Den Kuratoriumsvorsitz führt Bundesministerin Claudia Nolte, ihr Stellvertreter ist der Präsident des Sparkassen- und Giroverbands, Dietrich Hoppenstedt.
Die Stiftung wird als Angebot für alle bestehenden Verbände und Institutionen ehrenamtlicher Arbeit, die lokalen und regionalen Freiwilligenagenturen und vergleichbaren Einrichtungen sowie für alle an ehrenamtlichem und freiwilligem Engagement interessierten Bürgerinnen und Bürger aufgebaut. Sie versteht sich als bundesweite Ansprechpartnerin und als offenes Forum für das Ehrenamt.
Die Stiftung hat als Kernaufgabe die Förderung bürgerschaftlichen Engagements. Ziel ist der Auf- und Ausbau von verbesserten Rahmenbedingungen, damit sich möglichst viele Bürgerinnen und Bürger freiwillig an der gesellschaftlichen Entwicklung unseres Gemeinwesens beteiligen können. Die unabhängige Stiftung »Bürger für Bürger« stellt dazu den ideellen und materiellen Rahmen her. Ihren Sitz hat sie in Berlin.
Die Stiftung richtet sich an drei Adressatengruppen:

- ehrenamtlich Tätige sowie an ehrenamtlicher Tätigkeit Interessierte;
- traditionelle Verbände und Institutionen, in denen Ehrenamtliche tätig sind;
- lokale Einrichtungen, die Freiwilligenarbeit unterstützen, vermitteln und koordinieren.

Die Stiftung übernimmt in diesem Zusammenhang folgende Aufgaben:

- Bildung und Beratung;
- Qualitätssicherung und Information;
- Zusammenarbeit und Vernetzung;
- Datenbank und Internet-Angebot;
- Presse- und Öffentlichkeitsarbeit;
- Forschung und Innovation.

Wenn Bereitschaft zu ehrenamtlicher Arbeit tatsächlich zu konkretem Engagement führen soll, benötigen die Initiatoren angemessene Rahmenbedingungen und eine entsprechende Infrastruktur. Diese Erkenntnis aus der Begleitforschung zur Selbsthilfebewegung läßt sich grundsätzlich auf die Freiwilligenarbeit übertragen. Für diese Erkenntnis sprechen auch die positiven Erfahrungen mit den Freiwilligenagenturen in den Niederlanden und den USA.
Daraus entwickelten sich die zwei Zielrichtungen der Stiftung »Bürger für Bürger«. Zum einen geht es darum, die traditionellen Verbände und Institutionen in ihrem Entwicklungprozeß zu unterstützen. Dabei stehen Fragen bezüglich des Verhältnisses von hauptamtlichen zu ehrenamtlichen Kräften sowie die Konzeption von neuen projektbezogenen Aufgabenbereichen und Einsatzfeldern für ehrenamtlich Tätige im Vordergrund.
Zum anderen stellt sich die Aufgabe, auf lokaler Ebene die Einrichtung und den Aufbau von Freiwilligenagenturen und ver-

gleichbaren Einrichtungen zu fördern. Angeboten werden Unterstützung und Beratung in praktischen, organisatorischen und finanziellen Fragen. Zudem werden Kontaktadressen, Fachleute und Organisationen vermittelt, die bereits über Erfahrung im Freiwilligen-Management verfügen und ihr handwerkliches Know-how an andere – unter Umständen noch im Aufbau befindliche – Freiwilligenagenturen weitergeben möchten. Inwieweit in Zukunft auch über einen Fonds finanzielle Starthilfen gegeben werden können, bleibt der weiteren finanziellen Entwicklung der Stiftung vorbehalten.

Qualifizierte Freiwilligenarbeit lebt zudem von fachlich fundiertem Wissen. Dies gilt für alle Beteiligten und potentiellen Adressatengruppen. Hier ein fachlich fundiertes Informationssystem aufzubauen, das regelmäßig und systematisch wissenschaftliches Material, aber auch alles verfügbare Erfahrungswissen aus nationalen und internationalen Bereichen, in unterschiedlicher medialer Form wiedergibt, ist ebenfalls eine Aufgabe der Stiftung. Sie sichert somit bestimmte Qualitätsstandards für die Arbeit von und mit Ehrenamtlichen.

Durch mehr Kooperation und Koordination lassen sich erhebliche Synergie-Effekte erzielen. Es liegt im eigenen Interesse der Verbände und Vereine, sich über die jeweiligen organisationsinternen Strukturen hinaus über das Thema Ehrenamt auszutauschen, voneinander zu lernen und gemeinsame Strategien zu entwickeln. Die Stiftung möchte auch die Kontakte zwischen den internationalen Verbänden, wie zum Beispiel dem Centre Européen du Volontariat (CEV), der International Association for Volunteer Effort (IAVE), den United Nations Volunteers (UNV), anderen nationalen Freiwilligenzentren im Ausland auf der einen Seite und den Trägern ehrenamtlichen Engagements in Deutschland auf der anderen Seite unterstützen und, wo notwendig, koordinieren. Sie ist dazu in der Lage, weil die Stiftung »Bürger für Bürger« ordentliches Mitglied des CEV, des europäischen Dachverbands der nationalen Freiwilligenagenturen, geworden ist.

Über diese Mitgliedschaft ist Deutschland in die Struktur des europäischen Netzwerks der Freiwilligentätigkeit eingebunden. Dadurch wird der Erfahrungsaustausch zwischen ehrenamtlich Tätigen, Institutionen und Verbänden innerhalb Deutschlands und international erleichtert.

Organisationen, die mit Ehrenamtlichen arbeiten, können hier in allen Fragen bezüglich des Ehrenamtes Beratung in Anspruch nehmen. Sie können sich darüber hinaus über Arbeit und Projekte der Stiftung und das Angebot ehrenamtlicher Tätigkeit insgesamt informieren, ihren Verband vorstellen und Kontakte mit anderen Organisationen knüpfen. Lokale Einrichtungen der Freiwilligenarbeit, die sich gründen wollen oder gerade gegründet haben, können Beratung und Information sowie Hinweise auf weitere Kontaktpersonen erhalten.

Telefonische Beratung steht aber auch interessierten Bürgerinnen und Bürgern zur Verfügung. Sie haben die Möglichkeit, sich über das breite Spektrum ehrenamtlicher Tätigkeit zu informieren. Gleichzeitig ist daran gedacht, die Anrufer an kompetente Ansprechpartner weiterzuvermitteln, die mit den Interessierten konkrete Einzelheiten ihres ehrenamtlichen Einsatzes besprechen.

Um den Anrufern eine kompetente Kontaktperson benennen zu können, richtet die Stiftung eine Datenbank ein, in der Adressen von Organisationen, die mit Freiwilligen arbeiten, gespeichert sind. Die Datenbank soll später auch über das Internet zugänglich sein. Sie soll in enger Zusammenarbeit mit den Vereinen, Verbänden und Institutionen sowie den Freiwilligenzentren aufgebaut werden.

Das Image des Ehrenamtes in der Bundesrepublik Deutschland muß – besonders auch im Vergleich mit anderen europäischen Ländern – aufgewertet werden. Hier soll die Öffentlichkeitsarbeit der Stiftung strategisch ansetzen. Sie kann Projekte und selbstbewußte, engagementbereite Bürgerinnen und Bürger vorstellen und so auf die Notwendigkeit einer qualifizierten Freiwilligenarbeit hinweisen. Und sie muß regelmäßig durch positive Beispiele auf

die Qualität von Freiwilligenkultur in Organisationen verweisen, damit sich mehr und mehr Menschen freiwillig engagieren.
Trotz einiger positiver Veränderungen in den letzten Monaten liegt dem überwiegenden Teil der Veröffentlichungen immer noch ein altes und sehr traditionelles Bild vom Ehrenamt zugrunde. Ein vorrangiger Schwerpunkt in diesem Aufgabenfeld wäre daher eine gezielte Öffentlichkeitsarbeit im Hinblick auf das »Image« des Ehrenamtes. So soll die Stiftung zunächst selber aus allen Regionen und Bereichen bürgerschaftlichen Engagements qualifizierte und attraktive Beispiele sammeln, um sie öffentlichkeitswirksam darzustellen. Außerdem sollen aktive Bürgerinnen und Bürger vorgestellt werden, die positive Repräsentanten des »neuen Ehrenamtes« sind.
Es gibt in Deutschland zwar zahlreiche Veröffentlichungen zum Thema Ehrenamt/Freiwilligenarbeit/bürgerschaftliches Engagement, aber dennoch kaum umfassende und systematische Forschung mit hinreichend gesicherten Daten. Noch deutlicher wird dieses Defizit im Blick auf ein theoretisch fundiertes Handlungswissen für die alltägliche Freiwilligenarbeit in Organisationen.
Um effizient und nachhaltig wirksam eine wissenschaftlich abgesicherte Vorgehensweise für den Aufbau einer Infrastruktur zur Förderung freiwilligen Bürgerengagements zu entwickeln, soll die Stiftung im Interesse ihrer Kernaufgabe gezielt und komplementär zur eigenen Entwicklung Forschungsförderung betreiben.
Über die notwendige Basis- und Aufbauarbeit hinaus wäre es Aufgabe der Stiftung, Projekte mit innovativem Charakter zu entwickeln und mit einzelnen interessierten Partnern modellhaft umzusetzen.
Mit solchen innovativen Projekten soll die Stiftung neue Wege zu einem bürgerschaftlichen Engagement weisen und vor allem auch praktisch initiieren. Solche Wege

- ermöglichen neue Partnerschaften mit neuen Adressaten;
- schaffen neue gesellschaftliche und personelle Ressourcen;

- initiieren neue Lernfelder für praktische Solidarität;
- tragen zu einem neuen Image des Ehrenamtes bei.

Jugend-, Frauen- und Seniorenverbände sowie die Träger ehrenamtlicher Arbeit im sozialen, sportlichen, kulturellen, ökologischen und politischen Bereich sind zur Mitarbeit eingeladen. Sie haben Einfluß auf die Aktivitäten der Stiftung.
Deshalb wird die Stiftung nur Aufgaben wahrnehmen, die anderweitig noch nicht abgedeckt sind und die für die Stärkung des Ehrenamtes sowie die Koordinierung notwendig sind. Das Engagement der Träger ehrenamtlicher Arbeit ist unverzichtbar.

Seniorengenossenschaften

Die Idee der Seniorengenossenschaften wurde in den Jahren 1989 und 1990 als Ergebnis einer Diskussion zwischen Wirtschafts-, Staats- und Sozialministerium des Landes Baden-Württemberg entwickelt. Ausgangspunkt war die Notwendigkeit, weitergehende Konzepte in der offenen Altenarbeit vorzulegen, geprägt von dem Versuch, sich von der bisherigen Angebots- und Versorgungsorientierung zu lösen. Im Mittelpunkt sollte das Prinzip der gegenseitigen Hilfe stehen. Dieses Konzept erwies sich vier Jahre später als erfolgreiche Grundlage, die Genossenschaften auf den Weg zu bringen.

Die landesweite Ausschreibung erbrachte rund 40 interessierte Initiativen, von denen 10 ausgewählt wurden. Daraus entstanden mit der Zeit höchst differenzierte, je nach Bedarf, Ort, Gemeinwesen und Verbandstrukturen unterschiedlich ausgestattete Organisationen. In Köngen zum Beispiel gelang es, eine auf Pflegesätzen beruhende Tagespflegeeinrichtung zu etablieren. In Ulm wurden erfolgreich Gutscheine für geleistete Zeitstunden eingeführt und von dort ein Arbeitskreis initiiert, der heute auf Landesebene der einzige Arbeitskreis von alten und jungen Initiativen im Bereich des Zeit- und Talentetausches ist. In Mannheim gelang die Übernahme einer Stadtteilbegegnungsstätte und deren Umwandlung in einen offenen Treffpunkt. In Marbach übernahm die dortige Genossenschaft das Begleitkonzept des Betreuten Wohnens.

Innerhalb von nicht einmal vier Jahren konnten diese Initiativen etwa 2500 Mitglieder gewinnen; auffallend ist, daß 40 Prozent davon weniger als 60 Jahre alt sind und 40 Prozent männlichen Geschlechts. Inzwischen haben sich zu den 10 Pioniergenossenschaften in Baden-Württemberg 6 sowie in Hessen und in Nordrhein-Westfalen zusammen weitere 15 Seniorengruppen dazugesellt.

Wesentliches Entwicklungsprinzip war, den Bürgern Mut zu machen, selbstbestimmt Projektstrukturen zu entwickeln und nicht auf Hilfebedarf zu reagieren. Am erfolgreichsten waren diejenigen Seniorengenossenschaften, die in enger Zusammenarbeit mit der jeweiligen örtlichen Verwaltung arbeiten konnten.
Die Erfahrungen erlaubten sehr früh die Feststellung, daß ein wesentliches Erfolgskriterium der Seniorengenossenschaften die konsequente Gemeinwesenorientierung ist. Wenn es zudem gelingt, den individuellen örtlichen Bedarf und Stil anzusprechen und Meinungsführer am Ort zu gewinnen, wenn Verwicklungen in vorhandene Vereinsstrukturen vermieden werden, wenn Stadtverwaltungsspitze und Teile des Gemeinderats sich hinter die Idee stellen (und auf Dominanzversuche verzichten) – dann läßt sich bei den Zielpersonen hinreichend Bereitschaft aktivieren, um die Genossenschaft zum Erfolg zu führen.

Ministerium für Arbeit, Gesundheit und Sozialordnung
von Baden-Württemberg

Teil IV:
Fallbeispiele

Einführung

Das Kontinuum der Private Public Partnership ist lediglich begrenzt durch die Größe der menschlichen Hilfsbereitschaft und des menschlichen Einfallsreichtums – es expandiert also ins Unendliche. Die hier vorgestellten Splitter aus diesem Kontinuum zeigen grundsätzliche Möglichkeiten auf, wie Unternehmen mit Private Public Partnership umgehen oder wie sie sich bei den Initiativen Privater einklinken können. Sie beziehen sich auf die Bereiche Soziales, Politik und Kultur. Es sind zudem Aktionen, die ein Höchstmaß an Effizienz und Öffentlichkeitswirkung beinhalten. Nicht berücksichtigt sind die Groß-Initiativen mit ihrer hohen Publikumswirkung und ihren breitgefächerten Möglichkeiten, Einfluß auf die Politik zu nehmen: die Bertelsmann- oder Bosch-Stiftung etwa, Greenpeace, Ärzte ohne Grenzen, Karlheinz Böhms Stiftung »Menschen für Menschen«, der Weiße Ring oder die Transfair-Bewegung. Es geht hier zwar nicht gerade um die Stillen im Lande, aber doch um Initiativen, die auch sehr wirkungsvoll handeln, aber, aus welchen Gründen auch immer, noch nicht so bekannt sind.

Da ist die Elfun-Initiative des US-amerikanischen Unternehmens General Electric, die sich auf eine Vielzahl einzelner Maßnahmen verteilt, bei denen Mitarbeiter des Unternehmens an maßgeblicher Stelle stehen. Elfun ist das weltweit distribuierte Charity-Programm eines Global Players, von dessen Härte und Effizienz immer wieder gesprochen wird. Trotz dieses Rufes gehört die Orientierung am Gemeinwohl so sehr zum Selbstverständnis des Unternehmens, daß Elfun wie eine Art Subkonzern mit eigener Verwaltung geführt wird. Was daran am meisten fasziniert: Elfun finanziert sich dank einer ebenso pragmatischen wie genialen Idee nahezu selbst.

Dort ein Weltkonzern, hier eine einzelne Person, diese aber mit weltweiter Reputation: Herbert Grönemeyer, der Rockmusiker, sorgte mit seiner Aktion zugunsten auffälliger Jugendlicher für Frieden in einer Leipziger Plattenbausiedlung. Er vollbrachte mit relativ wenig Geld nicht nur diese Leistung, er schaffte es sogar, seine Sozialinitiative so anzulegen, daß eine tragfähige Kooperation zwischen seinem Gestaltungswillen und den Handlungsmustern der Leipziger Sozialverwaltung entstand. Was Grönemeyer und seine Crew leisteten, steht inzwischen bereit, an anderen Orten wiederholt zu werden – nur bräuchte er dazu Partner. Am besten solche aus der Wirtschaft.

Ein Beispiel für eine Initiative, die solche Partner bereits hat, ist die Stiftung zur Förderung der Nordoff/Robbins-Musiktherapie. Ihre Zielsetzung ist die Verbreitung und Absicherung eines Therapieansatzes, der von dem Musiker Paul Nordoff und dem Sonderpädagogen Clive Robbins Ende der fünfziger Jahre begründet wurde. Nordoff und Robbins konnten in ihrer praktischen Arbeit zeigen, daß Musiktherapie auch solche Menschen erreicht, die sonst aufgrund von Krankheit und Behinderung isoliert sind.

Obwohl bereits durch Fallstudien und wissenschaftliche Arbeiten nachgewiesen werden konnte, daß Musiktherapie einen einzigartigen Zugang zu den betroffenen Patientengruppen ermöglicht, wird sie von den Kostenträgern des Gesundheitswesens bislang nicht anerkannt. Um Ausbildung, Therapie und Foschung zu sichern, regten Musiktherapeuten selbst die Gründung einer zweckorientierten Stiftung an, die heute maßgeblich die Ausbildung an der privaten Universität Witten/Herdecke mitträgt.

Auf den ersten Blick eher farblos stellt sich die Continue-Initiative der Stadtverwaltung Iserlohn dar. Es handelt sich um eine jener vielen Freiwilligenagenturen, die inzwischen bundesweit auf Anstoß der Sozialverwaltungen ins Leben gerufen wurden. Beschrieben wird also eine Private Public-Partnerschaft, die von der öffentlichen Hand ausging. Was aufhorchen läßt, ist die hohe Akzeptanz bei der Bevölkerung; nicht nur in Iserlohn, sondern bei allen ähnlichen Initiativen. Diese Akzeptanz bietet natürlich eine Reihe von Andockpunkten für Unternehmen, die ihren regionalen Bezug dokumentieren möchten.

Mit der Schweisfurth- und der Heinz-Sielmann-Stiftung begibt sich der Leser in den Bereich der ideologiefreien Ökologiebewegung. Beide Stiftungen zeigen, daß es möglich ist, mit betriebswirtschaftlichen Herangehensweisen ökologisch sinnvolle Effekte zu erreichen. Bei der Schweisfurth-Stiftung steht die Entwicklung eines neuen landwirtschaftlichen Systems im Mittelpunkt, das Erzeuger, Verarbeiter und die Vertriebsstufe integriert, also die Emanzipation von herkömmlichen Strukturen ermöglicht und höhere Wertschöpfungsraten verspricht. Bemerkenswert die Bereitschaft des Stifters, exorbitante finanzielle Risiken einzugehen. Hier bewahrheitet sich die These, daß nirgendwo anders als in privater Initiative der Raum ist für gewagte gesellschaftliche und wirtschaftliche Experimente. Abgesehen vom Vorbildcharakter dieses sytemsprengenden Ansatzes stehen die Ergebnisse der Experimente jedem Interessierten zur Verfügung.

Die Heinz-Sielmannn-Stiftung besticht durch ihr professionelles Vorgehen als Mediator bei umweltbedingten Konflikten. Sie ist sympathisch aufgrund ihres Verzichts auf eine fundamentalistische Orientierung. Sie ist erfolgreich, weil sie die (teilweise selbst entwickelten) Instrumente des Fundraising meisterhaft beherrscht. Der Geschäftsführer der Stiftung ist bereit, diese Instrumente unter bestimmten Bedingungen (die nicht finanzieller Art sein müssen) mit anderen an Private Public Partnership Interessierten zu teilen.

Während die bisher vorgestellten Initiativen sich mit der Verbesserung von Situationen in Deutschland befassen, zeigt die Geschichte der Helmut-Bleks-Stiftung, mit welcher Effizienz Private in der Dritten Welt Entwicklungshilfe leisten können. Vor allem dann, wenn sie, in diesem Falle nach ihrem Rückzug aus dem Managerleben, ihren neuen Wirkungskreis mit dem alten Beziehungsnetz verknüpfen.

Unternehmer oder Manager müssen aber nicht unbedingt »aus-

steigen«, wenn sie in der Dritten Welt Hilfe leisten wollen, sich dabei aber auch nicht mit der Rolle eines Spenders begnügen. Dr. Rolf Hasenclever, ein mittelständischer Unternehmer aus dem Sauerland, hat den Spagat vorexerziert und dabei gezeigt, daß es sogar möglich ist, kirchlichen Institutionen unternehmerischen Gestaltungswillen nahezubringen. Er kooperiert mit den Salesianern Don Boscos, um bei der Ausbildung unterprivilegierter Jugendlicher in den Konversions- oder in Ländern Lateinamerikas und Afrikas mitzuhelfen – mit Geld und Know-how-Transfer. Die Salesianer ihrerseits haben erkannt, daß sich solche Kooperationen auch für das fördernde Unternehmen lohnen, und denken nun über einige interessante Spielarten der Zusammenarbeit nach. Beide, die Salesianer und die Helmut-Bleks-Stiftung, scheinen zu erreichen, was die staatliche Entwicklungshilfe nicht so recht hat in die Wege leiten können: die Etablierung der ersten Keimzellen eines stabilen Mittelstandes und damit langfristig die Entwicklung neuer Handelsbeziehungen.
Zurück nach Deutschland, diesmal in den Bereich der Kunst. Es scheint so, als ob Schauspiel- und Opernhäuser auf hohe Defizite und hohe Subventionen abonniert seien. Versuche, diese Häuser zu privatisieren, werden häufig mit der Unterstellung abgetan, dann würden dort bald Beliebigkeit und Mittelmaß herrschen. Heribert Sasse beweist mit dem Berliner Schloßparktheater, daß dem nicht so sein muß – sein Haus, das als GmbH geführt wird, profiliert sich regelmäßig durch die anspruchsvolle Inszenierung anspruchsvoller Stücke. Die staatliche Unterstützung, die er dafür bekommt, ist, gemessen an dem Aufwand der öffentlich-rechtlich geführten Bühnen, minimal. Für Unternehmen ist eine Partnerschaft mit derartigen Bühnen insofern von Interesse, als sie hier mit einem geringen Finanzierungsbeitrag hoch angesiedelte Imagegewinne erreichen können.
Daß Kultur auch ein Akquisitionsinstrument für ein einziges Unternehmen sein kann – vor dieser Aussage schreckt Reinhold Würth keinesfalls zurück. Der Unternehmer kauft Werke der

bildenden Kunst in größerem Maßstab und bringt sie seiner Kundschaft, vorwiegend Bauhandwerkern, mit verblüffendem Erfolg nahe. Zugleich fördert und beeinflußt er in erheblichem Maße das Kunstleben der Region, in der der Stammsitz seines Weltkonzerns angesiedelt ist, setzt er Maßstäbe in der Weiterentwicklung der Industriearchitektur und ästhetisiert er das Arbeitsumfeld seiner Mitarbeiter. So instrumentalisiert er das, was er liebt – womit der Beweis erbracht wird, daß Privat Public Partnership ein wenig an die Quadratur des Kreises herankommt.

Global Charity

Die Assoziation ist so falsch nicht, obwohl sie in bezug auf die Ursprünge des Namens völlig in die Irre führt: »Elfun« hat mit Elfen, Kobolden, Heinzelmännchen nichts zu tun, sondern leitet sich von »Electrical Fund« ab, einem seit den zwanziger Jahren eingeführten Investmentclub und Unterstützungsverein von Managern des amerikanischen Multis General Electric. Damals hatte der Name mit den Heinzelmännchen allenfalls insofern etwas gemein, als diese (nämlich in der Gestalt von Brokern) den Managern per zauberischer Handreichung das Vermögen fleißig vermehrten.
Heute hat »Elfun« wirklich etwas mit Dienstleistungen zu tun, die eher unerwartet über die Beglückten kommen: Der Verein sorgt mit businessgeschultem Organisationstalent und beträchtlichem Erfolg dafür, daß in einigen dunklen Ecken in den USA und zunehmend auch in Europa aufgeräumt wird und daß Menschen, denen beispielsweise eine Naturkatastrophe Schaden zugefügt hat, tatkräftige Hilfe zuteil wird. Und wie die wahren Heinzelmännchen, so sind auch die Elfuns eher wählerisch, das heißt, sie lassen sich nicht von jedem x-beliebigen herzitieren, sondern kommen nur, wenn sie es für angebracht halten. Anders als die wahren Heinzelmännchen nehmen sie Publizität gern als Nutzen für die Company und als Dreingabe zu dem guten Gefühl an, wieder einmal wirkungsvoll geholfen zu haben. Und nebenbei erbringen sie für die Manager von General Electric, wie früher, die eine oder andere Finanzdienstleistung.
Wie kam diese Transformation zustande? Als Anfang der achtziger Jahre Jack Welch den Vorstandsvorsitz des Unternehmens übernahm, da signalisierte er den Elfun-Leuten, daß der Immobilienclub in seinen Augen in der überkommenen Form keine große

Zukunft mehr habe – man solle den Verein schließen oder sich etwas Besseres einfallen lassen. Das Ergebnis des so drastisch eingeleiteten Umdenkungsprozesses war, daß die Elfun-Macher darauf kamen, daß es doch möglich sein müsse, die geballte Management-Power und den konzentrierten Gestaltungswillen zum Nutzen der Unterprivilegierten des Landes einzusetzen. Nebenbei könnte das Geldgeschäft ja weiterlaufen, wobei es sich prächtig fügte, daß Elfun eine eigene Kreditkarte herausgibt, vom Tochterunternehmen GE Capital geführt. Heute fließt 1 Prozent der Umsätze, die Elfun-Mitglieder mit der Kreditkarte generieren, in Charity-Aktivitäten ein.

Wer nun bedenkt, daß Elfun weltweit 78 »Chapters« (sinngemäß etwa: »Ortsgruppen«) betreibt und daß diese von 32 000 Elfuns alimentiert werden (plus 5000 im Ausland, von denen aber nicht jeder eine Elfun-Kreditkarte besitzt); und wenn man ferner berücksichtigt, daß John »Jack« Batty, der oberste Elfun-Manager, angibt, daß jedem Chapter im Jahr mindestens 15 000 Dollar für Aktionen zur Verfügung stünden, dann kommt man bei einem Gesamt-Förderungsvolumen von jährlich mindestens 1,2 Millionen Dollar zu einem (virtuellen) Basiskapitaleinsatz von knapp 360 Millionen Dollar. Denn: Dieses eine Prozent macht etwa ein Drittel jener Servicegebühr aus, die Händler üblicherweise für jeden Einkauf über Karte an das Karteninstitut abzuführen haben. Sie sind nicht umsonst für ihren Pragmatismus berühmt, die Amerikaner.

Was aber tun die Elfun-Leute konkret? 600 von ihnen renovierten zum Beispiel im August 1997 die arg heruntergekommene Siefert-Grundschule in Waukesha, Wisconsin. Draußen verschönerten die Elfuns (mit Farbe, die eine Firma namens »Hawks Nursery« gestiftet hatte) die Wände des Schulhauses, während drinnen Kollegen die Computer updateten und wieder andere in der Bibliothek Bücher ausbesserten und restaurierten. Das *Milwaukee Journal* zitiert einen Elfun-Mann mit den Worten: »So können wir uns bei der Gesellschaft revanchieren« (»This is a good way for us to give back to the community«). Im nächsten Jahr wolle man mit noch viel größerem Aufgebot weiter- und vor allem auch andere Firmen animieren, mitzumachen.

In Rutland, Vermont, legten 100 Freiwillige, darunter 10 Elfuns, einen Spielplatz an. In Sommerworth, New Hampshire, erhielt das dortige Jugendhaus einen neuen Innenanstrich; die gemeindliche Wohnanlage in Dover, New Hampshire, einen neuen Zaun und einen frischen Innenanstrich; der Volleyballplatz dort endlich einen Sandboden, die Basketballkörbe neue Netze, es entstand ein Hufeisenwurfplatz, und sogar das Verandadach wurde saniert. Noch im selben Monat war auch das Familiencenter des selben Ortes Ziel eines Elfun-»Überfalls«: neuer Zaun, frisch gestrichene Räume für die Kinderbetreuung. In Familiencentern werden Kurse für Erwachsene abgehalten, während die Kinder pädagogisch sinnvoll unterhalten und auch unterrichtet werden.

In Schenectady, im Staat New York, beteiligten sich Elfuns an der Reinigung und Renovierung des Proctor's Theatre, an der Reinigung des Stockade Gateway und des Union College; außerdem wurde das dortige Pinienwäldchen von Abfall befreit. Auch der Pinienwald von Albany im Staat New York durfte sich dieser Aufmerksamkeit erfreuen, wobei zusätzlich die Feuerschneisen wiederhergestellt und ein Holzsteg saniert wurden.

Utica, Staat New York: Zwei renovierte Schlafräume im Emmaus House und Küchenrenovierung im Hope House. Hendersonville, North Carolina: ein massiver Holzzaun um die Hillandale-Grundschule; im Stadtpark wurden Bänke aufgestellt, Grillplätze eingerichtet und Abfalleimer aufgestellt.

Nach dem Hurrikan, der im September 1997 Wilmington, North Carolina, heimgesucht hatte, nahmen 47 Elfuns eine nächtliche 700-Meilen-Busfahrt auf sich, um am nächsten Morgen bei den Aufräumarbeiten zu helfen. In Gadsden, South Carolina, wurden, nachdem eine Kirche einem Brandanschlag zum Opfer gefallen war, Wohncontainer als provisorisches Gemeindecenter aufgestellt, und in Louisville, Kentucky, erhielt der Spielplatz des

Betreuungscenters für mehrfach behinderte Kinder neue Spielgeräte. In Bergen op Zoom, Niederlande, richteten die Elfuns der dort ansässigen General Electric-Beneluxniederlassung den Asylbewerbern ein Gewächshaus ein.

Das sind Aktivitäten, die Elfun-Direktor Batty »Ein-Tages-Aktionen« nennt, und die sich vorwiegend auf jene Orte konzentrieren, in deren Nähe General Electric Niederlassungen unterhält. Eine zweite Variante der Elfun-Aktivitäten ist längerfristig angelegt: Manager oder pensionierte Mitarbeiter von General Electric begeben sich in Schulen, um dort zu unterrichten, bei der Erledigung der Hausaufgaben zu helfen und die Kinder auf Prüfungen vorzubereiten. Batty berichtet, daß es auf diese Weise regelmäßig gelingt, die Quote der Schüler, die auf das College wechseln, von 20 auf 60 bis 70 Prozent zu erhöhen.

Die dritte Variante der Hilfsaktionen ist, daß sich Elfuns in Programme einbringen, die von der General Electric-Stiftung getragen werden und sich meist auf den Bildungsbereich beziehen. Dazu gehört zum Beispiel die Kampagne »Creative Connections«, eine, wie das Unternehmen es nennt, »Arts in education«-Strategie. So wurden etwa in Schenectady Schüler der Central Park Middle School und ein Künstler zusammengespannt, um ein monumentales Wandbild mit Motiven aus der amerikanischen Geschichte zu kreieren. Zu dieser Strategie gehört auch die Kooperation zweier Grundschulen in Madisonville, Kentucky, mit dem dortigen Kunstzentrum. Den Kindern soll auf diese Weise Kunst nahegebracht werden, und sie sollen eigene künstlerische Fähigkeiten entwickeln.

Im Rahmen einer weiteren Initiative, des »College Bound Programs«, unterstützt General Electric in den USA eine Vielzahl von Schulen. Das Programm wurde 1989 begründet und mit 20 Millionen Dollar dotiert. Vorwiegend College-Schüler, unseren Gymnasiasten vergleichbar, werden auf ihre weitere Karriere an der Hochschule oder als Angestellte vorbereitet. Dazu gehören unter anderem Tutoring- und Mentoring-Aktivitäten, die Vermittlung von Techniken, wie man Universitäten und Arbeitgeber auswählt und sich dort vorstellt, die Durchführung von Computerkursen, die Einrichtung einer Job-Bank, gemeinsame Informationsbesuche in Universitäten und anderen Ausbildungsstätten oder die Teilnahme an kulturellen Veranstaltungen. Zum Programm gehören aber auch Lesewettbewerbe oder einfach Vorlesestunden.

Schließlich bringen die Elfun-Mitglieder sich in Großprojekte der General Electric-Stiftung ein, wie zum Beispiel in die Arbeit der Ipoderac-Farm in Mexico, in der junge Waisen ein Zuhause und Ausbildung finden. Die Farm, auf der Ziegen gezüchtet werden, ist inzwischen aufgrund ihrer Gewinne aus der Käseherstellung nahezu autark geworden. Elfun-Mitglieder leisten finanzielle Unterstützung, spenden Nahrungsmittel und Kleidung und verbringen viel Zeit mit den Waisen.

Alles in allem gibt General Electric Jahr für Jahr einen hohen zweistelligen Betrag für soziale Hilfen aus; 1997 waren es mehr als 75 Millionen Dollar durch das Unternehmen selbst und die General Electric-Stiftung. Warum engagiert sich das Unternehmen, dessen Chef, Jack Welch, gern als der »härteste Manager der Welt« apostrophiert wird, auf diese Weise? Es gibt bei General Electric eine simple Formel, und die lautet, daß Erfolg das Produkt aus Qualität mal Akzeptanz ist. Wohlgemerkt: Nicht die Summe, sondern das Produkt, das eine wird also mit dem anderen multipliziert; womit signalisiert wird, daß ein Mehr an Akzeptanz beim Publikum den Erfolg des Unternehmens vervielfacht. Und zu den Akzeptanzfaktoren gehören offenkundig auch jene, die aus gesellschaftlichem Engagement resultieren. Daher scheuen die Elfuns, wenn sie öffentliche Arbeiten ausführen, auch nicht das Rampenlicht, sondern stellen selbstbewußt eine Bautafel auf, wenn sie einen Wald aufräumen, und informieren auch die Presse. In den USA erfreuen sich solche Aktivitäten seitens der Medien auch großer Aufmerksamkeit und werden entsprechend breit publiziert, während die Presse hierzulande damit noch ihre Probleme hat.

Der professionellen Zielsetzung entspricht die professionelle Organisation. Die 78 Chapters an den General Electric-Niederlassungen verfügen über ein ehrenamtliches Direktorium, das jedes Jahr von den Mitgliedern der Ortsgruppen neu gewählt wird. Der Vorsitz ist ein begehrter Posten; nicht zuletzt, weil jedes Jahr ein Treffen aller Elfun-Direktoren stattfindet, an dem auch Jack Welch und der übrige Unternehmensvorstand teilnehmen.
Das Direktorium eines Chapters setzt sich zusammen aus dem Chairman, dessen Vize, dem Schriftführer, dem Schatzmeister und dem Sprecher der Pensionäre.
Die Chapters wiederum wählen einen 13- bis 15köpfigen Board of Directors – auch sie ehrenamtlich tätig –, der zwei Jahre amtiert, und dessen Spitze sich ebenfalls zusammensetzt aus dem Päsidenten, dessen Vize, dem Schriftführer, dem Schatzmeister und dem Sprecher der Pensionäre. Der Board of Directors ernennt die hauptamtlichen Elfun-Manager, nämlich den Executive Director, dessen Sekretariat und die Projektleiter. Die Mitarbeiter der Headquarters sind zwar bei General Electric angestellt, werden aber von Elfun bezahlt. Jede Ortsgruppe kann jährlich 15 000 Dollar Aktionsgeld abfordern. Organisationskosten werden von den Elfuns selbst getragen; General Electric hilft nur bei administrativen und Reisekosten aus.
Ansonsten arbeiten die Elfuns völlig selbstverantwortlich. Kees de Boer, Chef der Elfun-Ortsgruppe in Bergen op Zoom, beschreibt, wie er zu seinen Einsätzen kommt: durch Gespräche mit der örtlichen Verwaltung und auf internen Meetings, bei denen die Kollegen ihre Beobachtungen über mögliche Einsätze mitteilen und entsprechende Vorschläge machen. Entschieden wird spontan und ohne strategische Hintergedanken. Beschränkungen gibt es bis auf zwei nicht: Erstens arbeitet man zwar gern mit religiösen Gemeinschaften zusammen, möchte sich von diesen aber nicht vereinnahmen lassen. Und zweitens gilt die ethische Grundregel von General Electric, die da lautet: »Wenn du nicht willst, daß das, was du tust, morgen in der Zeitung steht, dann laß es lieber.«

General Electric ist ein global agierendes Unternehmen. Infolgedessen breitet sich die Elfun-Idee auch weltweit aus, wenngleich Jack Welch der Überzeugung ist, daß es nicht angebracht ist, die US-typische Spielart der Nächstenliebe auf andere Kulturen zu übertragen. Daher wird der Einsatz von Elfun zum Beispiel in den asiatischen Ländern auch nicht forciert, wenngleich es keine Restriktionen gibt, wenn sich dort derartige Organisationen entwickeln. Zur Zeit bestehen Elfun-Gruppen in den Niederlanden, in Ungarn, Großbritannien, Kanada, Mexiko, Brasilien, Japan, Malaysia und Singapur. Italien und Spanien stoßen bald dazu.
Die deutschen General Electric-Manager haben sich mit Elfun noch nicht anfreunden können. Das liegt wohl daran, daß in der Bundesrepublik nicht ausreichend viele General Electric-Mitarbeiter tätig sind. »Dazu«, so Kees de Boer, »braucht es eine bestimmte kritische Menge von Leuten. Wenn die aber einmal gezündet haben, geht die Entwicklung schnell weiter.«

Frieden für die Plattensiedlung

Fast wäre die Sache gescheitert: Als Hans Jürgen Maschke, von Rockmusiker Herbert Grönemeyer mit heikler Mission betraut, im sächsischen Herbst anno 1993 im Leipziger Rathaus die Idee des privaten Projekts »Jugendkulturarbeit« endlich unter Dach und Fach bringen wollte, da war sein Gesprächspartner verschwunden. Entlassen, versetzt, geflüchtet? Maschke sollte es nie erfahren. Nur war dieses Erlebnis nicht das erste dieser Art, und war Maschke bisher immer noch davon ausgegangen, daß das Personalkarussell ausschließlich der individuellen Karriereförderung diente, kam ihm jetzt doch der Verdacht, daß diese ständigen Blockaden, dieser ständige Verlust von Ansprechpartnern, dieses ewige Hin und Her zwischen Zustimmung und Ablehnung, vielleicht doch Absicht war. Es ging möglicherweise ja auch darum, ob das letzte noch bestehende Jugendzentrum in der Leipziger Trabantenstadt Grünau bestehenbleiben oder ob das Areal kommerziellen Zwecken zugeführt werden sollte. In diesen Tagen beschlichen den Sozialarbeiter aus Stolberg bei Aachen, der angetreten war, um ein bis dato für Deutschland einzigartiges soziokulturelles und politisches Experiment in die Wege zu leiten, wieder einmal Zweifel, ob Leipzig wirklich der geeignete Standort sei.
Aber es ging ja nicht um ihn und um seine Belastbarkeit; es ging auch nicht um irgendeine PR-Strategie des Künstlers Grönemeyer – es ging vielmehr um konkrete Hilfe für Kinder und Jugendliche, die in Grünau in einer wirklich verzweifelten Situation lebten. In dieser mit 80 000 Seelen bevölkerten Plattenbausiedlung, gezeichnet von hoher Arbeitslosigkeit und alltäglicher Gewalt, wo abgefackelte Autos zum Straßenbild gehörten – exakt dort wollten Grönemeyer und Maschke für ein wenig Frieden sorgen. 250 000 Mark jährlich standen dafür aus der privaten Schatulle des Künst-

lers zur Verfügung, und Maschke, der in Jugendarbeit erfahrene Sozialarbeiter, sollte das Konzept gemeinsam mit dem Jugendamt entwickeln und bei der Stadtverwaltung durchsetzen.

Wie kommt ein Rockmusiker auf eine solche Idee, zumal wenn, wie in diesem Fall, der Spender sich keinerlei Publizitätsgewinn erwartete? Der Grundstein dieses Engagements wurde in den frühen neunziger Jahren gelegt, als die deutsche Rockszene entsetzt war über das Ausmaß von Gewalt und Ausländerhaß, das sich unter den deutschen Jugendlichen breitmachte. Damals begann eine locker organisierte Kampagne unter dem Motto »Rock gegen Rechts«, als deren Protagonist sich die Kölner Band BAP mit ihrem Hit »Arsch huh« profilierte. Damals sammelten die beteiligten Musiker viel Geld für staatsbürgerliche Zwecke. Als es aber um die Entscheidung ging, was damit angefangen werden sollte, da stellte sich keine gemeinsame Linie ein, und es kam fast zum Zwist.

Grönemeyer setzte sich schnell von der ewigen Quengelei ab und nahm sich vor, eine eigene Initiative zu gründen. Dafür stellte er jährlich eine Viertelmillion Mark bereit – als Anschubfinanzierung für eine Maßnahme, von der zu Beginn nicht viel mehr als eine Black box existierte: Sie sollte Gewaltbereitschaft und damit Kriminalität bei Jugendlichen sowie die militanten Spielarten der Ausländerfeindlichkeit bekämpfen. Daß aus diesen Vorgaben ein Konzept und daraus eine Aktion würde, dafür nahm Grönemeyer Hans Jürgen Maschke mit in die Verantwortung. So fand sich dieser schließlich in der frustrierenden Situation wieder, herbestellt zu sein und nicht wahrgenommen zu werden.

Wie sah es in dieser Zeit mit der Jugendarbeit in Grünau aus? Von den vormals fünf Jugendzentren existierte nur noch eines, und das mehr schlecht als recht. Denn im großen und ganzen hatte sich nur noch eine unter städtischer Regie geführte Nachmittagsdisco gehalten, in der Kinder bis zu 15, 16 Jahren sich aufhalten konnten. Der Kern der Gewaltbereiten, die Jugendlichen zwischen 17 und 25, lungerte vor den Türen der Disco herum, trank Bier

und pöbelte die Jüngeren an. Nennenswerte Versuche, die Situation zu entschärfen, gab es keine, und die Polizei, gerade einmal 200 Meter vom Jugendzentrum in einer der Plattenbauten untergebracht, hatte die Jugendlichen gänzlich aus der Kontrolle verloren. Bei Ansammlungen von mehr als zehn Halbstarken wagten sich die Beamten gar nicht erst einzugreifen, man hätte sie wohl jämmerlich verhauen.
Diese Jugendlichen waren auch deshalb nicht in den Griff zu bekommen, weil sie, anders als die jüngeren Discogänger, keinen Platz zur Verfügung hatten, wo sie für sich alleine waren. Zwar existierte ein solcher Raum gleich neben der Disco im selben Gebäude, der blieb aber versperrt. Es war der Stadt finanziell nicht möglich, Sozialarbeiter dorthin zu delegieren, die sich der jungen Leute hätten annehmen können. Diese waren nicht nur wegen dieser Gleichgültigkeit zutiefst frustriert, sondern viel mehr noch aufgrund ihrer Arbeitslosigkeit und ihrer oftmals unerträglichen finanziellen Situation. Der Konsumrausch nach der Wiedervereinigung hatte viele Familien in den Ruin geführt. Ausweglosigkeit und Mißachtung sind aber die Basis für Gewaltbereitschaft nicht nur junger Leute.
Diese Situation wollten Grönemeyer und Maschke am Ort der Krise zu entschärfen versuchen. Allerdings nicht, indem sie der Stadtverwaltung eine bestimmte Summe Geldes zur Verfügung stellten. Sie wollten vielmehr mitbestimmen, was passierte, weil sie fürchteten, daß das Geld sonst im großen Bauch des Verwaltungsetats versackte. Ziel war es zudem, Hilfe in einer Art zu leisten, wie sie dem Jugend- oder Sozialamt schon aus rein haushaltsrechtlichen Gründen verwehrt ist. Zum Beispiel mal schnell einen alten Bully zu kaufen, damit die jungen Leute nicht mehr auf die desolaten öffentlichen Verkehrsmittel angewiesen sind, wenn sie etwa in Dresden ein Rockkonzert besuchen wollen. Zum Konzept gehörte auch der Aufbau von Interventionskompetenz, wenn einer der Jugendlichen sich mit einer für ihn aussichtslosen Situation konfrontiert sah – einer Zwangsräumung vielleicht oder einem

Verhör bei der Polizei. Es war geplant, die Individualhilfe zu vermehren, wobei alle Hilfsorganisationen – Streetworker, Jugendamt, Drogenberatungsstelle, Schuldnerberatung, Wohnungsamt – ihre Maßnahmen bündeln und Hilfe zur Selbsthilfe leisten. Vor allem aber mußten die Jugendlichen von der Straße und ihnen die Möglichkeit gegeben werden, zuerst einmal wieder Vertrauen zu fassen zu dem Staat, der sie so sträflich vernachlässigte.

Dazu aber brauchte Maschke dreierlei: Zuerst das grundlegende Einverständnis der Stadtoberen, daß sich im Vorort Grünau eine private Organisation gleich neben der Nachmittagsdisco einniste-te, die zwar mit den dortigen etablierten Mitarbeitern des Jugendklubs zusammenarbeiten, sich aber nicht hineinreden lassen wollte. Er brauchte zweitens das Einverständnis der Verwaltung zu einem Finanzierungskonzept, wonach die Stadt zwei Sozialarbeiter einstellte, deren Gehalt Grönemeyer in Form einer sachgebundenen Spende zu zahlen bereit war. Die Ausstattung der Initiative mit Möbeln und anderen Gerätschaften wäre ebenfalls Sache Grönemeyers gewesen, wobei er sich zwar bereit erklärte, auf Einwendungen des an sich zuständigen Jugendamtes einzugehen und auch entsprechende Wünsche zu prüfen, er sich aber doch die letzte Entscheidung beim Einsatz der Sachmittel und der Umsetzung der konzeptionellen Arbeit über ein vertraglich vereinbartes Mitbestimmungsrecht vorbehielt. Drittens brauchte Maschke zumindest einen der leerstehenden Räume im Jugendzentrum, was dessen kommerzielle Nutzung oder gar den Abriß der Gebäude erschwert hätte. Es sollte also in Grünau zwei parallel existierende Jugendhilfe-Initiativen geben, die auf gegenseitige Toleranz angewiesen wären. So ergab sich nicht zuletzt für die Mitarbeiter, die die Nachmittagsdisco betreuten, eine schwierige Situation, mußten sie doch auf Interventionsmöglichkeiten und Machtbefugnisse verzichten. Zudem waren auch andere Mitarbeiter des Jugendamtes nicht unbedingt begeistert davon, ihre Kompetenzen teilen zu müssen. Es kam zu einem geradezu unwürdigen Gerangel um die Realisierung der Grönemeyerschen Idee.

Der Knoten platzte erst, als der Musiker die Einnahmen aus der ausgekoppelten Single »Die Härte« dem Jugendklub Völkerfreundschaft zur Verfügung stellte und im März 1994 eine Pressekonferenz veranstaltete, auf der er seine Idee präsentierte und den nicht unbeträchtlichen Betrag von einer Viertelmillion Mark für die Gewaltbekämpfung in Grünau in Aussicht stellte; von da an konnte die Stadt nicht mehr mauern. Es wäre den Leipzigern schließlich nicht zu vermitteln gewesen, warum die unter argen Geldnöten leidende Verwaltung auf diese Hilfe verzichtete.
So kam es dann schließlich doch zur Partnerschaft, und die Leipziger, vor allem die Grünauer, mußten sie nie bereuen. Zunächst stellte sich die Hilfe als ein leerer Raum dar, in dem zwei Sozialarbeiter darauf warteten, daß die jungen Leute sich hineinwagten. Nach anfänglicher Skepsis und Zurückhaltung merkten die Jugendlichen, daß sie weder umerzogen werden sollten noch irgend jemand ihnen besondere Vorschriften machte, und begannen, den Raum zunächst als Wärmestube zu nutzen. Nach dieser ersten Vertrauen weckenden Phase fingen die jungen Leute an, Vorschläge zu machen. So wollten einige von ihnen zum Beispiel eine Band gründen und fragten nach, ob man nicht einen weiteren leerstehenden Raum für die Proben nutzen könne, was sich als machbar erwies. Grönemeyer sponserte zudem die Instrumente. Der Bully wurde angeschafft. Man organisierte gemeinsame Skiausflüge und sogar einen Austausch mit Jugendlichen aus England. Es galt die Maxime: »Geht nicht gibt's nicht«, die um so leichter umzusetzen war, weil alle Jugendlichen gemeinsam versuchten, ihre Wünsche zu realisieren.
Zunehmend kamen aber auch die jungen Leute mit ihren Problemen und fanden Gehör; die Bündelung der Hilfsmaßnahmen fing an zu greifen. Mit der Folge, daß die Jugendlichen aus dem Jugendzentrum Freunde mitbrachten, die ebenfalls in Schwierigkeiten steckten, den Zugang zur Gruppe aber noch nicht gefunden hatten.
Nach und nach verlor das Kommunikationsmittel »Gewalt« seine

Bedeutung für die jungen Leute. Es kam zwar vor allem zu Beginn der Maßnahme immer wieder zu Rangeleien, und ab und an mußte sogar die Polizei eingreifen, die sich dabei aber merklich zurückhielt. Insgesamt gingen die Ausfälle jedoch zurück. Die jungen Leute sind zwar auch heute noch nicht die reinen Engel – das Bedrohungspotential jedoch ist merklich geschrumpft. So sehr, daß die Polizeiverwaltung es wagen konnte, die Polizeistation Grünau aufzulösen – bisher ohne nachteilige Wirkung für den sensiblen Frieden in der Plattensiedlung.
Herbert Grönemeyer und Hans Jürgen Maschke sehen ihre Arbeit inzwischen als Pionierleistung für ein Pilotprojekt. Was sie jetzt anstreben, ist, daß die Leipziger Verwaltung das Projekt Schritt für Schritt übernimmt. Und tatsächlich: Ab April 1998 übernahm die Stadt bereits die erste Stelle, die zweite wird wohl in Kürze folgen. Grönemeyer will sich innerhalb der nächsten zwei Jahre zurückziehen und die frei werdenden Mittel möglicherweise andernorts einsetzen.

Tafeln in Deutschland

Die Bewegung ging 1993 von Berlin aus: Lebensmittel, die noch einwandfrei sind, aber aus den verschiedensten Gründen entsorgt werden sollen, kostenlos einzusammeln und an Bedürftige (zum Beispiel Obdachlose, Frauen in Frauenhäusern, an Beratungsstellen jeglicher Art) zu verteilen. Mittlerweile hat die Idee Furore gemacht: Die Berliner Tafel hat in Deutschland bereits 100 Nachahmer gefunden, außerdem residiert in Celle der Bundesverband Deutsche Tafel, der für den Erfahrungsaustausch zuständig ist. Die Tafeln haben 1997 insgesamt 4,2 Millionen Kilo Lebensmittel verteilt.

Deutsche Wirtschaftsunternehmen haben die Tafeln inzwischen nicht nur als kostengünstiges Entsorgungsunternehmen (eine win/win-Situation reinsten Wassers!), sondern auch als Partner für überregionales soziales Sponsoring entdeckt: So hat zum Beispiel Mannesmann Mobilfunk den Tafeln insgesamt 100 Handys zur Verfügung gestellt, einschließlich Anschluß- und monatliche Grundgebühren. Die Württembergische Versicherung versichert alle Autos der Tafel-Vereine mit 40 Prozent, wobei sich die Fahrer pro Jahr einen Unfall erlauben dürfen – der bleibt bei der Bemessung des Schadensfreiheitsrabatts unberücksichtigt. Und Daimler-Benz versorgte die Vereine im Frühjahr 1998 mit insgesamt 100 gebrauchten Vito-Kleinlastern plus Wartungsvertrag.

Die Reiseagentur Vision Travel hat die Berliner Tafel sogar als verkaufsförderndes Instrument entdeckt: Sie gibt 40 Prozent der Reisebüroprovision an die Tafel weiter, die Mitglieder und deren Freunde bei ihr buchen – was die Provisionen für Pauschalreisen einschließt.

So gehört die Berliner Tafel zu den besonders erfolgreichen Private Public Partnership-Konzepten. Sabine Werth, die Vorsitzende des

Vereins Berliner Tafel, beschreibt die tägliche Arbeit und die Gründe für den Erfolg:

»Nicht jedes Lebensmittel ist ständig zu bekommen, aber dafür sind die Nahrungsmittel, die abgeholt werden, oft im Überfluß da. 20 bis 30 Paletten Tomaten sind nicht selten. In der Nachweihnachtszeit stehen uns riesige Mengen an Weihnachtsartikeln zur Verfügung, und nach Ostern erschlagen wir uns mit Osterhasen.

Die Tafeln erhalten Lebensmittel, die der EU-Norm nicht entsprechen, die falsch geordert wurden, Havarie-Schäden oder einfach Ware, die zu viel vorhanden ist. So wurden der Hamburger Tafel 300 Tonnen Zitronen angeboten, die in Rotterdam lagen und nach Hamburg geschafft worden wären, hätte die Hamburger Tafel die Ware gewollt. Nach Auskunft eines Fachmanns in Hamburg war das Risiko jedoch zu groß, daß einzelne Zitronen bereits schimmelten; und bevor die Ladung Hamburg erreicht hätte, wäre mit großer Wahrscheinlichkeit der gesamte Posten befallen gewesen. Dieses Angebot wurde also ausgeschlagen. Hingegen wurden in Dresden gerne 50 Tonnen Äpfel angenommen, was zur Folge hatte, daß die Tafel-Mitarbeiter aus nah und fern nach Dresden fuhren, um dort kistenweise Äpfel abzuholen.

Für die spendenden Firmen bedeutet die Abgabe der Lebensmittel gleichzeitig Imagegewinn und Kostenersparnis. Imagegewinn daher, weil sich die Tafeln in Deutschland in den letzten Jahren einen guten Namen erarbeitet haben und es schon fast zum guten Ton gehört, Lebensmittel dorthin abzugeben. Kostenersparnis, da die Firmen zumindest die Nahrungsmittel, die sie an die Tafeln geben, nicht kostenpflichtig entsorgen müssen.

Übriggebliebene Waren sind meist in Bäckereien abzuholen. Alles an Kuchen, Brötchen und Brot wird abends oder am nächsten Morgen abgeholt und an die Bedürftigen verteilt. Weitere Nahrungsmittel bleiben da übrig, wo sie dem strengen Blick einer Konsumentin nicht genügen. Eine Ware, die bezahlt werden muß, soll natürlich auch 100prozentig einwandfrei sein. Hat der Apfel eine kleine Delle, bleibt er liegen.

Eine weitere Chance für eine Tafel, an Lebensmittel zu kommen, ergibt sich aus Vermarktungs- oder Produktionszwängen: Eine Demeterfarm in Brandenburg verkauft Zucchini an Bioläden. Zucchini können aber nur bis zu einer Länge von maximal 20 Zentimeter in den Handel gelangen, danach gibt es keine Absatzmöglichkeit mehr. Eine willkommene Gelegenheit für die Berliner Tafel, die aus diesem Grund zu 400 Kilo Zucchini kam.

Eine Firma bei Dresden, die Brühwürfel herstellt, hat ständig Produktionsüberhänge. Sollen zum Beispiel eine Million Brühwürfel einer bestimmten Sorte für einen bestimmten Abnehmer produziert werden, hat die Maschine einen Nachlauf, der keinen anderweitigen Absatz findet. Dieses Zuviel an Brühwürfeln wird natürlich gern von der Dresdener Tafel abgeholt und auch an die anderen Tafeln abgegeben.

Manchmal verkalkulieren sich auch die Veranstalter von Events und sind froh, wenn die Tafeln ihnen die überzähligen Nahrungsmittel abnehmen. Dafür fahren die Mitarbeiter sogar mitten in der Nacht an den Veranstaltungsort, sammeln auf, was die Küche noch nicht verlassen hat und verteilen es noch nachts an Einrichtungen für Bedürftige.

Da die Tafel-Vereine autonom arbeiten, also ihre eigenen, auf die individuelle Situation ausgerichteten Organisationsformen vorhalten, ist das Verteilsystem sehr unterschiedlich aufgebaut. Die meisten Tafeln sammeln und verteilen, gehen also zu den Bedürftigen hin. Einige führen aber auch Läden, in denen die Waren kostenlos oder gegen eine Spende abgegeben werden. Andere Tafeln haben eigene Suppenküchen, in denen sie selbst die Lebensmittel verkochen und dann an Bedürftige ausgeben. Wie eine Tafel organisiert ist, hängt von der Größe einer Stadt und den Bedürfnissen der dort lebenden Hilfsempfänger ab.

Was leisten die Tafeln? Bis zu siebenmal in der Woche fahren etwa 2200 Helfer zu rund 1300 Einrichtungen und verteilen dabei im Monat ungefähr 350 000 Kilo Ware. Zum Einsatz kommen dabei in erster Linie ehrenamtliche Helfer, einige Tafeln verfügen aber auch über ABM- oder Zivildienststellen. Sehr wenige Tafeln haben gesponserte Stellen für Hauptamtliche und keine Tafel leistet sich aus eigenen Mitteln bezahlte Stellen. Die Finanzierung der Verwaltungsarbeit erfolgt aus gespendeten Geldern und Mitgliedsbeiträgen. Nicht eine Mark stammt von der öffentlichen Hand – Ausdruck des stark ausgeprägten Wunsches nach Unabhängigkeit. Denn in dem Augenblick, in dem die Länder oder Gemeinden Gelder bewilligen, haben sie auch die Möglichkeit, Einfluß auf die Inhalte der Arbeit einer Organisation zu nehmen. Noch schlimmer: Sie könnten jemandem, der ehrenamtlich bei den Tafeln arbeitet und selbst von Sozialhilfe abhängig ist, diese mit der Begründung kürzen, er könne sich ja dort mit Lebensmitteln versorgen. Solche Versuche gab es bereits, konnten aber abgewehrt werden.

Wer engagiert sich aus welchem Grund bei den Tafeln? Zwei Motivationsebenen sind zu unterscheiden: die Ebene des Mitmachens und die Ebene des Überhaupt-etwas-tun-Wollens!

Die erste Ebene ist durch die Aktiven der Tafeln abgedeckt. Deren Vorsitzende sind ständig damit beschäftigt, die anderen Ehrenamtlichen ›bei der Stange zu halten‹. Dies ist in der Regel nicht so sehr schwer, da die Arbeit, die eine Tafel leistet, in unserer Gesellschaft ein relativ hohes Ansehen genießt und somit ein gerüttelt Maß an Sozialprestige mit sich bringt. Die Ideen und Veränderungen innerhalb einer

Tafel kommen meist durch eine intensive Gruppendynamik zustande, so daß sich alle gegenseitig anstecken und ganz bei der Sache sind.
Die Motivation derer, die Probleme haben, indem sie Sozialhilfe beziehen oder erwerbslos zu Hause sitzen, ist sehr viel schwerer. Diese Menschen suchen eine bezahlte Arbeit und sehen oft keinen Sinn darin, einer ehrenamtlichen Beschäftigung nachzugehen. Hier kann die Motivation zum Mitmachen zwar auch über die Öffentlichkeitsarbeit der einzelnen Tafeln erfolgen, ansonsten ist sie aber nur durch die ›Profis‹ möglich, die diese Menschen betreuen, seien es die Sozialarbeiter in den Sozialämtern oder die in den Arbeitsämtern. In letzterem Fall ist es aber nicht sehr wahrscheinlich, daß die Anregungen auf fruchtbaren Boden fallen, weil alles, was von ›oben‹ kommt, meist abgelehnt wird.
Anders ist es bei ABM-Maßnahmen. Die Tafeln, die ABM beantragt haben – und das sind meist Tafeln in den neuen Bundesländern, da dort das Prinzip der Ehrenamtlichkeit nicht sehr gut ankommt –, machen oft die Erfahrung, daß diejenigen, die ursprünglich als ABM-Kräfte eingesetzt waren, nach Ablauf der Maßnahme ehrenamtlich weitermachen, da die Beschäftigung bei einer Tafel zum einen sinnvoll ist, zum anderen aber auch aus der täglichen Lethargie des Nichtstuns herausreißt.
Wir erleben aber nicht nur Zustimmung, sondern auch herbe Kritik; vor allem müssen wir mit dem Vorwurf leben, die Tafeln stellten eine Konkurrenz zur professionellen Sozialarbeit dar. Für uns unverständlich. Denn: Was hat das Holen und Bringen von Lebensmitteln mit professioneller Sozialarbeit zu tun? Wo soll da eine Konkurrenzsituation entstehen? Wir müssen auch mit dem Vorwurf leben, systemstabilisierend zu wirken und nichts für die Beseitigung der sozialen Situation in der Bundesrepublik Deutschland zu tun. Dem stimme ich zu. Denn alles außer Anarchie ist systemstabili-

sierend! Allerdings entlassen wir mit unserem Tun die Regierenden nicht aus ihrer Pflicht, vielmehr weisen wir dadurch ständig auf die Mißstände hin! Wir sind auch der Meinung, daß zum Beispiel die Unterversorgung von Obdachlosen mit Vitaminen nichts mit einer aktiven Auseinandersetzung mit dem politischen System zu tun haben darf. Wir meinen vielmehr, daß es eher notwendig ist, alle Kräfte auf die Behebung der bestehenden Defizite und die Verteidigung des sozialen Status quo auszurichten. Es darf zum Beispiel nicht sein, daß die Versorgung durch die Tafeln bei den Ärmsten der Armen zu Kürzung der Sozialhilfe führt, was immer wieder einmal versucht wird. Oder daß die Ämter gar versuchen, die Zuschüsse für Obdachlosenunterkünfte zu kürzen, weil diese doch von den Tafeln beliefert würden. Hier haben Diskussionen um die Zielsetzung einer Institution wie der Tafel nichts mehr zu suchen; hier gilt nur noch der gemeinsame Schulterschluß.

Diese Denkweisen in den Ämtern sind mit der Grund, warum sich die Tafeln auf keinen Fall von der öffentlichen Hand unterstützen lassen wollen. Denn käme es zu einer Umwegfinanzierung durch diese, könnten die Versuche der Mittelkürzung tatsächlich Erfolg haben. So aber können die belieferten Einrichtungen stets darauf verweisen, daß sie weder regelmäßig in den Genuß der zusätzlichen Lebensmittel kämen noch einen Rechtsanspruch darauf hätten.

Die Tafeln in Deutschland stehen für Solidarität und Verantwortung in unserer Gesellschaft. Wir leben in einem Land, in dem ein derartiger Überfluß besteht, daß rund 20 Prozent aller Lebensmittel weggeworfen werden. In einem Land, in dem andererseits die Zahl der Arbeitslosen und Mittellosen rasant und scheinbar unaufhaltsam steigt. In einer solchen Situation müssen wir beginnen, uns selbst und uns gegenseitig zu helfen! Da sollte jedes erfolgversprechende und erst recht jedes erfolgreiche Mittel recht sein.

Die Tafeln in Deutschland haben eine Bewegung in Gang gesetzt, die nicht mehr aufzuhalten ist. Eine Bewegung, die mit dem Attribut des ›leider‹ behaftet ist, weil es in jeder Gesellschaft stets Überfluß und Armut zugleich geben wird. Eine Bewegung aber auch mit dem Attribut ›zum Glück‹, weil dank des Einsatzes der Tafeln und anderer privat initiierter sozialer Hilfsaktionen der Glaube an das Miteinander nicht verlorengeht.
Daß dieser Gedanke geteilt wird, erleben wir in letzter Zeit immer stärker bei bundesweiten Unterstützungsaktionen für die Tafeln: Die McKinsey-Unternehmensberatung zum Beispiel hat kostenlos einen Leitfaden zum Aufbau und ein Handbuch zum Betrieb einer Tafel erstellt. Zu diesem Zweck wurden zeitweilig ein bis zwei Mitarbeiterinnen der Münchner Filiale von McKinsey freigestellt, die sich vor Ort über die Arbeit der einzelnen Tafeln informiert haben. Das Engagement von McKinsey ging bis hin zu Besuchen bei City Harvest in New York, wo vor 15 Jahren das Vorbild der ersten deutschen Tafel, der Berliner Tafel, gegründet worden war.
Immer mehr Firmen erkennen, daß es werbewirksam ist, die Tafeln zu unterstützen, aber auch, daß ihr Engagement zugleich ein wichtiges sozialpolitisches Signal an andere ist – auch und vor allem in Richtung Politik und Verwaltung.«

Der Verweigerungshaltung trotzen

Alles begann damit, daß der amerikanische Pianist und Komponist Paul Nordoff 1959 ein Konzert in einem Kinderheim für behinderte Kinder gab. Als er sah, wie unmittelbar ansonsten schwer ansprechbare Kinder auf die Musik reagierten, gab er das Komponieren auf und stieg zusammen mit dem englischen Sonderpädagogen Clive Robbins in die künstlerische Arbeit mit Behinderten ein. Daraus wurde ein Lebenswerk, das inzwischen wissenschaftlich anerkannt ist.

In dieser Musiktherapie werden keine fertigen Aufnahmen und Kompositionen vorgespielt: Patienten und Therapeut machen gemeinsam und live Musik; stets wird improvisiert. Meist spielt der Therapeut – ein Musiker mit entsprechender Zusatzausbildung – Klavier, während ihn der Patient mit einfach zu handhabenden Instrumenten wie Trommel, Xylophon oder Zimbel begleitet. Auf diese Weise treten Patient und Therapeut in einen Dialog.

Keine Sitzung gleicht der anderen. Kinder mit Bewegungsstörungen etwa lösen sich plötzlich aus der Verkrampfung und benutzen ihren Körper beim rhythmischen Singen und Spielen auf andere Weise. Beweglichkeit, die in der Musiktherapie freigesetzt wird, kann in den Alltag der Patienten hineinwirken. Bei manchen geht es um seelische Blockaden, bei anderen um motorische Verbesserungen. Ein Kind, das zum Trommelstock greift, greift auch irgendwann zum Löffel, um selbst zu essen.

Durch gemeinsames Musizieren erleben manche Patienten zum ersten Mal, was Kommunikation bedeutet. Mit der Kunst der Musik werden zum Beispiel psychisch Kranke aus der Isolation herausgeführt, entwickeln körperlich Behinderte neue Bewegungsmöglichkeiten.

Die Universität Witten/Herdecke ist das deutsche Ausbildungszentrum für die Nordoff/Robbins-Therapie, die anfangs mit autistischen Kindern entwickelt wurde. Heute wird die Therapie auch bei psychosomatischen Störungen, in der Psychiatrie und Neurologie, in der Inneren und Intensivmedizin sowohl bei Kindern als auch bei Erwachsenen erfolgreich eingesetzt. Die Klänge erreichen selbst Koma-Patienten; diese reagieren auf die Töne und können sich, wenn sie aus der Bewußtlosigkeit erwachen, oft genau daran erinnern. Nach London und New York werden seit 1985 also auch an der Universität Witten/Herdecke in einem staatlich anerkannten zweijährigen Studiengang Musiktherapeuten geschult, die bundesweit in deutschen Krankenhäusern arbeiten.

Seit vielen Jahren unterstützen international bekannte Künstler wie Elton John, Phil Collins, Sting und Bon Jovi die Nordoff/Robbins-Musiktherapie. 1992 wurde in Deutschland die Stiftung zur Förderung der Nordoff/Robbins-Musiktherapie gegründet. Inzwischen wird sie von Künstlern und Musikern wie PUR, Nena, DJ Bobo, Otto Waalkes, Stefan Raab, Jule Neigel und vielen anderen mitgetragen.

Die Stiftung trägt zur Finanzierung von Forschung, Lehre und Behandlung bei, da bislang weder Staat noch Krankenkassen die Musiktherapie ausreichend unterstützen. In diese Bresche springen Künstler und Unternehmen, und oft helfen sie in Kooperationen. So brachte der Getränkehersteller Coca-Cola in den Jahren 1993 und 1995 »Rock Cans« als Sammlerstücke auf den Markt. Das waren Getränkedosen, die von prominenten Musikern, unter anderem von Udo Lindenberg, Chris Rea, David Bowie, La Bouche und Stefan Raab, gestaltet worden waren. Insgesamt kamen durch diese Aktion über 1,5 Millionen Mark an Spendengeldern zusammen.

Im Jahr 1994 erklärten sich die Kooperationspartner des Tonträgers »Bravo-Hits 6« bereit, der Nordoff/Robbins-Stiftung von jeder verkauften CD eine Mark als Spende zukommen zu lassen. Die Compilation wurde mehr als einemillionmal verkauft, und ein Scheck in dieser Höhe ging an die Stiftung.

Seit 1994 werden die im Rahmen der »Echo«-Verleihung gespendeten Gelder der Stiftung zur Verfügung gestellt. So konnte die Deutsche Phonoakademie der Stiftung bislang Schecks über mehr als eine halbe Million Mark übergeben.
In Kooperation mit der Hard Rock Café-Kette brachte die Plattenfirma PolyGram eine Rock-Koppelung mit dem Titel »Welcome To The Hard Rock Café« heraus. Von Kiss über Bon Jovi bis zu Status Quo und Nazareth bescherten die Klassiker der Rock-Geschichte der Stiftung einen Spendenbetrag in Höhe von 91 000 Mark.
Eine spektakuläre Aktion wurde vom Magazin der *Süddeutschen Zeitung* durchgeführt. Es widmete im Jahr 1995 Heft Nummer 20 komplett der Musik und dem damit zusammenhängenden Starkult, speziell einer Versteigerungsaktion von Memorabilia nationaler und internationaler Künstler. Unter den Hammer kamen Kultgegenstände wie eine Gitarre von Billy Gibbons, dem Gitarristen von ZZ Top, der Dirigentenstab von Sir Georg Solti und ein handsigniertes T-Shirt von Take That. Jeder Leser hatte die Chance, einen persönlichen Gegenstand seines Idols zu ergattern. Das brachte der Nordoff/Robbins-Stiftung immerhin einen Betrag von 75 000 Mark ein und diente der Stiftung als journalistische Plattform, sich und ihre Arbeit entsprechend darzustellen.
Als der Musikkanal VH-1 am 4. Mai 1995 mit einer Riesenparty in Hamburg sein Programm startete, war die gesamte Musikbranche anwesend. An diesem Abend durften die Stiftungsgründer Klaus Meine und Rudolf Schenker von den Scorpions einen Scheck über 20 000 Mark für die Nordoff/Robbins-Musiktherapie in Empfang nehmen.
Je aktiver die Stiftung in die Öffentlichkeit tritt, desto mehr Menschen engagieren sich für die Musiktherapie. Vielleicht läßt sich so in nicht allzu ferner Zeit erreichen, daß Musiktherapie verschiedener Richtungen zu einer erstattungsfähigen Leistung des Gesundheitswesens wird. Unzweifelhaft hilft die Stiftung als private Initiative schon heute jedem einzelnen Betroffenen aus seinem persönlichen Leid.

»Continue« – die kommunale Gemeinsinn-Agentur

Als es ums Geld ging, gab es Probleme: Die Stadt wollte jedem, der sich ehrenamtlich für die Betreuung hilfsbedürftiger Mitbürger einsetzt, die Fahrtkosten erstatten. Der Widerstand kam von gänzlich unerwarteter Seite: Die etablierten Wohlfahrtsverbände sahen plötzlich eine Kostenlawine auf sich zurollen. Denn was den Kostenersatz für ihre freiwilligen Helfer anbelangt, da halten sich Caritas und Co. gerne zurück. Jetzt müssen auch die von der Iserlohner Freiwilligenatur »Continue« Vermittelten für ihre Einsatzbereitschaft ein wenig in die eigene Tasche greifen.
Die etablierten Wohlfahrtsverbände beobachten derartige Aktivitäten bundesweit mit einiger Berechtigung mit Mißtrauen, verzeichnen sie doch eine drastisch sinkende Bereitschaft der Bevölkerung, sich unter ihrem Dach zu engagieren. Und sollte nun noch ins öffentliche Bewußtsein rücken, daß die Verbände nicht nur die Zeit, sondern auch das Geld ihrer Ehrenamtlichen beanspruchen, könnten die Abwanderungstendenzen weiter zunehmen. Daher die Intervention im Iserlohner Sozialamt, dessen Leiter Friedhelm Kowalski für die Initiative verantwortlich ist.
»Continue« wurde gegründet, nachdem die Stadtverwaltung einem Bericht über die Lebenssituation der älteren Bevölkerung gravierende Defizite hatte entnehmen müssen: Nachbarschafts- und Familienhilfe zugunsten der Alten gab es fast nirgends mehr. Viele ältere Bürger hatten daher erhebliche Schwierigkeiten, sich zu versorgen oder medizinische Dienste in Anspruch zu nehmen. Vielfach war der Stadtverwaltung nicht einmal bekannt, in welchen Fällen Hilfe geboten war, weil die Betroffenen den Kontakt mit dem Sozialamt scheuten. Zu den Defiziten bei der Altenbetreuung kamen die aktuellen Probleme bei der Betreuung sozialer Randgruppen, wie zum Beispiel der Aussiedlerfamilien.

Nun sind Hilfen beim Einkaufen, Begleitung beim Gang zum Arzt, das Angebot zum offenen Gespräch oder Orientierungshilfen durch den Behördendschungel keine originären Leistungen, zu denen sich eine Stadtverwaltung verpflichtet fühlen muß; vor allem nicht in einer Stadt wie Iserlohn, die unter chronischer Geldknappheit leidet. Andererseits weiß Sozialamtsleiter Friedhelm Kowalski von einer hohen Hilfsbereitschaft seitens der Bürger zu berichten, die sich, weil bislang offenbar keine Alternativen in Sicht waren, in erheblichen Spenden zugunsten sozialer Einrichtungen ausdrückte. Kowalski wußte auch, daß sehr viele ältere Menschen, eben die »jungen Alten«, nach einer sinnvollen Tätigkeit für sich suchten. Die ihren altersbedingten Bedeutungsverlust also nicht durch hektisches Herumreisen kompensieren möchten, sondern ihre Kenntnisse nutzen und ihre Erfahrungen weitergeben wollen.

So kam es im September 1994 zur Schaffung einer Planstelle für die Organisation der »Continue«-Initiative, und im Dezember desselben Jahres wurde die Idee zum erstenmal der Öffentlichkeit vorgestellt. Seit August 1995 existiert im Rathaus ein separates »Continue«-Büro. Die Resonanz ist beachtlich: Schnell bildete sich ein harter Kern von ehrenamtlichen Helfern, der nun auf 84 Personen angewachsen ist. Der Altersdurchschnitt der Helfer liegt bei 60 bis 70 Jahren, wobei die jüngste Freiwillige 14 und die älteste 83 Jahre alt ist.

Die Aufgaben verteilen sich zu je einem Drittel auf Einzelfallbetreuung (zum Beispiel Einkaufshilfen, kleine handwerkliche Arbeiten in der Wohnung, Beratung bei der Wohnraumanpassung für Senioren und Behinderte), Gruppenaktivitäten (Herausgabe einer Blinden-Hörzeitung, die Organisation von Basaren zugunsten Hilfsbedürftiger) und die Vermittlung von Helfern an bestehende Initiativen wie die Aktion »Essen auf Rädern«.

Stärkstes Motiv der Helfer ist es, sich Beschäftigung zu verschaffen und dafür soziale Anerkennung zu erlangen. Nur sehr wenige Angebote, so Kowalski, stammen von Leuten, die das Helfersyndrom plage. Auf die reagiere man auch eher zögerlich und hinhaltend; und würden sie eingesetzt, dann auch nur im Rahmen von Gruppeninitiativen. »Continue«, so Kowalski, könne sich diese Auslese leisten, weil man es sich zur Pflicht gemacht habe, nicht nur individuell auf die Wünsche der Hilfsbedürftigen einzugehen, sondern auch auf die Potentiale und Wünsche der Hilfeanbieter. Daß jemand, der selber mit Alkoholproblemen kämpfe, nicht in die Betreuung ähnlich anfälliger Personen integriert werde, gehöre ebenso zu diesem Konzept wie die Berücksichtigung der Vorbehalte vor kirchlichen und weltanschaulich geprägten Wohlfahrtsverbänden. Die gemeinsame Zielfindung, so Kowalski, könne schon einmal einige Wochen dauern, und erst danach würden die neuen Helfer behutsam in ihren Arbeitsbereich eingeführt. Prämisse sei stets die Freiwilligkeit, die sich auch auf die Zeiteinteilung ausdehne.

Einen rechten Eiertanz führt das »Continue«-Büro auf, wenn es um die Mitarbeit in Einrichtungen der Stadt geht, etwa in Jugendzentren, Museen, Archiven oder Bibliotheken. So unterstützen zum Beispiel vier Ehrenamtliche die Arbeiter der »Continue«-Koordinatorin Nicole Behlau. Hier liegt die Vermutung nahe, daß Planstellen eingespart werden, wenngleich ein Informationspapier der Verwaltung dies zu widerlegen versucht. Eigentlich braucht sich die Verwaltung da nicht so sehr zu zieren. Daß Bürger mit ihrem Leistungswillen die Verwaltungen mehr und mehr unterstützen, Kosten einsparen helfen, dafür aber die Verwaltung auch auf Trab bringen dürfen, dies ist nun einmal der Sinn von Private Public Partnership-Aktivitäten.

Der Ökonomiebeweis der Ökologie

Angefangen hat alles damit, daß Karl Ludwig Schweisfurth an der Qualität der Lebensmittel, die den Mitbürgern zugemutet werden, verzweifelte, speziell an der der Fleisch- und Wurstwaren. Geradezu erzürnt war er aber über die Bedingungen, unter denen die Grundstoffe für die Lebensmittel hergestellt werden: Viehzucht ohne Rücksicht auf artgerechte Tierhaltung, übermäßiger Einsatz von Düngemitteln und Pestiziden sowie die zerstörerische Selbstausbeutung der Landwirte. Keine selbstverständlichen Überlegungen für einen Industriellen, dem damals noch die Herta-Wurstfabriken-Gruppe mit Sitz im westfälischen Herten gehörte und der sich dem gnadenlosen Preisdruck der großen Handelsketten ausgesetzt sah. Einem Preisdruck, der mit schuld ist an den Zuständen, die der Unternehmer nicht länger hinnehmen wollte. Der Versuch, über seinen politischen Einfluß als Präsident des europäischen Fleischwarenverbands eine Umorientierung zu erreichen, schlug fehl. Der Gedanke, den Zweifelnden und Zauderern zu zeigen, was machbar ist, lag daher nahe.
Schweisfurth verkaufte seine Firma Herta und begründete eine Stiftung, deren Zweck im *Verzeichnis der Deutschen Stiftungen* (Hoppenstedt Verlag) so beschrieben ist:

> »(Sie) dient einer neuen Kultur des Umgangs mit der Erde – mit Pflanzen, Tieren und Menschen. Sie verfolgt ausschließlich und unmittelbar gemeinnützige Zwecke. Aufgaben und Ziele:
> *Erstens* die Förderung der Wissenschaft, insbesondere der Erforschung und Entwicklung von
> a) gesunder, naturgemäßer Ernährung, naturgemäßen und umweltfreundlichen Methoden des Landbaus und der natur- und artgemäßen Haltung von Tieren,

b) sparsamer, umweltschonender Gestaltung der Stoffströme, einschließlich der intelligenten Nutzung von Energie,
c) den Menschen und der Natur gemäßen Bauweisen,
d) Arbeit, die Mensch und Natur dient.

Zweitens: die Förderung der Bildung in dem unter Eins genannten Sinne.

Drittens: die Förderung von Kunst und Kultur als Beitrag für einen kreativen und behutsamen Umgang mit der natürlichen und sozialen Mitwelt.«

Insgesamt gab Schweisfurth diesem Stiftungszweck 31 Millionen Mark mit auf den Weg. Parallel dazu errichtete er in Glonn nahe München die Herrmannsdorfer Landwerkstätten, ein ökologisch orientiertes Pioniergut, das als Experimentierfeld für Agrar-Kultur als neue Art von Landwirtschaft dient und das Investitionen in Höhe von rund 60 Millionen Mark verschlang, nach dreijähriger Anlaufzeit inzwischen jedoch im operativen Bereich kostendeckend arbeitet. Jetzt werden dessen Erfahrungen zunächst in ein modellhaftes Mustergut in der Nähe von Hannover implementiert – ein Vorhaben, das zusammen mit Aktivitäten des Bauernverbands im Rahmen der Expo 2000 in die Gesamtschau der landwirtschaftlichen Leistungen der Bundesrepublik integriert ist. Allein das darf als Zeichen für nun doch erhebliche politische Einflußkraft gedeutet werden.

Damit aber nicht genug: Die Erfahrungen aus dem Experimentierbaukasten Herrmannsdorf (dessen Restaurant in den Lifestyle-Zeitschriften immer wieder über den grünen Klee gelobt wird) sollen standardisiert und über ein Franchise-System weitergegeben werden. Das Grundkonzept: Der produzierende Landwirt und das verarbeitende Handwerk arbeiten kooperativ (der Bauer als Lieferant ökologisch erzeugter Grundstoffe sowie Metzger, Bäcker, Brauer und Käser) an der natur- wie menschengerechten Veredelung und der regionalen Vermarktung. Denn Schweisfurths

Idee ist es, von der Globalisierung der Warenströme wegzukommen hin zu regional orientierten Herstellungs- und Vertriebsstrukturen. Dabei sollen sich an jedem Standort (großstadtnah, weil die hochwertigen Produkte entsprechende Kaufkraft erfordern) um eine Art Systemkern herum kooperierende Landwirte und Handwerksbetriebe den Herrmannsdorfer Anbau- und Produktionsprinzipien verpflichten. Es sollen also multiplizierbare landwirtschaftliche Einheiten geschaffen werden. Das ist die eine Seite.

Die andere Seite ist, daß Schweisfurth mit dem Verkauf des Herta-Konzerns nicht jeder unternehmerischen Tätigkeit abgeschworen hat. So betreibt er in Österreich eine Wurstwarenfabrik, zudem ist er Eigner der Metzgerei-Filialkette »Casserole«, die über insgesamt 63 Verkaufsstellen verfügt, in denen 987 Mitarbeiter beschäftigt sind – auf den ersten Blick eine Diskrepanz zum Stiftungszweck.

Aber die Manager des Unternehmens sind weitsichtig, und während einer Strategiesitzung haben sie die Firmenpositionierung neu umrissen. Jetzt sind die Einzelfirmen nicht mehr nur Hersteller oder Verkaufspunkt für Wurst- und Fleischwaren, sondern Systemanbieter, die unter der Maxime handeln: »Integration des Fleisches in ein Gesamtkonzept von Mitteln zum Leben.« Ein weitgesteckter Rahmen voller Innovationspotentiale, für den, um ihn auszufüllen, ein hohes qualitatives Niveau bei Rohstoffen, Produkt und Service gesichert werden muß. Ein Anspruch, der nicht leicht durchzusetzen ist, und so dienen die Einrichtungen der Stiftung und der Herrmannsdorfer Werkstätten auch der internen Begründung und Verstetigung der neuen Unternehmenskultur. Hier trifft sich das Management zu Symposien und erhalten die Mitarbeiter Einblick in eine Idealform des Nahrungsmittelhandwerks, sozusagen als verpflichtende Vision.

Die ist die Basis: Zeigen, daß gewinnorientierter ökologischer Landbau möglich ist, wenn nur einmal einer das Experiment wagt und bereit ist, das finanzielle Risiko einzugehen. Dr. Franz-Theo

Gottwald, der Vorstand der Stiftung, verhehlt auch nicht, daß Schweisfurth in Herrmannsdorf einiges an Lehrgeld gezahlt hat: Die Energieversorgung aus alten Speiseölen beziehungsweise Bratfetten beispielsweise funktionierte nicht ausreichend, und daß die Putenzucht unter freiem Himmel gescheitert ist, weil die gefürchtete Schwarzkopfkrankheit ausbrach (die nahezu unweigerlich jeden größeren Putenbestand trifft, der frei gehalten wird), bestätigte bei den benachbarten Landwirten das Vorurteil, daß in Herrmannsdorf nicht sehr viel agronomischer Sachverstand herrsche. Bei der Veredelung wurden ebenfalls Fehler begangen, und das Verkaufspersonal im hofeigenen Markt war auch nicht immer das zuvorkommendste.
Alle diese Rückschläge hätten, wären sie einem staatlich geführten Versuchsgut unterlaufen, mit Sicherheit zu einem Aufschrei in den Medien wegen vermeintlicher Verschleuderung von Steuergeldern geführt, wenn nicht gar der Bauernverband schon vor Beginn der Versuche massiv interveniert hätte. So war es aber ein Privatmann, der sein Vermögen riskierte – Grund höchstens für einige von Neid bestimmte Randbemerkungen.
Nun erwähnt der Stiftungszweck über diese »Hardware« hinaus ja noch den Zweck der Bildungsförderung unter dem Aspekt des ökologischen Landbaus und die Förderung entsprechender Kunst und Kultur. Und exakt hier erbringt die Stiftung Leistungen, die weit über das hinausgehen, was staatliche Institute erbringen dürfen. Mit der Zielsetzung, dem Denken weitere und neue Horizonte zu eröffnen, was ja durchaus notwendige Voraussetzung ist für die Durchsetzung von Arbeitsweisen, die sich diametral von den herkömmlichen unterscheiden, befaßt sich die Stiftung mit Themen, die der herkömmlichen Agrarwirtschaft ferner nicht sein könnten und deren Behandlung in den staatlichen Landwirtschaftsschulen völlig undenkbar wäre: mit dem Schamanentum und dem Kennenlernen indigener Kulturen zum Beispiel oder mit der Frage, was »gutes Leben« eigentlich bedeute. Dabei handelt es sich stets um Symposien mit wissenschaftlichem Hintergrund; ein

latzhosengrünes, asketisches Publikum mit New-Age-Ambitionen ist nicht gefragt. Und so erhalten denn auch vornehmlich Wissenschaftler, Unternehmer und Meinungsbildner Zutritt zu diesen Veranstaltungen.

Damit entwickelte sich die Stiftung endgültig zu einer Denkfabrik, die wichtige Impulse für die Entwicklung im landwirtschaftlichen wie im gesellschaftlichen Bereich gibt – immer mit dem Anspruch, ein Unternehmen für neue und zugleich marktfähige Ideen zu sein. Ihre Stimme ist so vernehmbar, daß kaum ein namhafter Politiker eine Einladung ausschlägt. Und sie hat Bildungspolitik gemacht: Als die Gründung der ersten privaten Universität, nämlich Witten/Herdecke, zu scheitern drohte, weil der größte Förderer sich zurückziehen wollte, war es die Schweisfurth-Stiftung, die mit 6 Millionen Mark Zuschuß in die Bresche sprang.

Wie strukturiert die Stiftung ihre Arbeit? Die zwei Hauptpfeiler der Schweisfurthschen Visionsverwirklichung, die Stiftung selbst und die Herrmannsdorfer Landwerkstätten, haben beide einen rechtlich, finanziell und personell unabhängigen Status. Beide Institutionen tauschen aber stetig Erkenntnisse und Erfahrungen aus; der synergetische Nutzen ist sehr hoch.

Die Stiftung selbst veranstaltet Seminare, Symposien und Vortragsreihen entweder im eigenen Haus, in Universitäten oder im Lerngut Sonnenhausen, das nur wenige Kilometer von den Herrmannsdorfer Landwerkstätten entfernt liegt. In Sonnenhausen hat die Stiftung einen gleichnamigen eingetragenen Verein etabliert, der dort eine vom Freistaat Bayern anerkannte und mitfinanzierte Umweltstation betreibt.

Die Fördertätigkeit der Stiftung konzentriert sich vorwiegend auf eigene Projekte, Anträge auf Zuschüsse für fremde Projekte sind aber möglich und manchmal auch erfolgreich. In Zukunft soll in diesen Fällen mehr bei der Beschaffung von »Venture Capital« geholfen werden, als Stiftungsmittel in fremde Projekte zu investieren. Direkt am wissenschaftlichen Fortschritt beteiligt hat sich die Stiftung durch die Gründung der Lehrstühle für »Angewandte

Nutztierethologie und artgemäße Nutztierhaltung« an der Gesamthochschule Kassel und für »Evolutionsbiologie und Morphologie« an der Universität Witten/Herdecke. Hinzu kommt eine Vielzahl von Buchveröffentlichungen.
Zudem hat die Stiftung drei Preise ausgelobt, mit denen Innovatoren ermuntert werden sollen: den »Schweisfurth-Forschungspreis für artgemäße Nutztierhaltung«, den »Schweisfurth-Forschungspreis für ökologische Ökonomie« und den »Agrarkulturpreis für ökologisches Landwirtschaften«. Der Agrarkulturpreis ist ein gutes Beispiel dafür, daß Umdenk- und Akzeptanzprozesse ihre Zeit brauchen: 1993 zum erstenmal ausgelobt, läpperten sich die Bewerbungen mehr schlecht als recht dahin, der Durchbruch kam erst im Jahr 1995. Heute erfreut sich der Preis einer Vielzahl von Bewerbern.
Stiftungen sind vom Gesetzgeber gehalten, Verluste an der Substanz zu vermeiden. Das Stiftungskapital darf für die Förderungsarbeit nicht angekratzt werden, allein die Kapitalerträge stehen dafür zur Verfügung. So kann die Schweisfurth-Stiftung trotz ihrer 31 Millionen Mark Kapital, je nachdem, was die Zinsen hergeben, jährlich auch »nur« zwischen 2 und 3 Millionen Mark ausgeben – die sind schnell verbraucht bei einem breiten und innovativen Förderungsspektrum. Daher ist es schwierig, operativ handelnde Initiativen im Rahmen der Siftungsarbeit für ewig und alle Zeiten durchzufüttern. Sinn macht höchstens eine Anschubfinanzierung, bis das Projekt auf eigenen Füßen steht oder weitere Förderer einspringen. Andernfalls würden weitere innovative Projekte mangels Masse liegenbleiben. So ist es ein probates Mittel, Initiativen, die langfristig angelegt sind und vielleicht auch einen »Return on Investment« erbringen sollen, auszugliedern. So geschehen beim Bildungswerk »Lerngut Sonnenhausen«, auf dem Seminare und Tagungen veranstaltet werden und das als eigenständiger Verein aus der Stiftung ausgegliedert wurde.
Die Stiftung ist zudem Hauptgesellschafter der »Dialogpartner Agrar-Kultur gemeinnützige GmbH« mit Sitz in München, einer

Beratungs- und Bildungseinrichtung mit den Schwerpunkten Landwirtschaft, Landschaftsgestaltung, Bearbeitung und Verarbeitung von Lebensmitteln, Vermarktungsstrategien und Aktivierung von Leistungspotentialen (Energie, Tourismus, Öffentlichkeitsarbeit) im ländlichen Raum sowie Dorferneuerung. Diese Gesellschaft erbringt ihre Leistung meist in Kooperation mit örtlichen Initiativen, wobei der Schwerpunkt in den neuen Bundesländern liegt. Die Instrumente, die sie einsetzt, sind Projektberatung, Erarbeitung von Konzepten, regelmäßige Gesprächsforen, von denen eine Anstiftung zur Ökologisierung von Unternehmen ausgeht, und die Publikation einer Buchreihe unter dem Obertitel »Ökologische Qualität«. Hier geht es vorwiegend um Handbücher, anhand derer der Handwerker oder Landwirt sich orientieren kann über Voraussetzungen, Nutzen und Technik der ökologischen Umorientierung.

Ausgründungen sind auch wichtig, wenn gewinnorientiert gearbeitet werden soll. So wird es zum Beispiel eine Ausgründung geben, sobald die Idee realisiert wird, das Konzept der Herrmannsdorfer Landwerkstätten als Franchisesystem im Markt einzuführen.

Ergebnis- oder Ertrags- beziehungsweise Nutzenorientierung hat überhaupt einen großen Stellenwert in der Schweisfurth-Stiftung – wie könnte es auch anders sein bei einem Stifter, der sein Leben lang in Gewinnoptimierungskategorien gedacht hat. Wie könnte es aber auch anders sein bei einer Initiative, deren Ziel es ist, zu beweisen, daß der pflegliche Umgang mit den Ressourcen außer einem guten Gewissen auch Profite einbringt. Denn ohne diese ist die Welt, so, wie sie ist, nicht zukunftsfähig, ja nicht einmal zu verbessern.

Fun + Verantwortung + Fundraising

Zur großen Baumpflanzaktion in Gut Herbigshagen bei Duderstadt, Niedersachsen, kamen 1400 Leute: Vater, Mutter, Kind und Kegel, Großvater und, natürlich, der Familienhund. Auch 150 Mitarbeiter des Sponsors Quelle AG waren dabei. Quelle-Pressesprecher Erich Jeske: »Ich weiß noch heute die Nummer der Reihe, in der ich geschuftet habe: 25. Und ich fahre auch wieder hin, um mir mal anzugucken, was daraus geworden ist.«

Das ist Teil des Geheimnisses, warum die Heinz-Sielmann-Stiftung, 1994 gegründet, bereits jetzt erfolgreicher ist als die meisten anderen Verbände, die sich um gesellschaftlich relevante Aufgaben kümmern und dafür Spenden sammeln: Sie binden ihre Spender und Sponsoren so weit wie möglich in die Projekte ein. Damit schaffen sie via Gemeinschaftserlebnis etwas, was im Marketing »Kundenbindung« und »Preiselastizität« genannt wird: Freunde, die öfter als die üblichen dreimal pro Jahr zugunsten des Naturschutzes in die Tasche greifen und dann auch mehr geben als die durchschnittlichen 35 Mark – bei der Heinz-Sielmann-Stiftung liegt der Durchschnittsbetrag, den die insgesamt 230 000 »Stammspender« ausgeben, inzwischen bei einem halben Hunderter pro Überweisung.

Was bedeutet »Einbindung in die Projekte«? Einmal, wie beschrieben, die Teilnahme an Aktionen. Zum anderen aber, und das ist bei der Mehrzahl der Projekte der Fall, regelmäßige schriftliche Informationen über deren Fortgang. Das ist überhaupt eine Besonderheit bei der Heinz-Sielmann-Stiftung: Der Spender schüttet sein Geld nicht in irgendeinen anonymen Topf, sondern er gibt zielgerichtet. Und wird entsprechend informiert. Er wird auch belohnt. Denn nicht selten erhält der Spender zusammen mit dem ersten Schreiben auch ein Geschenk: ein Stofftier zum Beispiel oder ein Buch. Und wenn ihn das wundert oder gar ärgert, weil er

den Verdacht hegt, daß er dieses Geschenk mit seinem Spendengeld selber bezahlt, dann erfährt er, daß es ebenfalls gespendet wurde, etwa aus einer Stofftier- oder Buchüberproduktion. Und das Porto für den Versand übernimmt dann ein Sponsor.
Wobei die Sachspenden helfen, das Budgetierungsproblem bei den angesprochenen Unternehmen zu umgehen: Eine höhere Geldspende verlangt meist eine Entscheidung im Gremium, wobei letztlich der PR- oder der Marketing-Manager gefragt wird, ob er seinen Etat plündern könne. Was meist zu einer strikten Weigerung oder doch nur zu minimalen Zuwendungen führt. Geht es aber um sächliche Ressourcen, etwa die Abnahme von Produktionsüberständen, erspart sich das Unternehmen lästige Lager- oder Verwertungskosten – und handelt sich einen erheblichen Imagegewinn ein.
Überhaupt achtet Joachim F. Hamacher, Manager der Stiftung, sorgfältig darauf, daß das Kosten-Nutzen-Prinzip stets Maxime jeder Kommunikation mit den Spendern bleibt. Jemand, der gerade einmal 10 Mark hergibt, kommt nicht in den Genuß des Informationspakets; da würde bereits der interne Aufwand den Wert der Spende überschreiten. Großspender hingegen werden besonders gepflegt; sie nehmen zum Beispiel einmal pro Jahr an einem Förderer-Tag teil, bei dem ihnen die Entwicklung der Stiftung im exklusiven Kreis präsentiert wird. Auch hier herrscht allerdings Sparsamkeit: Wer teilnimmt, muß je nach Programm 160 Mark zahlen für Verzehr, Logistik und Unterhaltung. Hamacher: »Da beschwert sich keiner.« Ganz im Gegenteil: Hamacher kann vielfach Zusatznutzen in Form von Kompetenztransfer abschöpfen. Denn: »Wenn wir da über unser Gut gehen und ein Bauunternehmer sieht, was wir gerade ausbauen, kommt todsicher der Tip, wie das billiger und schneller zu bewältigen wäre.« Hamacher ist überhaupt dankbar für die Tips, die ihm seine Big Spender bei vielerlei Treffen und Veranstaltungen als kostenlose Unternehmensberatung mit auf den Weg geben.
Den Pool der Spender erweitert Hamacher mit hoher Professiona-

lität (»Naturschutz ist ein Produkt, das auch als solches vermarktet werden muß«), indem er alle Register des modernen Direktmarketings zieht: Er hat, wiederum mit der finanziellen Hilfe eines Sponsors, eine Datenbank aufgebaut, die eine so treffsichere Adressenauswahl erlaubt, daß die Response-Quote einer Aussendung selten unter 3 Prozent liegt – während sonst Quoten von 1,5 bis 1,75 Prozent die Regel sind. Dabei spielen Daten eine Rolle, die sich im wesentlichen auf die Wohnstruktur von Ortsteilen und Straßen beziehen sowie auf die dortige soziodemographische Clusterung. So kann Hamacher mit einiger Sicherheit prognostizieren, welche Spendensumme ihm welche Art von Aussendung in welchem Gebiet der Bundesrepublik einspielen wird.

Noch etwas kann Hamacher prognostizieren: die Erfolgsgarantie von Charity-Vereinen oder Stiftungen, wenn diese, wie die Heinz-Sielmann-Stiftung, auf ein Spendenaufkommen angewiesen sind. Demnach braucht es ein Grundkapital von 3,5 Millionen Mark, um eine solche Initiative zum Fliegen zu bringen. Wohlgemerkt: zum selbständigen Fliegen. Es geht um den professionellen Einsatz von Instrumenten, die heute bis zur Perfektion ausgereift sind und lediglich zweckgerichtet eingesetzt werden müssen. Allerdings nicht *nur* darum. Denn um eine langfristige Kundenbindung zu sichern, muß die Idee, die hinter dem »Produkt« steht, seriös, sympathisch und nachvollziehbar sein. Dabei ist es eher unerheblich, ob eine prominente Persönlichkeit dahintersteht oder nicht – die öffnet zwar Türen und schafft kurzfristige Aufmerksamkeit, belegt aber nicht die langfristige Akzeptanzfähigkeit des »Produkts«. Auch hierfür gibt es Regeln, die von vielen spendensammelnden Initiativen mißachtet werden. Diese lauten:

Der Spendenaufruf darf die Menschen nicht ausschließlich betroffen machen, sondern er muß ihnen auch eine Möglichkeit aufzeigen, wie, mit welchem Aufwand und wo die Probleme anzupacken sind. Daher ist eine exakte Zieldefinition nötig.

Diese muß nachvollziehbar sein, was heißt: erstens Kostentransparenz und -glaubwürdigkeit. Die entsteht am einfachsten durch die exakte Differenzierung der projektierten Aufwendungen. Zweitens muß der Fortgang des Projekts jederzeit und ohne große Mühen überprüfbar sein. Was bedeutet: Je einfacher der Spender es hat, vor Ort den Erfolg seiner Bemühungen und die der Spendergemeinschaft zu überprüfen, um so eher wird er bereit sein, Geld einzubringen. Das ist der Grund, warum die Heinz-Sielmann-Stiftung sich nahezu ausschließlich in Deutschland engagiert.

Wer nicht regelmäßig vor Ort sein will und einen Betrag gespendet hat, der den Aufwand rechtfertigt, erhält immer wieder einmal einen Berichtsstand zugeschickt; und am Schluß des Projekts wird konkret abgerechnet, so daß der Spender genau sieht, wohin sein Geld geflossen ist. Aus dieser Art Nachvollziehbarkeit entwickelt sich die Seriosität von selbst.

Außerdem muß die Initiative sympathisch sein. »Sympathisch« bedeutet erstens den Verzicht auf jegliches Weltuntergangsszenario. Wer heute mit Naturschutzengagements Erfolg haben will, muß zudem darauf achten, daß er die Spender nicht durch asketische Ansprüche überfordert. Das heißt: Der Spender darf sich nicht in seiner Lebensweise in Frage gestellt sehen und nicht das Gefühl bekommen, er solle umerzogen werden. So wird dem Besucher der Heinz-Sielmann-Stiftung nie der Eindruck vermittelt, mit asketischen Sektierern zusammenzutreffen, sondern im Gegenteil mit einer Management-Crew, die den Genüssen, die das Leben zu bieten hat, gegenüber sehr aufgeschlossen ist. Das ist wohl mit ein Grund, warum die Stiftung gerade bei Managern eine so hohe Akzeptanz hat; »Zielgruppen-Affinität« heißt der treffende Begriff dafür.

Drittens muß die Teilnahme an den Projekten Spaß machen. Die Give-Aways zur Kommunikation mit den Spendern wurden bereits genannt; hinzu kommen Aktionen wie die Baumpflanzaktion und die Vollversammlung der Großspender. Auch die Aktivitäten auf Gut Herbigshagen haben eher Fun-Charakter, als daß die Teilnehmer spürten, daß ihnen hier ein kompaktes Bündel Wissen

geschnürt wurde. Hinzu kommt in naher Zukunft jedoch etwas, das in der Geschäftssprache noch keinen Begriff gefunden hat, und das daher mit »Publitainment« umschrieben werden soll: Die Stiftung tourt zum Beispiel mit einer Musicalveranstaltung durch die Lande. Ein Teil des Eintrittserlöses kommt bestimmten Projekten zugute, die dem Publikum auf diese Weise auch bekannt gemacht werden. Im Publitainment sieht Hamacher eine große Chance, gemeinnützigen Initiativen zu Kapital zu verhelfen.
Das ist ein diametral anderer Auftritt als der der großen Umweltverbände, mit denen sich die Sielmann-Stiftung vergleichen lassen muß: Kein politischer Anspruch; engste Nähe zu den Spendern und Mitakteuren; Transparenz in allen Bereichen; Orientierung an der langfristigen Bindung und an mittelfristig realisierbaren Zielen; Verzicht auf jede Art von Horrorszenarien und Demonstrationen. Die Stiftung zeigt, wieviel Spaß es macht, die Welt ein wenig wiederherzurichten, was auf lange Sicht zur individuellen Umorientierung hinsichtlich dessen führt, wie jeder ganz persönlich Lebensqualität definiert. Folgerichtig ruht die Arbeit der Stiftung auf drei Säulen:

Erstens sollen letzte Refugien bewahrt werden. Dafür werden die entsprechenden Ländereien entweder gekauft oder gepachtet.
Zweitens sollen Kinder und Jugendliche (aber auch Erwachsene) an den »positiven Naturschutz« herangeführt werden. Dazu dienen zum Beispiel die Aktivitäten auf Gut Herbigshagen.
Drittens geht es um die Verwaltung des Heinz-Sielmann-Archivs, in dem kilometerweise Filmstreifen und Hunderttausende Dias aufbewahrt werden, die der Tierfilmer im Laufe seines Lebens erarbeitet hat – ein auch finanziell überaus wertvoller Grundstein der Stiftung. Denn viele der Tiere auf diesen Filmen und Bildern wird es bald nicht mehr geben, und die Landschaften sind in vielen Fällen schon jetzt zerstört.

Dabei agiert die Stiftung in der Bugwelle derer, die Umweltthemen radikal aufreißen und versuchen, das Problembewußtsein wachzuhalten. Die Heinz-Sielmann-Stiftung sät in einem geackerten Feld, wobei die, welche die Furchen ziehen, Greenpeace oder BUND, sich zunehmend mit Glaubwürdigkeitsproblemen konfrontiert sehen. Es braucht allerdings heutzutage zumindest hierzulande kaum mehr spektakuläre Aktionen, um das Umweltbewußtsein wachzurütteln. Die Bevölkerung erwartet eher, so Hamacher, konkrete Arbeit und vorzeigbare Erfolge, denn sonst wendet sie sich aus reiner Frustration lieber anderen Problemen zu.
Das ist auch der Grund, warum die Heinz-Sielmann-Stiftung von keinerlei Berührungsängsten geplagt wird. Sie redet gern auch mit den sensiblen Industrien. Nicht mit dem durchsichtig-platten Vorsatz, aus schlechtem Managergewissen Sponsorengelder zu schlagen, sondern um Lösungsvorschläge bei konkreten Problemen dieser Industrie vorzubringen und allein dafür Gelder lockerzumachen. Das, so Hamacher, beanspruche einen Großteil seiner Tätigkeit für die Stiftung: sich Projekte auszudenken und den möglichen Sponsoren auf den Unternehmensleib zu schneidern.
Diese Strategie führt direkt zur Funktion des Mediators. In Rhumspringe zum Beispiel – dort entspringt Deutschlands größte Quelle – ist es gelungen, erstens die Interessen der unterschiedlichen politischen Parteien, zweitens die der Wirtschaft (vor allem die einer großen Papierfabrik) und drittens die des Naturschutzes unter einen Hut zu bringen. Der Einigungsprozeß unter der Begleitung der Stiftung hat immerhin insgesamt zweieinhalb Jahre gedauert – nach unvorstellbaren zwanzig Jahren regionalen Kleinkriegs.
Dabei haben die Stiftungsmanager lernen müssen, daß es so einfach nicht ist, eine eigentlich für jeden erkennbar gute Sache wie die Erhaltung dieser Quelle durchzusetzen. Denn vor die Genehmigung von Lösungen haben die Gesetzgeber die oberen und unteren Wasserbehörden gesetzt, und die Politiker wollen auch gern ihr eigenes Süppchen kochen. Hamacher: »Da reichen

keine noch so überzeugenden Schriftsätze. Da muß man hin und mit den Leuten reden. Lange. Und: Man muß das, was man angepackt hat, auch unbedingt durchsetzen wollen.« Es geht also um soziale Kompetenz.

Das zweite ist die sachliche Kompetenz. Da ist die Heinz-Sielmann-Stiftung gegenüber den regionalen Mitspielern im Vorteil. Sie beschäftigt nicht nur eine Reihe von Biologen, sie kennt auch die Planungsbüros und die Gutachter mit dem neutralen Ruf; sie kann sie sogar bezahlen. Denn allein wissenschaftlich fundierte Analysen und planungsrechtlich korrekte Vorschläge sind in der Lage, einen zementierten Verwaltungsstandpunkt nachhaltig zu verändern, gutes Einvernehmen mit den Verantwortlichen hin oder her.

Die Heinz-Sielmann-Stiftung kann auch deshalb relativ hohe Summen in Gutachten und Planungsaufträge investieren, weil sie sich nicht verzettelt. Weil sie von ihrem Selbstverständnis her sich nicht für die Bekämpfung aller naturfrevlerischen Gemeinheiten in dieser Welt verantwortlich fühlt, sondern die Begrenztheit aller Bemühungen von vornherein akzeptiert hat, kann sie ihre Ressourcen konzentrieren. Diese Beschränkung ist aber nur dann möglich, wenn die Entscheidungen nicht nur vom Gefühl, sondern mehr noch vom kaufmännischen Verstand beeinflußt werden. Den Biologen in der Stiftung ist jeder Grashalm erhaltenswert, den Managern sicher auch – nur können letztere eher Prioritäten setzen. Daher haben Stifter, Vorstand und Beirat in der Projektentscheidung auch stets das letzte Wort. Womit letztlich die Arbeitsfähigkeit der Stiftung garantiert ist: Es entfallen die bei den anderen Naturschutzinitiativen so quälend endlosen Programmdiskussionen. Aus diesem Grund ist der Standort der wissenschaftlichen Arbeit von dem des Managements räumlich getrennt. Die Biologen residieren in Gut Herbigshagen und das Management in einem Bürgerhaus in Hannover.

Die Rede war von Sponsoren wie zum Beispiel der Quelle AG. Hamacher hat keinerlei Probleme, wenn dieses Unternehmen

offen darauf hinweist, daß es die Stiftung unterstützt, also einen Imagetransfer vornimmt – der ist ja gegenseitig. Hamacher: »So kommunizieren wir für uns mit den Quelle-Kunden.«
Die Stiftung ist jedoch sehr anspruchsvoll, was Leistung und Gegenleistung anbelangt: Daß jemand mit ein paar Scheinen wedelt, sich auf die Stoßstange eines Autos setzt und verkündet, im übrigen unterstütze man die Heinz-Sielmann-Stiftung, das, so Hamacher, werde er nicht zulassen. Er erwartet aktive Unternehmen, die sich einbringen. Und derer, so der Stiftungsmanager, werden immer mehr.

Baumgartsbrunn – lernen fürs Leben

Baumgartsbrunn«, so schrieb Helmut Bleks seinen Freunden und Förderern Ende 1996, »– ich meine die Schule dieses Namens – besteht nun wirklich schon seit 23 Jahren (...) Die ersten Schüler waren die 18 Kinder unserer Mitarbeiter. Heute (...) ist daraus ein ganzes Dorf geworden, denn es leben, lernen und arbeiten darin jetzt 659 Menschen in 68 Häusern mit Kirche, Klinik, Schülerheimen, Schulen, Werkstätten, Gärtnerei, Molkerei und so weiter.« 1998 sind daraus bereits 72 Häuser geworden. Rund 700 junge Frauen und Männer, von denen ansonsten vor allem die Frauen keinerlei Chance auf eine fundierte Ausbildung gehabt hätten, verdanken der Schule gut bezahlte Jobs zum Beispiel als Tourismusfachleute, Farmspezialisten, Gärtner, Schneider oder Mechaniker. Denn fast alle Schüler bestehen die Abschlußprüfungen und ergreifen auch den Beruf, den sie in Baumgartsbrunn erlernt haben; inzwischen besteht sogar ein Nachfrageüberhang seitens der regionalen Tourismusbetriebe und den Betreibern von Gästefarmen des Landes.

Baumgartsbrunn liegt in Namibia, ganz in der Nähe der Hauptstadt Windhoek, und bezeichnet eigentlich eine Farm. Bleks kaufte sie 1971, als er sich in dieses Land verliebte, von dem viele sagen, daß es keinen, der es einmal besucht hat, wieder losläßt. Für Bleks bedeutete dieser Entschluß den radikalen Abschied von seinem bisherigen Leben als Topmanager in der Stahlindustrie. Ein Job, dessen Belastungen ihm einen Herzinfarkt eingebracht hatten. Die anschließende Reise, die ihn unter anderem nach Namibia führte, gehörte eigentlich zu den Rehabilitationsmaßnahmen. Der Kauf von Baumgartsbrunn war im Grunde nur das Ergebnis des konsequenten Entschlusses, auszusteigen.

Aussteigen? Bleks ist statt dessen eingestiegen, oder besser: aus Verantwortungsgefühl hineingeschlittert in eine Rolle als Sozialinnovator. Das Wort ist nicht zu hochgegriffen, denn bislang war es so üblich nicht, daß sich ein Farmer in Namibia darüber Gedanken machte, daß die Kinder seiner Arbeiter aufwuchsen, ohne Lesen und Schreiben zu lernen. Bleks hingegen organisierte einen Lehrer, der die Kinder unter einem Baum versammelte, um ihnen das Herrschaftswissen der Weißen und der Führungseliten beizubringen. Daraus entstand binnen weniger Jahre ein Dorf, im dem sich nahezu alles um die Aus- und Weiterbildung junger Namibier dreht. Selbst die Farm, die Kernzelle dieser inzwischen weit über die namibischen Grenzen geachteten Institution, leistet ihren Beitrag: Weil der Zuschuß der Regierung (sie bezahlt die Grund- und Hauptschullehrer sowie einen Tagessatz von 1,25 Mark pro Schüler) nicht für den Schulbetrieb ausreicht und weil die meisten Eltern die Schulgebühren nicht aufbringen können, lernen die jungen Leute produzierend in den Lehrwerkstätten – *learning by doing.*

Sie fühlen sich dadurch, so Bleks, nicht als Almosenempfänger, sondern erleben sich durchaus selbstbewußt als Teil einer Unternehmung, die Autarkie anstrebt. Lehrer und Schüler übten sich zudem in Marktanalyse und der Entwicklung von Dienstleistungsangeboten: Sie stellten zum Beispiel fest, daß auf den Farmen ringsum insgesamt 60 000 Dieselmotoren Dienst tun – und daß daraus auf einen ungeheuren Reparaturbedarf geschlossen werden darf. So entstand, mit finanzieller Unterstützung des Bochumer Rotary Clubs, die inzwischen selbständige Dieselmotorenwerkstatt in Windhoek.

Liebe Freunde,

wieder ist ein Jahr vergangen. Die Schüler fiebern den Zeugnissen entgegen, die Lehrer dem wohlverdienten Urlaub, die Jahresendveranstaltungen häufen sich ebenso wie die Weihnachtseinkauforgien, und der Kampf um die innere Besinnung wird gekämpft bis zur einsetzenden Erschöpfung. Zuvor jedoch müssen Sie mir erlauben, daß ich mich bei Ihnen allen in rechter Weise bedanke für die großherzige Unterstützung, die Sie den jungen Menschen in unseren Schulen haben zuteil werden lassen.

Es ist leider so, daß wir ohne Ihre freundliche Unterstützung noch nicht zurechtkommen. In unserer Gewinn-und-Verlust-Rechnung für das Jahr 1996, die mit NS 1 259 209 Rechnungssumme (NS steht für Namibische Dollar. 100 NS entsprechen etwa 40 DM. *Anm. d. Red.*) abschließt, steht zum Beispiel noch immer ein Spendenaufkommen in der Höhe von NS 265 000 auf der Einnahmeseite. Ohne diesen Betrag wären wir also, ohne Ihre Hilfe, in die Verlustzone gerutscht. Im Jahre 1995 lag das Spendenaufkommen bei NS 282 255, und in diesem Jahr wird es sich ungefähr in der gleichen Höhe bewegen. In DM ausgedrückt sind das immer zwischen 80 000 und 100 000, die wir benötigen, um die Differenz zwischen den jährlichen Einnahmen und Ausgaben zu bereinigen. Die verbleibende etwa NS 1 000 000 an Einnahmen setzen sich zusammen aus Mieteinnahmen, Schulgebühreneinnahmen, staatlichen Subventionen, Verkäufen und Zinseinnahmen. Sie sehen, daß ich Ihnen zu danken habe für etwa 20 Prozent des Gesamtaufkommens an jährlichen Finanzmitteln. (Es ist noch gar nicht so lange her, da waren es rund 60 Prozent.)

Es darf jedoch nicht unerwähnt bleiben, daß die Staatskanzlei des Ministerpräsidenten des Landes Nordrhein-Westfalen und SOS-Kinderdorf-International zu gleichen Teilen die gesamten Betriebskosten unseres besonders erfolgreichen Institute for Home Science and Agriculture übernommen haben. Die jährlichen Betriebskosten dieses Instituts liegen bei etwa DM 120 000. – Als besondere Form des Dankes an beide Organisationen mag gelten, daß fast alle abgehenden

Absolventen (95 Prozent) ihre Prüfungen bestehen und in den hiesigen Arbeitsmarkt vermittelt werden können.
Da wir schon in Zahlen reden: Baumgartsbrunn beherbergt zur Zeit in Grund- und Mittelschule 468 Schülerinnen und Schüler; im Institut 48 Schülerinnen und Schüler; an Lehrern 31 Damen und Herren; Angestellte wie Köche, Erzieher, Helfer und so weiter: 47; Behinderte: 13; Farmarbeiter und deren Familien, die zum großen Teil auch in der Schule arbeiten: 52 – insgesamt 659 Personen.
Sie wohnen in Häusern, besitzen eine Kirche, eine Klinik, in der monatlich 300 bis 350 Patienten behandelt werden, haben eine eigenen Energie- und Wasserver- und entsorgung, eine Großküche, eine Schulküche, Metzgerei und Bäckerei sowie eine Räucherei.
An Werkstätten gibt es: Schneiderei, Lederwerkstatt, Weberei und Spinnerei, Gärtnerei und Lehr-Restaurant, und mit den drei Sportplätzen und der Grünanlage entwickelt sich die Schule nun zu einem kommunalen Gebilde, zu einem doch schon, für namibische Verhältnisse, größeren Dorf. Auch äußerlich ist es ansprechend mit seinem senffarbenen Gebäuden und den roten Dächern, die zumeist unter dem Schirm großer grüner Kameldornbäume hervorschauen. Im Oktober 1998, wenn wir unser 25jähriges Bestehen feiern, werden sich viel Freunde davon überzeugen können. Dann wird sich die Schule in ihrem schönsten Kleide präsentieren können, weil die Deutsche Entwicklungshilfe für soziales Wohnungs- und Siedlungswesen e.V. in Köln je NS 65 000 für School-Renovation und Sanitary-Projects zur Verfügung gestellt hat. Wenn Sie sich vorstellen, daß die Schule bereits 25 Jahre alt ist, dann können Sie sich denken, wie notwendig zum Beispiel eine Renovation von Schülerheimen geworden ist, aber auch wie dankbar wir sind.
Na, nun bauen wir wieder und hoffen, daß wir zum Jubiläum fertig sein werden.

Ich wollte nun eigentlich schließen, denn dem Durchschnitts-Europäer sagt man nach, Informationen nur zu lesen, wenn sie nicht länger als eine halbe Seite beanspruchen. Aber weder gehören Sie dazu, noch lasse ich mich zurückhalten, über eine Frage zu sprechen, die mir von den vielen Besuchern immer wieder vorgelegt wird. Das ist die Frage nach den Beziehungen der Geschlechter untereinander, denn man weiß, daß viele unserer Schüler zwischen 16 und 26 Jahre alt sind. Und in diesem Bereich haben wir tatsächlich gegen gewisse Widerstände anzukämpfen. Vor allen Dingen gegen den »lieben« Gott selbst. Denn der sagte doch: »Seid fruchtbar und mehret euch!« Und damit das geschähe, erfand er die Liebe, und das war ganz gewiß seine schönste Erfindung. Und er meinte beileibe nicht die Liebe zu Heiligenbildern oder so, sondern er meinte die Liebe der Menschen untereinander. Und der Tiere und der Pflanzen. Und es muß ganz bestimmt ein Sonntag gewesen sein, als er den Trieb in das All blies. Nur hat er dabei nicht aufgepaßt und mit zu vollen Backen geblasen. Trotzdem, und weil er unser aller Vater ist, komme ich mir immer vermessen vor, wenn wir nun Mauern um die Mädchenheime errichten, Zäune ziehen und abends die Tore verschließen – und das taten wir tatsächlich –, wohl wissend, daß es letztlich unnütz ist. Darum versuchen wir nun, Lösungen zu finden, die wir gemeinsam mit den älteren Schülern erarbeiten wollen. Vorträge und Aussprachen mit Ärzten, Gespräche über die Gefahren der Ansteckung, über Familienplanung und so weiter.

Aus Aufsätzen der Schüler, vor allem der Schülerinnen, ist deutlich ersichtlich, daß ein Bewußtseinswandel eingesetzt hat. Nicht mehr 12 Kinder, die die Altersversorgung darstellen, sind das Ideal oder notwendiges Ergebnis der Ehe, sondern 2 und 3 Kinder, die eine gute Ausbildung erhalten sollen, und denen es einmal besser gehen soll, als es ihnen

> ergangen ist. Der »Familienplanung« wird im Curriculum des kommenden Jahres besondere Aufmerksamkeit gewidmet sein.
> So, und nun grüßt mit allen guten Wünschen für eine gesegnete Weihnacht und ein friedvolles neues Jahr.

Ein wenig tragen die Schüler sogar dazu bei, Devisen ins Land zu bringen. Denn ein Teil dessen, was sie in den Werkstätten produzieren, wird in Dritte-Welt-Läden, zum Beispiel dem Laden der Versöhnungskirche in Münster, verkauft.
Diese Einnahmen und der Erlös aus dem Verkauf von Farmprodukten reichen zusammen allerdings immer noch nicht aus, die Finanzlücken zu decken. So suchte Bleks frühzeitig Kooperationspartner und fand sie in der Konrad-Adenauer- und der Hanns-Seidel-Stiftung, im Lion's Club Störmarn bei Hamburg, im Rotary Club Bochum, bei der Landesregierung von Nordrhein-Westfalen und beim Bonner Entwicklungshilfeministerium. Bonn übernimmt, Förderungswürdigkeit vorausgesetzt, 75 Prozent der Kosten für ein Gebäude, wenn Bleks 25 Prozent Eigenkapital nachweisen kann – meist Spendengelder. Gern erzählt er die Anekdote, wie die Schulgemeinschaft an den Glockenturm zur schuleigenen Kirche gekommen sei: Da das Ministerium kirchliche Einrichtungen nicht finanziert, beantragte er statt dessen eine Beihilfe für den Bau eines Wasserturms, der dann auch errichtet wurde. Daß in dem Wasserturm auch Glocken hängen, die zum Gottesdienst rufen, brauche die Beamten in Bonn nun wirklich nicht zu stören. Um allen Mißverständnissen in Richtung Subventionsmauscheleien entgegenzuwirken: Bleks kann Gutachten des Bundesrechnungshofes vorweisen, die ihm korrektes Finanzgebaren attestieren.
Inzwischen hat die Schule weitere Kooperationspartner gefunden: Die Stiftung SOS-Kinderdorf und die Staatskanzlei des Landes Nordrhein-Westfalen zahlen Bleks einen ansehnlichen Betrag dafür, daß er neben 25 Studenten aus Namibia auch 25 Zöglinge

aus afrikanischen Kinderdörfern zu einem zweijährigen Berufsorientierungskursus bei sich aufnimmt.
Bleks wußte spätestens Ende der achtziger Jahre, daß seine Bemühungen aus den Erträgen der Farm nicht zu finanzieren sind und daß er für lange Zeit auf Spenden angewiesen sein würde. Deshalb gründete er 1989 in München die Helmut-Bleks-Stiftung als Instrument des Fundraising. Seitdem darf er Spendenbescheinigungen ausstellen. Aus diesem Grund fliegt er einmal im Jahr zum Geldsammeln nach Deutschland. Seine Leistung imponiert, und deshalb beherbergt er in seiner Gästefarm auch immer wieder die intellektuelle Prominenz dieser Republik. Marion Gräfin Dönhoff, die Mitherausgeberin der *ZEIT*, schrieb dem Exmanager und Anthroposophen diese Würdigung ins Stammbuch: »Gäbe es mehr solche in Namibia, in Afrika – es sähe heute dort anders aus.«
Das Bild des südlichen Afrika beginnt sich inzwischen aufzuhellen, und Bleks ist einer derjenigen, die dazu beitragen. Konkret: Das Bildungsministerium Namibias hat das Konzept der binären Ausbildung, speziell den Einsatz von Berufsschulen, wie Bleks sie in diesem Land eingeführt hat, zur offiziellen Politik gemacht. Besser kann es einer Private Public Partnership wirklich nicht ergehen.

Entwicklungs-Training mit den Patres

Er sei schließlich, berichtet Dr. Rolf Hasenclever, das feuilletonistische Räsonnieren über die Schlechtigkeit der Welt und die Schwierigkeiten, diese wenigstens in den Ländern der Dritten Welt ein wenig zurückzudrängen, leid gewesen. Das war im Jahr 1987, als der Unternehmer (Hasco Normalienwerke Lüdenscheid) noch in zahlreichen Verbänden und Gremien aktiv war und auch immer wieder zu einschlägigen Gesprächsrunden honoriger Menschen einlud. Dabei habe sich der Wunsch gefestigt, den Debattierclubs zu zeigen, daß es möglich sei, als Privater und Unternehmer auch bei der Entwicklungshilfe merkliche Duftspuren zu hinterlassen – was in solchen Runden immer wieder bestritten wurde. Da traf es sich dann gut, daß Hasenclever kurz darauf Pater Karl Oerder traf, den Missionsprokurator der Salesianer Don Boscos, mit Sitz in Bonn. Pater Oerder berichtete über ein Ausbildungsprojekt in der polnischen Stadt Auschwitz und darüber, wie dort jungen Leuten geholfen werde, bei denen es sich in der Mehrzahl um *drop outs* handelte, um Menschen, die mit dem sozialistischen System nicht zurechtkamen und selbst durch dessen soziales Netz zu fallen drohten. Pater Oerder berichtete aber auch von den vielfältigen Schwierigkeiten bei der Beschaffung von Material und bei der Finanzierung der Hilfseinrichtung.

Hasenclever, ganz Mann der Tat, verfrachtete sich und den Geistlichen in einen Flieger nach Warschau, der Pater den Unternehmer in Warschau in einen alten VW, und ab ging es über holprige Straßen (Oerder: »Der hat geschimpft wie ein Rohrspatz«) zum Salesianer-Ausbildungszentrum in Auschwitz. Dort widerfuhr dem Unternehmer zwar nicht gerade eine Erweckung, aber er erlebte eine derart intensive Prägung seiner Grundbereitschaft, sich für eine gute Sache einzusetzen, die ihm, dem Protestanten, für sein Engagement zugunsten der Don-Bosco-Stiftung schließlich eine der höchsten päpstlichen Auszeichnungen einbrachte, das Großkreuz mit Stern des Sankt-Gregorius-Ordens.

Hasenclever erkannte in Auschwitz sogleich die Potentiale, die in der Arbeit der Salesianer stecken: Geld nicht als Almosen oder zugunsten missionarischer Anstrengungen zu verteilen, sondern in die berufliche Förderung der Schwächsten einer Gesellschaft – junger Leute ohne Ausbildung und aus meist zerrütteten Familien – zu investieren. Jugendliche, denen eigentlich nur eine Karriere als Süchtige und/oder als Kriminelle offenblieb. In den Ausbildungsstätten der Don-Bosco-Patres erhalten diese Gefährdeten zunächst eine sehr einfache Ausbildung (Oerder: »Computerreparatur, Blumenbinden, Nähen zum Beispiel«), an die sich im Laufe der Zeit weitere Fördermöglichkeiten anschließen. In Auschwitz wurden damals 600 meist junge Männer in den Umgang mit Metall eingewiesen: Sie lernten Feilen, Schleifen, Fräsen, Bohren. Hasenclever war fasziniert und beschloß ein umfangreiches Hilfsprogramm. Zunächst belieferte er die Werkstätte mit Stahl, von dem es damals in Polen für nicht-staatliche Zwecke besonders wenig gab. Außerdem schoß er ein wenig Geld zu und – was ganz wichtig war – er verschenkte Fahrzeuge aus dem Fuhrpark der Hasco-Werke. Er ging aber noch einen Schritt weiter und lud die Besten der Schule, die es zum Beispiel zum Vorarbeiter gebracht hatten, nach Lüdenscheid ein, wo sie ihre Ausbildung fortsetzen konnten.

Weil aber Hasenclever einer ist, der sich seiner Leistungen und Potentiale zwar sehr bewußt ist, aber trotzdem nicht unter Selbstüberschätzung leidet, hielt er Ausschau nach weiteren Quellen für Hilfeleistungen. Er ließ als Expräsident des Bundesverbandes Metall seine Verbindungen zur EU, damals noch EG, spielen mit dem Ergebnis, daß in den offiziellen Berufskatalog ein neuer hinzugefügt wurde – der des Landmaschinenreparateurs. Das wiederum war die Voraussetzung für einen immerhin 4 Millionen

Mark umfassenden Förderetat, der den Salesianern für ihre Arbeit in Polen zur Verfügung gestellt wurde – ein klassisches Beispiel für gekonnte Hebelstrategien in der Entwicklungspolitik.
Die Salesianer sind in hohem Maße abhängig von dieser Art Sponsoren, die zwar auch Geld und Sachwerte zusteuern, sich aber viel mehr noch um die wirtschaftliche Weiterentwicklung des Hilfswerks verdient machen. Denn Ausbildungsinitiativen in den Entwicklungsländern zeitigen meist nicht nur die angenehme Folge, daß ein junger Mensch am Schluß über qualifizierte Fertigkeiten verfügt, sie setzen den Ausbilder auch unter Druck, für eine Unterbringung in Betrieben zu sorgen, weil der ehemalige *drop out* sonst wieder ins Elend zu versinken droht. Da es aber nicht genug derartige Betriebe gibt, stehen die Hilfsorganisationen früher oder später vor der Notwendigkeit, die jungen Leute selber weiterzubeschäftigen. Oder sie so weiterzuqualifizieren, daß diese sich als selbständige Unternehmer versuchen können.
Im Prinzip handelt es sich um die Initialzündung zur Entstehung eines produktiven Mittelstandes. Um hier nicht zu scheitern, sind Managementfähigkeiten gefragt, über die die sonst sehr handfesten Patres nicht verfügen. Vor allem dann nicht, wenn es um die überregionale Vermarktung von Produkten und die regionale Positionierung von Dienstleistungen in engen Märkten geht. Und so droht die Gefahr, daß die Hilfsinseln mit der Zeit zwar immer größer werden, aber keine spürbaren unternehmerischen Fühler in die Volkswirtschaften ausstrecken können. So bleibt stets ein von außen zu deckender hoher Kapitalbedarf. Es gilt also Märkte zu erspüren und zu bearbeiten.
Es ist nicht zuletzt das Verdienst hilfsbereiter Unternehmer wie Hasenclever, daß kirchliche Orden wie die Salesianer sich diesem Denken öffnen und auch jegliche Berührungsängste vor vermeintlichen Dominanztendenzen betriebswirtschaftlich denkender Menschen verloren haben. Das ist so selbstverständlich nicht, verstehen sich die Patres doch schon von Hause aus eher als Arbeiterpriester. Und sie sind auch nicht bereit, Teufelspakte

einzugehen – nachdrücklich bestehen sie darauf, in ihrer Grundüberzeugung akzeptiert zu werden, wobei sie andererseits nichts gegen Kooperationen mit Protestanten, Buddhisten oder gar Atheisten einzuwenden haben.
So ist Pater Oerder durchaus zu Experimenten bereit, zum Beispiel, Mitarbeitern von Unternehmen, die in einem Entwicklungsland eine Niederlassung begründen wollen, eine Hospitantenstelle zur Vertiefung der landeskundlichen Kenntnisse anzubieten. Im Gegenzug erwartet er sich daraus die Vermittlung von Management-Know-how in die Ausbildungsstätten. Es ist in der Tat nicht von der Hand zu weisen, daß es für hiesige Unternehmen ein hochwertiges Fortbildungsprogramm sein könnte, an einem der Don-Bosco-Programme mitzuarbeiten. Manager müssen, wenn sie Abstand vom Tagesstreß finden wollen, ja nicht unbedingt in toskanischen Klöstern meditieren.

Die Salesianer Don Boscos gehen auf das Wirken von Giovanni Bosco zurück, der im Jahr 1859 eine Kongregation für die Erziehung und den Unterricht unterprivilegierter Kinder gründete. Heute sind die Salesianer in 118 Ländern vertreten, wo sie nahezu 1200 Niederlassungen betreiben. Die Organisation umfaßt rund 17 000 Mitglieder, darunter 11 000 Priester und 90 Bischöfe. Der Salesianer Bischof Carlos Ximenes Belo aus Osttimor erhielt 1996 den Friedensnobelpreis.

Von fünfzehn auf drei Millionen mit Gewinn

Vor acht Jahren brauchte er noch 15 Millionen Mark an Subventionen, heute kommt er mit 3 Millionen zurecht. Vor acht Jahren schleppte er 66 Mitarbeiter durch, heute sind es gerade einmal 16. Vor acht Jahren lebte er komfortabel mit dem öffentlich-rechtlich subventionierten Gehalt eines Generalintendanten der Staatlichen Schauspielbühnen Berlin, verantwortlich für das Schiller-Theater, das Schloßparktheater und die Schillertheater/Werkstatt. Heute sitzt er als Geschäftsführer einer GmbH & Co. KG, die das Schloßparktheater privatrechtlich betreibt, auf dem Schleudersitz und fühlt sich sichtlich wohl: Er macht Gewinn und wird deshalb und vor allem wegen der künstlerischen Leistung bewundert: Heribert Sasse. Und gefürchtet. Denn, so Sasse, das habe ihm einer seiner staatlich bestallten Kollegen zu Beginn des Experiments mit auf den Weg gegeben: Als Freund wünsche er ihm alles erdenklich Gute. Als Kollege hingegen wünsche er ihm eine herbe Bauchlandung. Denn wenn das Modell Schule mache, dann sähe es in Zukunft düster aus mit der staatlichen Unterstützung der Bühnen in Berlin und in der Bundesrepublik.

Visionär gesprochen damals, 1994. Zwei Jahre zuvor waren die drei Bühnen mit Karacho kollabiert: Denn nach Sasses Rücktritt als Generalintendant 1990 hatte es ein Vierergespann von Intendanten geschafft, die mit rund 42 Millionen Mark voll subventionierten Staatstheater (davon allein rund 15 Millionen für das Schloßparktheater) von einer durchschnittlichen Auslastung von 72 Prozent im Jahre 1990 auf unter 20 Prozent im Jahre 1992 herunterzuwirtschaften. Die Bühnen mußten schließen. Kurz darauf erbot sich Sasse, das verwaiste Schloßparktheater privat weiterzuführen, wenn der Senat sich bereit erklärte, die Hauskosten, also die Miete der Immobilie (die dem Land gehört), zu übernehmen sowie einige andere mit der Bestandssicherung des Gebäudes zusammenhängende Verpflichtungen. Für die Pflege und den Ausbau der Bühnentechnik und alle weiteren Fixkosten wolle er aufkommen, schließlich rechne er mit einer Auslastung von durchschnittlich 65 Prozent; damit müßte es zu machen sein, das Haus profitabel zu führen. Der Senat willigte ein, und Sasse saß zunächst einmal in der Patsche. Denn zu dieser Zeit war es sehr schick, in die Theater in den östlichen Bezirken der Stadt zu gehen; zudem gaben die Berliner schon damals für die Kunst weniger aus als je zuvor, und drittens war der Spielplan auch nicht der, der dem Publikum zusagte – zuviel leichte Kost, wie der Intendant heute weiß.

So setzte er denn alles auf eine Karte und kam mit einem Stück heraus, das wirklich schwerer Tobak ist: *Weiningers Nacht* des israelischen Dramatikers Joshua Sobol – und das Publikum zeigte sich noch reservierter. Allerdings nicht die Kritik, vor allem nicht die internationale, die den Künstler plötzlich wegen seines Wagemuts in den Himmel lobte und staunte, daß einer so mutig ist, auf eigenes Risiko derart anspruchsvolle Kost anzubieten. Plötzlich war Sasse auch in Berlin wieder wer, sein ambitionierter Spielplan wurde angenommen, und die Auslastung des Hauses, 450 Plätze, wuchs und wuchs. Auf jetzt durchschnittlich 55 Prozent, was zwar immer noch unter den 62 Prozent liegt, die er unter seiner Staatsintendanten-Ägide erreichte, aber doch fast das Dreifache dessen ist, mit dem das Haus 1993 geschlossen wurde. Das Wichtigste aber: Diese Auslastung reicht aus, dem Schloßparktheater Gewinne einzubringen.

Der künstlerische Erfolg ist aber nicht auf Berlin beschränkt. Auch die Provinz goutiert seinen hohen Anspruch in der Form, daß die kleinen städtischen Bühnen ihn mit zunehmender Begeisterung für Tourneen buchen – ein für beide Seiten überaus lukratives Geschäft. Denn in der Theaterszene bringen Tourneen erstens mehr ein als die Aufführung am Standort, und zweitens können

die Kulturdezernenten ihren Verwaltungen vorweisen, daß sie die kommunalen Subventionen nicht nur für Boulevardaufführungen und Bunte Abende ausgeben, sondern auch für ein anspruchsvolles Angebot, das darüber hinaus vom Publikum begeistert aufgenommen wird. Eine echte Marktlücke also. Sasse bietet sogar eine Art Garantie: Während andere Tourneebühnen ihr Repertoire selbst dann noch herunterspielen, wenn ein Stück schon mehrfach durchgefallen ist, schickt Sasse nur Produktionen auf Reisen, die in der Hauptstadt überdurchschnittliche Resonanz gefunden haben – Qualitätssicherung mit hoher Risikobereitschaft für das Schloßparktheater, nervensparende Risikominimierung für den kommunalen Kulturreferenten.
Auf den ersten Blick eine Erfolgsstory, die auf Glück und Zufall basiert; die immer wieder gern gelesene Geschichte vom Hasardeur, der va banque spielt und gegen alle Regeln des Geschicks doch auf die richtige Zahl setzt. Es ist aber auch die Geschichte der stringent fortgeführten Vermarktungsstrategie eines Premiumproduktes, wobei es gerade in der Theaterszene überaus schwerfällt, den Begriff richtig zu fassen. Ein Premiumprodukt könnte ja auch die perfekt heruntergespielte Boulevardkomödie sein oder das elitäre Lehrschauspiel mit all den Verfremdungseffekten, die einem staatlich finanzierten Großintellektuellen einfallen können. Sasse scheint die richtige Mischung gefunden zu haben: Er verliert nie den Anspruch aus den Augen, daß Theater auch immer noch ein wenig Erziehungsanstalt ist; er setzt die Erkenntnis um, daß das Publikum so dumm nicht ist, wie gemeinhin unterstellt wird, und er vergißt nie, daß einer, der 59 Mark für zwei Stunden Sitzrecht im Theaterstuhl auszugeben bereit ist (so viel kostet im Schloßparktheater die erste Reihe), entweder ent- oder gespannt sein möchte – bestenfalls bis hin zur Atemlosigkeit. Er spielt Stücke, die eher etwas für die Bildungselite sind, und bereitet sie populistisch auf. Was für ihn heißt: Selbst, wenn ein Besucher die Botschaft nicht versteht, wird er doch emotional gefangen durch die Intensität des Spiels.

Sasse definiert auch die Adresse, an der das Publikum abzuholen ist: »Im Wettbewerb mit dem Fernsehen bietet das Theater die Erfahrung des gemeinsamen emotionalen Erlebnisses.« Derartig kundenfreundliche Vorgaben lassen autistische, als Provokation verbrämte Interpretationen eines Theaterstücks erst gar nicht zu. Mit dieser Philosophie impft Sasse auch die Schauspieler, die ohnehin nicht anders können, als jeden Abend ihr Bestes zu geben: Bezahlt wird ausschließlich für ihre Präsenz an diesem Abend. Will sagen: Sasse hütet sich, feste Ensembles zu engagieren. Die Schauspieler sind für die jeweilige Produktion verpflichtet, ansonsten müssen sie sehen, wo sie in der Zeit danach ihre Engagements hernehmen: »Wir spielen jeder um unsere Existenz«, meint Sasse. Und das, so der Intendant, fördere die Leistungsbereitschaft enorm. Und senkt selbstredend die Personalkosten.
Methoden wie im alten Manchester? Eigentlich nicht, eher allgemeine Praxis im internationalen Theaterbetrieb. Und es sollte auch einmal darüber nachgedacht werden, ob nicht vielmehr die staatlich subventionierten Intendanten es sind, die ihren Mitarbeitern gegenüber unverantwortlich handeln. Denn dadurch, daß sie, wie in der Berliner Oper der Fall, 90 Millionen Mark für 100 Aufführungen ausgeben dürfen und dafür einen gigantischen Personalstand halten, führen sie ihre Anstalten in Zeiten des knappen Geldes oft zielsicher in den Ruin. Und entlassen dann auf einen Schlag Hunderte von Künstlern in eine Selbständigkeit, auf die sie nicht vorbereitet sind und die höchstens vom Arbeitslosengeld abgefedert wird. Vielen Schauspielern ist da der ehrliche Kampf um die Existenz lieber als die trügerische Sicherheit.
Überhaupt ist der Personalbestand der Hauptfaktor für die finanzielle Misere der staatlich bezahlten Bühnen. Sasse berichtet voller Ingrimm aus der Zeit, als das Schloßparktheater noch staatlich war und es die Regel gab, daß bei jeder Aufführung sechs Bühnentechniker zugegen sein mußten, selbst dann, wenn sie nicht gebraucht wurden: »Die soffen dann und spielten Karten.« Er berichtet auch darüber, daß es ihm nicht gelungen sei, einen

schwer alkoholkranken Techniker loszuwerden, der in seinem Suff einen schweren Lüster statt an den dafür vorgesehenen Haken an das Stromkabel gehängt hatte. Natürlich riß der dünne Draht, und die zentnerschwere Last fiel genau zwischen zwei auf der Bühne probende Schauspieler.

Es war damals auch nicht möglich, das Budget für die Staatsbühnen generell zu kürzen, obgleich Sasse genau wußte, wo anzusetzen gewesen wäre, und entsprechende Vorschläge machte, nämlich Personal und Ensemble auf die Hälfte zu reduzieren. Aber: »Die Politiker wollten da einfach nicht drauf eingehen.«

Wo also liegt das Einsparungspotential, das Sasse nutzt? Beim Personal, wie erwähnt, und bei der allgemeinen Verschwendung. Ein Beispiel: Es ist an den staatlichen Bühnen gang und gäbe, daß ein Zehntausende Mark teures Bühnenbild einfach weggeworfen wird, wenn es dem Regisseur dann doch nicht gefällt. Niemanden scheint es zu wundern, auch in Berlin nicht, daß ein Regisseur unbedingt Stoffe für die Kostüme aus London einfliegen lassen muß. Sasse: »Ich kaufe die Stoffe in New York, wenn ich dort Urlaub mache, weil sie da billiger sind. Außerdem verwenden wir Garderoben mehrmals.«

Es ist in der Tat diese Art intellektuell-elitärer Großmannssucht, welche die Politiker mehr und mehr darüber nachdenken läßt, ob Kultursubventionen herkömmlicher Form so sein müssen. Oder über Umstrukturierungen im Spielplan: Warum muß ein Staatstheater unbedingt ein Repertoire-Theater sein, also im täglichen Wechsel unterschiedliche Stücke aufführen? Dadurch steigen die Umbaukosten ins Astronomische, muß doch nicht nur von einem auf den nächsten Abend umgebaut werden, sondern meist zweimal an einem Tag. Denn wenn die Schauspieler morgens für ein anderes Stück proben, als am Abend aufgeführt wird, brauchen sie ja das entsprechende Bühnenbild. Sasse: »Bei mir bleibt ein- und dasselbe Bühnenbild bis zum Ende der Produktion stehen. Wenn andere Stücke geprobt werden, wird es abgehängt und die Position der neuen Dekoration markiert.«

Allerdings: »Ich bin nicht fürs Sparen um jeden Preis. Ich bin vielmehr dafür, mehr einzunehmen.« Gezielter Mitteleinsatz zum Zweck der Gewinnoptimierung – ein revolutionärer Ansatz im deutschen Kulturbetrieb. Das Ergebnis dieser Umorientierung hin zur Betriebswirtschaft: Produktionen, die im staatlich subventionierten Betrieb gut und gerne 16 000 Mark pro Abend kosten würden, sind bei Sasse bereits für 2 500 Mark zu haben. Gewinn macht das Theater bereits, wenn die Tageskosten nicht über das Doppelte dieses Betrages steigen. Daher bemüht Sasse sich, bei den meisten Produktionen weit darunter zu bleiben. Zum Nutzen der Reputation des Theaters. Denn: »Ich schaffe mir dadurch ein Puffer für künstlerische Experimente.« So wird die Zusammenstellung des Spielplans stets zu einem Experimentierfeld über die Frage, auf welche Weise das Publikum noch anregender zu unterhalten ist, ohne daß es die Lust am Theater verliert.
Und welche Rolle spielt das Sponsoring? Davon hält Sasse zugleich wenig und doch auch wieder viel. Wenig hält er davon, daß ein Unternehmen eine eher kleine Summe in das Theater steckt, die dann im Nirwana der Produktion verschwindet und bei den Angestellten vielleicht sogar noch Begehrlichkeiten weckt. Viel hält er hingegen von Sachleistungen; etwa, daß ein Unternehmen regelmäßig Schloßparktheater-Anzeigen schaltet und auch gleich bezahlt. Oder einer Werbeagentur die Auslagen bei der Erstellung eines Image-Prospektes übernimmt. Und: »Ich fahre einen Mercedes, den ich mir von meinem Geschäftsführergehalt nie leisten könnte« – was für ihn keine persönliche Subvention ins Luxusbedürfnis eines Privatintendanten bedeutet, sondern eine ernst zu nehmende Investition in die Qualität des Theaters. Denn Sasse gehört zu der reisenden Truppe, zu denjenigen also, die die Tourneen durchspielen. Und da er immer einen Tag vor den Kollegen vor Ort sein muß, genießt er die Vorzüge einer komfortablen, nervenschonenden Beförderung entsprechend.
Läßt sich der Erfolg wiederholen? Sicher, was das Kostenmanagement anbelangt. Die Qualität des Theaters hängt allerdings sehr

an der Persönlichkeit Sasse, der in der Theaterszene einen über lange Jahre erworbenen und gefestigten Ruf besitzt. Das erleichtert es ihm, die besseren Schauspieler für seine Geschäftsführung und für seine künstlerischen Anforderungen zu begeistern. Zu Hilfe kommen ihm auch die gewachsenen Kontakte zu den Unternehmensführungen und die Erfahrungen im Umgang mit den Verwaltungen – nie als Bittsteller, sondern als geachteter Anspruchsteller. Es fällt ihm ebenso leicht, sich auf die Sprache der Industrie einzustellen, wie er es gewohnt ist, sein Publikum ernst zu nehmen.

Das zeigt sich auch darin, daß er Kundenorientierung nahezu instinktiv realisiert und diese Einstellung auch auf die Mitarbeiter zu übertragen weiß. So wird der Besucher von der Garderobiere freundlich angesprochen, und wenn einer Orientierungsprobleme hat, findet er stets jemanden, der ihm hilft. Diese Einstellung hat er bereits zu seiner Zeit als Generalintendant durchzusetzen versucht, ist damit aber sehr schnell sehr schrecklich gescheitert. Eines Tages, es war kurz nach seiner Amtsübernahme, bat ihn ein Portier zu einem Gespräch. Er, Sasse, habe ihm, dem Portier und den Kollegen, doch einen Brief geschrieben und um etwas mehr Aufmerksamkeit gegenüber den Besuchern gebeten. Solch einen Brief habe der vorvorherige Intendant auch einmal geschrieben – »Und, sehen Sie den hier noch irgendwo?« Eine gut erfundene Anekdote? Mag sein, aber sie klingt ungeheuer glaubwürdig.

Das Premierenpublikum umwirbt Sasse auf besonders charmante Art und Weise: Es darf an der Premierenfeier teilnehmen, die stets bis in die frühen Morgenstunden dauert.

Und wie motiviert er die Mitarbeiter? Zunächst stellt er fest, daß nicht ein einziger aus der alten Mannschaft wieder dabei ist. Glück für ihn: Da das Theater zwei Jahre lang geschlossen war, brauchte er auch keine personellen Verpflichtungen übernehmen. Neue Mitarbeiter zu finden fiel nicht schwer – alles Leute, so Sasse, die sich lieber jeden Tag erneut profilieren als ihren Riemen abzusitzen. Er bezahlt sie gut, schüttet Prämien aus, und hin und wieder steigen auch muntere Belegschaftsfeste. Als die Bühne 1993 mit *Was Ihr wollt* für den »Friedrich-Luft-Preis« nominiert wurde, lud er die ganze Mannschaft für drei Tage zum Heurigen nach Wien ein.

Noch einmal die Frage: Läßt sich der Erfolg wiederholen? Im Prinzip ja. Wenn es einer ist wie Sasse, der den Neuanfang wagt. Einer also, den eine Idee treibt - die Idee, Geld zu verdienen, eigenes Geld. Ein Unternehmer also.

Der Region kunstvoll verbunden

Er liebt die Kunst – und er gehört zu jenen raren Persönlichkeiten, denen es überhaupt nichts ausmacht, zu bekennen, diese Liebe für sich und ihr Lebenswerk zu instrumentalisieren. Kunst ist für Reinhold Würth, der als Vorsitzender des Beirats der Würth-Gruppe (Befestigungstechnik, Sitz Künzelsau) noch immer Herr des Unternehmensgeschehens ist, ein Quell sowohl der Lebenslust als auch der Leistungssteigerung. Und als solche setzt er sie auch ein, was er ganz offen ausspricht. Wie er das macht, das hat etwas von der beiläufigen Grandezza, die Menschen an sich haben, die von Kindesbeinen an von Außergewöhnlichem umgeben sind. Dabei stammt Würth aus recht bescheidenen Verhältnissen; Vater Adolf betrieb eine winzige Schraubenhandlung, in der Sohn Reinhold als Lehrling ausgebildet wurde. 1997 ist aus dem Betrieb ein weltweit agierendes Handelsunternehmen mit mehr als 6 Milliarden Mark Umsatz, 430 Millionen Mark Gewinn, fast 2 Milliarden Mark Eigenkapital und über 24 000 Mitarbeitern geworden. Eine Leistung, die die Kraft manch anderer wohl vollständig aufzehrt hätte, aber Würth fand nach der Tagesarbeit immer wieder Zeit, Museen zu besuchen, vor allem die in den Orten, die er aus geschäftlichen Gründen besuchte. Und Galerien, deren Besitzer ihn wohl sehr lieb gewannen, denn heute fassen die Magazine des Unternehmens nicht weniger als 4000 Werke der darstellenden Kunst. Sie erscheinen sogar in der Bilanz unter der Rubrik »Aktiva – Sachanlagen – Andere Anlagen, Betriebs- und Geschäftsausstattung, Kunstgegenstände: 89,7 Millionen Mark«.

Ein sachlicher Umgang mit der Lust demnach, den Reinhold Würth, Autor einer Vielzahl von Aufsätzen über Führungs- und Management-Techniken, der 1989 den Deutschen Marketing-Preis erhielt, im Prinzip unter vier Prämissen stellt: Erstens sollen es die Mitarbeiter so angenehm wie möglich haben, zweitens soll das Auftreten des Unternehmens unverwechselbar sein, drittens soll es Konsistenz aufweisen und viertens muß es ein Flair ausstrahlen, das die Identifikation der Mitarbeiter fördert, ein Wir-Gefühl. All das kann die Kunst leisten. Und im gleichen Zuge schafft sie es, Unternehmensinteressen fest mit öffentlichen Interessen zu verbinden.

So angenehm wie möglich: Würth betont immer wieder, daß die Mitarbeiter ihre besten Jahre bei ihm verbrächten und es eine Art von Ausbeutung darstelle, ihnen nicht die optimale Chance zu bieten, sich physisch und psychisch wohl zu fühlen. Ein wichtiger Aspekt dabei: eine Architektur, die sich vom anderswo vorherrschenden Schuhschachtelprinzip industrieller Zweckbauten diametral unterscheidet und an jedem Standort eine wohldurchdachte Einmaligkeit aufweist. Würth-Firmengebäude sind architektonische Unikate mit höchstem gestalterischem Anspruch. Auf diese Weise profiliert sich das Unternehmen bereits nach außen als unverwechselbar, eine Charakteristik, die in der Unternehmenskultur im Inneren unterstützt wird.

Unverwechselbar auch die Art, wie mit der Kunst umgegangen wird. Als Reinhold Würth 1985 den Neubau des Verwaltungsgebäudes plante, erhielten die Architekten die Vorgabe, im Gebäude Raum für zwei Museen einzuplanen, ein Schrauben- und ein Kunstmuseum. Und Würth achtete darauf, daß diese Museen jedem Interessierten zugänglich sind, nicht etwa nur Geschäftsfreunden oder Mitarbeitern. Es gibt auch keinerlei Schranken zwischen den Museums- und den Geschäftsräumen; wer sich also den Spaß machen möchte, nach dem reinen Kunstgenuß etwas von der praktischen Kunst des Schraubenverkaufs zu erschnuppern, dem wird das unschwer gelingen. So kommt es, daß Reinhold Würth Jahr für Jahr mehr als 12 000 Besucher in seinem Haus begrüßen darf, darunter nicht nur Bildungsbürger, sondern – und das macht die Sache für den Geschäftserfolg interessant – viele Handwerker auf von den Innungen organisieren Ausflügen. Und es geschieht, daß so mancher, der sich anfangs ob der schwer

zugänglichen Botschaft abstrakter Malerei befremdet zeigte, am Schluß dann doch, um wesentliche Eindrücke bereichert, das Haus verläßt, nachdem er bei einer Führung auf verständliche Weise in die Formen- und Farbenwelt der Künstler eingeführt wurde.
Hier vermischen sich die Nutzensstrukturen: Indem Reinhold Würth im Unternehmensinteresse eine Begegnungsstätte zwischen Kunst und Menschen schafft, nimmt er eine Aufgabe wahr, für die eigentlich die staatlichen Kunstsammlungen zuständig wären. Auch in der architektonischen Wirkung hat Würth (und mit ihm einige wenige andere Industrielle, denen Ästhetik wichtiger als Machtdemonstration ist) die einstige Rolle der öffentliche Hände als Impulsgeber für die Baukunst längst übernommen. Professor Dr. Hans-Peter Schwarz formuliert das in dem Buch *Würth – Die Architektur weiterbringen* so: »Wenn die öffentliche Hand ihrer gesellschaftlichen Funktion, für eine qualitative Architektur Sorge zu tragen, nicht mehr gerecht werden kann oder will, ist dann von den privaten Bauherren Besserung zu erwarten? Auf den ersten Blick kann man auch hier kein Licht im Dunkel des Mediokren erkennen.« Reinhold Würth, so belegt Schwarz, gehört zu den wenigen, die sich dieser kulturhistorischen Herausforderung stellen. Auch so wird die private Kunstförderung öffentlich.
Konsistenz als Teil des Unternehmensprofils: Auch hieran ist die Kunstförderung beteiligt. Reinhold Würth ist nie von seinem Weg als aktiver Förderer abgewichen. Einen Stillstand gibt es nicht; wohl allein schon deshalb nicht, weil ein Beharren auf dem Erreichten ganz und gar nicht seinem Wesen entspricht. Er treibt sein Engagement voran, und so erscheint es nur logisch, daß er der Stadt Schwäbisch Hall, die etwa 20 Kilometer vom Stammsitz des Unternehmens entfernt liegt, für viele Millionen Mark ein Museum baut, in dem ein Großteil der Sammlung ausgestellt werden soll. Würth, sehr pragmatisch: »4000 Bilder müssen irgendwo hin. Also zeigen wir sie der Öffentlichkeit.« Und, um den Pragmatismus weiterzuführen, begründet Würth die Wahl der

Stadt mit deren exponierter Stellung in der internationalen Kulturszene: Das dortige Goethe-Institut unterrichte Jahr für Jahr zwischen 700 und 1000 Schüler aus allen Nationen; sie würden nach Abschluß ihrer Studien den Firmennamen Würth positiv besetzt mit nach Hause nehmen – als wichtige Multiplikatoren der Zukunft. Zudem finden in Schwäbisch Hall jedes Jahr Freilichtspiele statt, deren Besucher mit hoher Wahrscheinlichkeit auch die Würth-Sammlung besichtigen werden. Auch hier also ein langfristig und tief verankerter Imageefekt.
Konsistenz auch bei einer anderen Institution, die sich ebenfalls durch eine intensive Verzahnung mit der örtlichen Kunstszene auszeichnet – der Würth-Akademie. Primär handelt es sich dabei um ein Institut zur Weiterbildung von Mitarbeitern. Hier wird trainiert, was Führungskräfte und Verkäufer brauchen, um ihr Arbeitspensum bewältigen zu können.
Zugleich lädt die Akademie aber auch das Publikum zu Musikveranstaltungen und Autorenlesungen ein – ein Angebot, das sehr intensiv wahrgenommen wird. So öffnet sich das Unternehmen wiederum der Nachbarschaft und leistet noch einiges mehr. Denn, so Würth, als strikter Verfechter des Wettbewerbsprinzips sehe er mit einiger Freude, wie die kommunalen Kulturämter sich mehr als anderswo bemühten, ein sehr anspruchsvolles Publikum zufriedenzustellen. Bei aller Bereitschaft zur Abstimmung (die Akademieleitung achtet peinlich darauf, Terminüberschneidungen mit kommunalen Angeboten zu vermeiden) läßt es sich die Akademie angelegen sein, ihren Veranstaltungen stets den Touch des Außergewöhnlichen zu geben.
Nie vom höchstmöglichen qualitativen Anspruch abzuweichen ist ein weiterer wichtiger Aspekt der Kulturförderung bei Würth. Das bedeutet auch den Verzicht auf einen kurzfristigen Imagegewinn zugunsten der langfristigen Wirkung. Will sagen: Regionale Dilettanten haben bei Würth keine Chance. Die kunsterzieherischen Erfolge von Malvereinen und ähnlichen Institutionen in Ehren – in Würthschen Museen werden sie nie und nimmer eine Ausstel-

lungsplattform finden. Was nicht heißt, daß einheimische Künstler, so sie denn anerkennenswerte Leistungen aufweisen, keine Chancen hätten, ihre Werke an Würth zu verkaufen. Was zählt, ist aber ausschließlich die Qualität. Einzige Ausnahme: Wenn die Behindertenwerkstätten in Krautheim eine Ausstellung von Bildern ihrer Schützlinge veranstalten, kauft Würth selbstverständlich auch hier ein.

Die Kunstaktivitäten in Künzelsau, diesem eher provinziellen Städtchen mit rund 14 000 Einwohnern, finden weltweiten Widerhall. Als 1995 anläßlich des 50jährigen Firmenjubiläums Christo das Firmengebäude innen verhüllte, erregte das ein Aufsehen, das noch Jahre später selbst in Südostasien und Australien Wirkung zeitigt: Zu wichtigen Ausstellungen werden immer wieder Dokumentationen dieser Aktion angefordert.

Mitarbeiter, die spüren, welche Bedeutung ihr Unternehmen auf der internationalen Bühne hat, identifizieren sich in hohem Maße mit ihm. Die Internationalität der Kunstförderung wirkt direkt auf das Leistungspotential zurück, manchmal allerdings auch auf zweischneidige Art und Weise. Würth achtet daher sehr darauf, daß die Mitarbeiter die Bodenhaftung nicht verlieren, um zu verhindern, daß der Imageerfolg oder gar die herausragende Architektur bei seinen Angestellten zu Arroganz gegenüber Nachbarn oder gar Kunden führt.

Deren Reaktion ist nämlich auch nicht immer nur positiv, und manchmal bedarf es schon einer Erklärung, warum es besser ist, viel Geld in imageträchtige Private Public Partnership-Aktivitäten zu stecken, als den Preis für eine Schraube um Bruchteile eines Pfennigs zu senken. Denn mit der Performance eines Unternehmens steigen nun einmal die Erfolgschancen auf neuen Märkten – Auswirkungen der heutzutage so erfolgsbestimmenden Softnomics. Und mit dem steigenden Erfolg wächst nicht nur die Einkaufsmacht bei der Beschaffung der Produkte (Würth ist ein reines Handelsunternehmen mit nur geringfügigen Fertigungskapazitäten), sondern auch das Innovationspotential.

So ist die Rechnung im Prinzip ganz einfach: Kunst fördert nicht nur das Lebensgefühl der Mitarbeiter, sondern die Überlebensfähigkeit des Unternehmens. Sie in esoterischer Abgeschlossenheit zu halten, sie also ausschließlich den Geschäftsfreunden und den Mitarbeitern zugänglich zu machen, widerspricht jedoch ihrem Wesen. Und so verzahnt sich das Wohl des Unternehmens nahtlos mit dem der Allgemeinheit.

Das Kunst-Kontinuum der Firma Würth

Die Würth-Akademie

Interne Aufgaben:

- Aufbau eines Personalentwicklungssystems;
- Transferzentrum des Unternehmens-Know-hows für alle Mitarbeiter;
- Weiterbildung zur Persönlichkeitsentwicklung;
- Pflege, Förderung und Weiterentwicklung der Unternehmenskultur.

Externe Aufgaben:

- Förderung und Angebot kultureller Veranstaltungen für die Region (Kleinkunst, Literatur, Konzerte, Lesungen, Ausstellungen);
- Forum für Erfahrensaustausch und Kontakte zwischen Wissenschaft und Praxis.

Die Edition Würth

- Förderung unbekannter Künstler oder unbekannter Werke der Musik.

Die Museen Würth in Künzelsau

In das Verwaltungsgebäude integrierte frei zugängliche Ausstellungsräume:

1. das Schraubenmuseum als technische Ausstellung;
2. das Museum Würth als Pinakothek der bildenden Kunst des 20. Jahrhunderts. Wechselausstellungen vorwiegend aus dem Bestand der firmeneigenen Sammlung. Autorenlesungen.

Externe Museen:

1. Das Museum Hirwitscheuer in Künzelsau. Vorwiegend zur Pflege des Werks der im Barock lebenden Künstlerfamilie Sommer. Raum für Wechselausstellungen.
2. Das Museum Würth in Schwäbisch Hall. In Planung. Voraussichtliche Fertigstellung im Jahr 2000.

Die Stiftung Würth

Rechtsfähige Stiftung des bürgerlichen Rechts. Kapitalausstattung: 2 Million Mark. Jährliche Fördersumme: 150 000 bis 350 000 Mark aus Kapitalertrag und Zustiftung der Firma Würth.

Stiftungszweck: Durchführung wissenschaftlicher Veranstaltungen; Vergabe von Forschungsaufträgen; Förderung privater Hochschulen; Förderung von Künstlern zum Beispiel durch Vergabe von Preisen, Erteilung von Stipendien und Finanzierung von Aufträgen; Durchführung von künstlerischen Veranstaltungen, Pflege und Erhaltung von Kulturwerten, Förderung kultureller Einrichtungen.

Ausgewählte Förderbeispiele:

- Würth-Preis der Jeunesse Musicales Deutschland. Dotierung: mindestens 10 000 Mark.
- Kompositionsauftrag an Philip Glass.
- Internationaler Wettbewerb für Violine. Gesamtförderung: 25 000 Mark.
- Robert Jacobsen Preis für herausragende Leistungen in der bildenden Kunst.

Einzelbeträge fließen regelmäßig in die Förderung der Burgfestspiele Jagsthausen, der Freilichtspiele Schwäbisch Hall, der Festspiele Schloß Stetten, der Comburger Sommerkonzerte, an die Semperoper Dresden und das Schleswig-Holstein-Musikfestival.

Literaturförderung:

- Würth-Literaturpreis. Im Zusammenhang mit der Tübinger Poetik-Dozentur.
- Würth-Preis für europäische Literatur.

Projekte kulturhistorischer Bedeutung. Förderung für:

- Schöntaler Symposien des Historischen Vereins für Württemberg-Franken;
- Schöntaler Muschelkalksymposium;
- Haus der Geschichte Baden-Württembergs;
- Publikation »Hermersberg. Die Geschichte von Schloß und Wildfuhr«.

Kids, Kultur und Kreuzbergs Kreative

Sie sind echte Profis, die Kinder und Jugendlichen, die sich in Berlin-Kreuzberg zu einer »Videowerkstatt« zusammengeschlossen haben. Filmemacher, die so professionell arbeiten, daß sie sich nicht zu scheuen brauchen, pro Arbeitsstunde 8000 Mark abzurechnen, wenn ein Berliner Unternehmen sie zum Beispiel beauftragt, Schulungsfilme herzustellen. Sie haben sich inzwischen eine beachtliche Performance erarbeitet, vor allem wohl auch daher, als sie bei jedem Akquisitionsgespräch darauf hinweisen können, daß sie jederzeit auf erwachsene Hilfe aus der internationalen Filmszene zurückzugreifen in der Lage sind.

Nur über ihre Schneidetische und die übrige technische Einrichtung reden sie nicht so gern – die brauchten nämlich dringend eine Modernisierung. Aber da müssen die Kids so lange warten, bis sich ein Spender gefunden hat, der ihnen eine neue gebrauchte Ausrüstung stellt.

Profis mit 8000 Mark Stundenlohn, die auf Spenden angewiesen sind, wie paßt das zusammen? Ganz einfach: Die Video-Kids sind eine künstlerische Gruppe aus dem Berliner Projekt »Schlesische 27«, die, der Name verrät es bereits, in einem alten Fabrikgebäude an der Schlesischen Straße, Hausnummer 27, in Berlin beheimatet ist, also mitten in Kreuzberg. Die »Schlesische 27« ist ein kulturell-soziales Projekt, das 1988 aufgrund einer Initiative der EG entstanden ist, die in dem sozialen Brennpunkt Kreuzberg etwas für die dort wohnenden, überwiegend türkischen Kinder tun wollte. Kern der Maßnahme: Kinder aus sozial schwachen Familien mittels künstlerischer Betätigung psychisch zu stabilisieren und zu integrieren.

Nachdem die Finanzierung durch die EG drastisch heruntergefahren wurde, sprangen der Senat der Stadt Berlin und der

Kulturkreis des BDI für vier Jahre ein. Danach wurden die Verantwortlichkeiten ein zweites Mal neu geordnet: Es entstand eine Kooperation zwischen dem Berliner Senat und Privaten, die Grundlage war für die Entstehung eines Förderkreises, der für die Finanzierung der Projektarbeit in der »Schlesischen 27« zuständig ist, während die Stadt Berlin das Gebäude bereitstellt (das der städtischen Wohnungsbaugesellschaft gehört) sowie die Energie- und Wasser- wie auch die Telefonkosten bezahlt.
Hinzu kommen die Erträge, die eine eigens für diesen Zweck installierte gewerbliche Gesellschaft hereinbringt – zum Beispiel die Erträge aus dem Verkauf eines im Haus gestalteten Kalenders (1997: 50 000 Mark) oder die Erträge aus der Videoproduktion. So schließt sich der Kreis: Weil die technische Ausstattung dem Förderverein gehört, weil die Erträge aus der Videoarbeit an den Förderkreis abgeführt werden müssen und weil die 150 000 Mark, die die gewerbliche Gesellschaft im Jahr einnimmt, gerade einmal ein Viertel von dem ausmachen, was die Projektfinanzierung kostet, müssen die jungen Leute auf Sachspenden hoffen.
Was passiert außer Video- und Kalenderproduktion sonst noch in der »Schlesischen 27«? Das Angebot erscheint so vielfältig wie die künstlerische Szene überhaupt. Und es zeigt sich: Nicht nur die Video-Kids werden inzwischen in der Berliner Szene wie Profis behandelt, sondern auch die Kinder, die sich mit den darstellenden Künsten befassen. So bestellen Berliner Intendanten gern einmal bei der »Theatergruppe« ein Bühnenbild, die wiederum auf die vielen künstlerischen Begabungen unter den Jungen und Mädchen zurückgreift. Und der Unternehmer Ernst Freiberger bestellte für die künstlerische Ausgestaltung des Eingangsbereichs seines Bauobjekts »Spreebogen« vier große Wandmalereien. Ebenso wurde der Neubau des »Teltow-Hauses« mit Malereien geschmückt, und Exponate aus der »Schlesischen 27« verschönerten die VIP-Lounge des deutschen Gemeinschaftsstandes auf der Genfer Messe »Telecom 95«. Das Telecom-Unternehmen Krone AG, dessen Vorstandsvorsitzender Klaus Krone einer der Hauptförderer des Pro-

jekts ist, integriert Arbeiten aus der »Schlesischen 27« regelmäßig in die Gestaltung des Messestandes des Unternehmens. Großer Fang für die Akquisiteure: Die Postbank AG hat für ihre beiden noch zu errichtenden Hauptverwaltungsgebäude in Bonn Bilder, Plastiken und Mobiles bestellt. Kein Wunder, daß die Verantwortlichen mit einigem Nachdruck an der Ausweitung dieses Geschäftsbereichs arbeiten.

Daraus ist allerdings nicht abzuleiten, daß im Atelier der »Schlesischen 27« ein permanenter Leistungsdruck herrscht. Es hat sich zwar herausgestellt, daß die jungen Künstler sich gern gefordert sehen und gerade daraus ihr Selbstwertgefühl entwickeln – aber das Haus ist immer noch eine Einrichtung, die der Kooperation und persönlichen Weiterentwicklung dient.

Dort wird ohne Leistungszwang, aber unter hohem persönlichem Anspruch an Malereien, Plastiken und kunsthandwerklichen Objekten gearbeitet; und wer kommt und in seiner gestalterischen Ausdrucksfähigkeit noch längst nicht so weit ist wie die anderen, der erhält Rat und Hilfe von den erwachsenen Künstlern, die sich gern auf die Arbeit mit den Kindern einlassen.

Dem Atelier entspringen zudem einige Events, die zumindest im Quartier einen außergewöhnlich guten Ruf haben. Da gibt es in Berlin den »Karneval der Kulturen«, an dem die Kinder mit selbstgebastelten »Karnevalsmonstern« teilnehmen. Es gibt Kunstausstellungen und jedes Jahr, kurz vor Weihnachten, die große Versteigerung aller im Haus entstandenen Werke. Lothar Späth gibt dann mit beachtlichem Erfolg den Auktionator: 1997 zum Beispiel reizte er den Besuchern immerhin 250 000 Mark aus der Tasche.

Neben dem Atelier gibt es die Theater- und Tanzgruppen. Sie inszenieren jeden Freitagabend einen Event, der für alle junge Leute in Berlin einen besonderen Reiz hat: das »Metropolis-Discotheater«. Im Prospekt der »Schlesischen 27« wird es so beschrieben: »Die Besucher und Gäste sind Großstadtbewohner und können Bewohner von Metropolis werden, Akteure in einem entstehenden

Stück. Sie können Ideen oder Anregungen geben oder als Zuschauer die Arbeit begleiten. Aus den Bildern, Geschichten und Ereignissen einer Reihe von Discotheaterabenden (...) wird nach und nach das Stück Metropolis gebaut: ein Stück über die Stadt Berlin. Das Discotheater bietet Jugendlichen und jungen Erwachsenen ein lebendiges Forum, einen Treffpunkt. Hier können sie dabeisein, tanzen, zuschauen und sich zeigen, erzählen und spielen. Der Wechsel von Proben und Discotheater erlaubt uns, entstehende Szenen und Bilder in den wöchentlichen Discotheaterabenden einzuspielen und vor Zuschauern zu erproben. So wachsen die einzelnen Teile des Stücks unter der Mitwirkung vieler und können immer wieder verändert werden.«

Daneben gibt es Tanzprojekte, die sich zum Beispiel »Riten und Ekstase« nennen, »Romeo und Julia« oder »Anatolien trifft Andalusien in Berlin«.

Ein weiteres Betätigungsfeld ist die Musik. Der pädagogische Anspruch ist bemerkenswert: Der nivellierenden Wirkung der Popmusik soll die Hinwendung zu alternativen Hörgewohnheiten entgegengesetzt werden. Dazu gehört zum Beispiel ein Kurs in der Technik, eine Koreni zu spielen, ein traditionelles Musikinstrument aus dem arabischen Raum. Außerdem nehmen Musiker aus der »Schlesischen 27« am internationalen Eurock-Festival in Clermont-Ferrand teil.

Sehr anspruchsvoll ist der Umgang mit der Literatur, und in Deutschland (fast) einzigartig sind die Literaturprojekte. Natürlich wird auch gelesen und über das Gelesene diskutiert – aber viel interessanter ist die Tatsache, daß junge Leute dort Schreiben lernen: Kurzgeschichten, Romane und Gedichte. Es gibt eine Gruppe, die an einem Großstadtroman arbeitet, eine »Phantasiegruppe«, die sich mit Science Fiction befaßt, eine »Kiezgruppe«, die ihre täglichen Erlebnisse reflektiert und eine »Gulliver-Gruppe«, die ihren eigenen Gulliver-Roman verfassen möchte. Ein Sammelband mit den schönsten Werken der Kinder ist geplant.

Das alles braucht eine straffe Organisation, zumal ja nicht nur

Kinder aus Kreuzberg und den benachbarten, vor allem ehemals »östlichen« Bezirken aus eigenem Antrieb kommen. Auch die Schulleiter haben inzwischen entdeckt, daß in der »Schlesischen 27« ein bemerkenswerter Kunstunterricht geboten wird - und so beherbergt das Haus immer wieder Schulklassen, die hier über längere Zeit an eigenen Projekten arbeiten. Eine Spezialität sind die »Kooperationskurse«, bei denen Schulklassen aus dem »Westen« mit Klassen aus dem »Osten« zusammenarbeiten.
Wer aus eigener Initiative kommt, findet vor: Ferienkurse, Freizeitkurse und »Sonderprojekte«, zum Beispiel den Berliner »Karneval der Kulturen« oder das »Discotheater Metropolis«.
Inzwischen mischt sich die Initiative auch ein wenig in die europäische Jugendpolitik ein: Auf Anregung der Europäischen Kommission hat sie ein Netzwerk namens »Creative Cooperations« ins Leben gerufen, dem 18 Partner aus 18 Ländern angehören und das die Aufgabe hat, Konzepte zu entwerfen, die Jugendlichen eine Chance geben, bis zu einem Jahr bei Kunst- und Kulturprojekten im Ausland zu leben. Zudem organisiert sie europäische Jugendbegegnungen.
Was den Rahmen der Jugendarbeit nur scheinbar sprengt, das sind die musischen Lehrerfortbildungskurse, die die »Schlesische 27« anbietet. Die Akzeptanz bei den Lehrern ist groß, weil sie dort nicht nur zu neuen Ausdrucksformen finden, sondern Nähe zur Kultur, in der ihre Schüler leben. Es handelt sich dabei um eine Art von Lehrerausbildung, die in den offiziellen Fortbildungsangeboten nahezu vollständig fehlt. So war auch der Protest groß, als der Senat der Stadt in seiner Finanznot versuchte, die Förderung dieses Angebots zu streichen. So groß, daß die Beamten und Politiker erschreckt zurückzuckten.
Daß solche Eingriffe auf ein Minimum reduziert bleiben, ist eine der Aufgaben, die sich die Verantwortlichen für die »Schlesische 27« gestellt haben. Und so finanziert sich die Initiative, abgesehen von den Hauskosten und den Zuschüssen für die Lehrerbildung, vollständig selbst. Ein Angebot der Stadt, finanziell auszuhelfen

und dafür Einwirkungsmöglichkeiten auf die Arbeit mit den Kindern zu nehmen (die ja immer auch eine sozialarbeiterische Aufgabe ist), wurde abgelehnt. Vielmehr wird versucht, Defizite durch verstärkte wirtschaftliche Tätigkeit auszugleichen.
Wer fördert? Die Liste der Spender ist lang und beeindruckend. Trotzdem gibt es einen harten Kern von Promotoren, an prominenter Stelle unter anderem Klaus Krone. Es ist ihm gelungen, die Belegschaft seiner Firma mit den Intentionen der Initiative so vertraut zu machen, daß diese sich inzwischen mit ihr identifizieren. Er kann sie auch stets mobilisieren, wenn es gilt, die Kinder bei der Durchführung eines besonders ehrgeizigen Projekts tatkräftig zu unterstützen.
Krone sieht einen dreifachen Nutzen, den er aus seinem Engagement für die Kinder zieht. Den persönlichen: »Die leuchtende Freude in deren Augen, wenn sie während der Versteigerung sehen, daß ihr Kunstwerk Anklang findet; und überhaupt die Befriedigung, die die Kinder erleben, wenn sie herausgefordert werden und diese Herausforderung meistern.«
Den für das Unternehmen: »Wir erhalten Publizität, bei den Mitarbeitern entsteht Engagement und Motivation, und wir erleben Erfolg beim Einsatz für ein gesellschaftliches Ziel, ohne dafür gleich Kapazitäten bereitstellen zu müssen, die uns überfordern würden.«
Und den gesellschaftlichen: »Die ›Schlesische 27‹ erbringt eine Leistung für die Stadt, die nur vordergründig in der Vorbeugung sozialer Auffälligkeit oder ethnischer Spannungen besteht. Wir entwickeln ein kreatives Potential, das sich in naher Zukunft befruchtend für den Standort Berlin auswirken wird.« Schon heute ist diese Wirkung zu erahnen. Denn die »Schlesische 27« ist zum kulturpolitischen Vorzeigeobjekt geworden, das Jahr für Jahr rund 3000 Interessierte nach Berlin zieht. Inzwischen überlegen die Verantwortlichen, das Konzept auf andere Städte selbst in der GUS zu übertragen. Einer Stadt, die Hauptstadt einer Wirtschaftsmacht werden möchte, stehen solche Initiativen gut zu Gesicht.

Junge Gedanken reifer Semester

Jenseits des Tagesgeschäfts und der Existenzsicherung winkt die Weisheit, und wer sie erreichen will, muß viel lernen – so könnte das Motto lauten, das hinter der Gründung der privaten Hochschule im badischen Holzen steht. Denn diese Institution, so ihr Lehrer für Philosophie Dr. Daniel Meynen, »wendet sich an Menschen im dritten Lebensalter und will sie befähigen, das kulturelle Erbe ihrer Generation an die folgenden Generationen weiterzugeben«.

Warum sind gerade die Älteren so dezidiert angesprochen? Ließe sich nicht auch für sie in den herkömmlichen Universitäten, in Hörsälen und Seminarräumen noch ein Katzentischchen finden, damit sie dort ihrem Drang nach später Vollendung folgen können? Es ist aber doch zu kurz gegriffen, wollte man unterstellen, bei der Hochschule Holzen handele es sich um eine geriatrische Veranstaltung, um den tütteligen, wenngleich betuchten Alten, den Streß, der in einer quirligen Staatsuniversität unweigerlich herrscht, zu ersparen.

In Holzen geschieht gesellschaftlich weit Wichtigeres: Viele Menschen, die ihr Leben lang als Spezialisten eines Wissens-, Tätigkeits- und Gestaltungsbereichs gearbeitet haben und dort erfolgreich waren, entwickeln, nachdem sie aus den Zwangsformen des Arbeitsalltags entlassen wurden, eine phänomenale Fähigkeit, sich mit generalistisch angelegten Themen zu befassen. Sie entwickeln ein Gespür für Synergien und Zusammenhänge und dürfen dieses nun ausleben.

Diese Zusammenfügungskompetenz ist sehr wertvoll in einer Gesellschaft, in der Fachkompetenzen auseinanderdriften und die Menschen die Zusammenhänge zwischen »exakter« Wissenschaft, Kunst und Philosophie längst aus den Augen verloren haben – mit schmerzlichen Folgen für das Funktionieren von Gemeinschaften und die Abläufe von Prozessen. Nicht umsonst bemüht sich die moderne Betriebspraxis wieder darum, eine Klammer zu finden, welche die zentrifugalen Kräfte innerhalb der Unternehmen endlich zusammenführt.

Diese Klammer wird vielfach in der Kunst und in der Philosophie gesehen, und die Hochschule Holzen will aufzeigen, daß diese Klammer auch zum besseren gesamtheitlichen Verständnis der Naturwissenschaften und, so ist anzunehmen, auch der Wirtschaftswissenschaften befähigt. Daniel Meynen formuliert das so: »Im Vordergrund des Studiums stehen die Fragen der Wahrnehmungslehre und der ethischen Handlungstheorie. Lehre und Forschung sind prinzipiell interdisziplinär. In den Studiengängen geht es immer sowohl um das künstlerische wie auch um das naturwissenschaftliche Erbe. Die Hochschule stellt sich die Aufgabe, genau die Sphäre des Ingeniums zu sichern, der unsere Welt ihre humane und zivilisatorische Qualität verdankt.« Derartiges kann eine herkömmliche staatliche Universität nicht leisten.

Die Hochschule ist entstanden aus den naturwissenschaftlich-künstlerischen Symposien, zu denen ihr jetziger Präsident, der Maler Martin Rabe, seit 1989 alljährlich in sein Holzener Atelier einlädt. Der Zuspruch zu diesen Veranstaltungen führte zu dem Gedanken, die intellektuelle Leistung zu verstetigen und eine Hochschule zu gründen. Die Finanzierung trägt ein Förderverein, der sich um Spenden bemüht.

Anläßlich der Einweihung der Universität am 18. Oktober 1997 hielt der Arzt, Naturforscher und Universitätslehrer Detlev Ganten einen Vortrag, der aufzeigte, auf welch festem historisch-philosophischem Fundament sich die Hochschule gründet und welche Potentiale sich daraus entwickeln. Der Vortrag unter dem Titel »Die geistige Einheit der Wissenschaft« wird hier im vollen Wortlaut wiedergegeben. Bei der immer wieder angesprochenen Familie Nolting handelt es sich um die Hauptförderer der Hochschule, eine Familie, deren Mitglieder sich seit langem als Kunstsammler und Mäzene hervortun.

»Wir brauchen Wissenschaft für unsere Zukunft, und wir brauchen die Bereitschaft in unserem Lande, die dazu erforderlichen Investitionen zu tätigen und auch ausreichende Finanzmittel zur Verfügung zu stellen. Wenn wir die Zukunft gewinnen wollen, dann müssen wir in der Gegenwart mutig die Wissenschaft fördern, und die Familie Nolting tut genau dies. Dazu möchte ich gratulieren und dafür darf ich Ihnen im Namen der Wissenschaft danken.
Wenn ich sage, wir brauchen Wissenschaft für die Zukunft, dann stellt sich natürlich sofort die Frage, welche Wissenschaft damit gemeint ist, und dies bringt mich zu einem besonderen Grund, der mich veranlaßt hat, die Einladung, an diesem Tag zu Ihnen zu sprechen, mit großer Freude anzunehmen. Ich meine nämlich, daß die interdisziplinäre Wissenschaft, die in Holzen unter dem Dach der Ästhetik angestrebt und in Verbindung mit der Kunst praktiziert wird, genau die Form der Wissenschaft ist, die wir künftig benötigen. Niemand bestreitet, daß die traditionellen Wege der naturwissenschaftlichen Forschung, die vor allem im Verlauf des 19. Jahrhunderts erfolgreich beschritten worden sind, zu großen Zielen und reichhaltigem Nutzen geführt haben. Doch ebensowenig wird bestritten, daß Wissenschaft nicht nur solche Ergebnisse liefert, mit denen die Menschen angenehme Gefühle verbinden. Im Gegenteil! Vielen erscheint unheimlich, was in Physik, Chemie und Biologie heute gemacht wird. Die Kluft zwischen dem Erwünschten und Verwünschten, dem Verstandenen und Unverstandenen, dem Segensreichen und Bedrohlichen der Wissenschaft wird größer. Die uralte Sehnsucht der Menschen nach einer geistigen Einheit des Wissens bleibt unerfüllt.
Adolf Portmann, dem großen Biologen aus Basel, ist bereits vor einem halben Jahrhundert aufgefallen, daß die westliche Kultur die Balance verloren hat, die ihr früher zugehörte und die es heute zurückzugewinnen gilt. Portmann schrieb in den

Jahren nach dem Zweiten Weltkrieg, daß die abendländische Kultur längst aus dem Zustand eines relativ harmonischen Gleichgewichts der geistigen Funktionen herausgeworfen sei. Denn hier im Westen hat man – laut Portmann – den Wertakzent auf den wissenschaftlichen Verstand gelegt, auf die Eroberung des Quantitativen, und hat das Reich der Qualität in den hinteren Rang gedrängt.

Portmann hat dies auch so ausgedrückt: Im Westen dominiert ›die theoretische Funktion‹, ›das rationale Denken‹, während ›die Eindrücke der Sinne‹ und ›die Gefühle‹ in den Hintergrund gedrängt werden. Beide wurden von ihm als ›die ästhetische Funktion‹ zusammengebunden und ihre Stärkung zur Rückgewinnung des harmonischen Gleichgewichts empfohlen.

Bei dieser für die Menschen so wichtigen Einheit handelt es sich nicht um einen Zustand, der stabil erreichbar wäre, sondern um die Einheit in Form eines Dialogs, der innerhalb der Wissenschaften und zwischen den Menschen als dynamischer, kreativer Prozeß stattfindet. Der Dialog muß vor allem auch zwischen der Kunst beziehungsweise den Künsten und den Wissenschaften stattfinden, und ich konnte in den vorangegangenen Gesprächen feststellen, daß man hier in Holzen diese Zeichen der Zeit schon sehr früh erkannt hat. Und nicht nur das! Man hat auch danach gehandelt. Daß man dieses mit Hilfe der Mäzene weiter tun kann, dazu beglückwünsche ich Sie heute.

Wie sehr Sie hier in Holzen mit der Verbindung aus Kunst und Wissenschaft die Zeichen der Zeit erkannt haben, ist mir erst kürzlich wieder deutlich vor Augen geführt worden, als die weltweit bekannteste Fachzeitschrift für die Naturwissenschaften – das britische Magazin *Nature* – seine Leser mit der Ankündigung überraschte, von September 1997 an regelmäßig künstlerische beziehungsweise kunsthistorische Beiträge zu drucken. Man muß sich dies ganz genau vorstellen: Zwischen schwierigen fachlichen Erörterungen über schwerverständliche Zonenkanäle, Gensequenzen und Enzymaktivitäten erscheinen plötzlich Bilder von Künstlerhand. Ich bin sehr gespannt auf die Reaktion nicht nur der Leser, sondern auch der Autoren von *Nature*. Die Herausgeber des Fachblatts scheinen verstanden zu haben, was Charles Darwin vor über 100 Jahren in seiner Autobiographie angemerkt hat, daß nämlich ein Leben ohne Kunst den Geist zu einer Maschine werden läßt, die keine Glücksempfindungen mehr zuläßt und sie unmöglich macht.

Damit die Wissenschaft nicht zu einer Maschine wird, die Menschen fremd bleibt, braucht sie die Zutaten der Kunst, und es ist schön, daß es in Holzen nun ganz konkret einen Ort gibt, an dem die Kunst die Wissenschaften wieder erlebbar machen will und beide untrennbar sein sollen.

Sie stehen mit dieser Idee nicht allein. Unter uns im Auditorium ist heute der Zellbiologe Peter Sitte, der in Holzen aktiv als Mitglied im Hochschulrat mitwirkt. Herr Sitte und ich sind Mitglieder der Gesellschaft Deutscher Naturforscher und Ärzte, zu den ältesten wissenschaftlichen Vereinigungen in Deutschland gehört und die Mitte September ihren 175. Geburtstag feiern konnte. Auf dieser Jubiläumstagung hat Peter Sitte in einem Referat Gedanken vorgestellt, die den Holzener Grundideen verwandt sind, und er hat dafür – ich möchte fast sagen – tosenden Applaus erhalten.

Ich erwähne diesen Triumph, um Ihnen zu sagen, daß die ästhetische Botschaft von Wissenschaftlern gehört und verstanden wird. Es kann nicht mehr lange dauern, bis sich dieses Verständnis in das entsprechende Handeln umsetzt, wie es in Holzen schon begonnen hat, und ich werde versuchen, meine Damen und Herren, selbst meinen Beitrag zu leisten. Die Gesellschaft Deutscher Naturforscher und Ärzte ist an Ihrer Seite.

Die in Gründung befindliche Hochschule Holzen hat ja schon ein Probejahr erfolgreich absolviert. Ich habe mir sagen lassen, daß am Anfang dieses ersten Studienjahres ein Vortrag von Manfred Fuhrmann über Wilhelm von Humboldt und die Gründung der Berliner Universität gestanden hat. Mir steht als Naturwissenschaftler natürlich der Bruder Wilhelms, Alexander von Humboldt, näher. Alexander von Humboldt hat für die Gesellschaft Deutscher Naturforscher und Ärzte anläßlich der Versammlung von 1828 in Berlin ein Ziel formuliert, das Ihnen in Holzen deshalb nicht unbekannt ist, weil Sie es mit den Mitteln unserer Zeit selbst verfolgen. Humboldt sprach vor 170 Jahren davon, daß es darum gehe, ›in wahrem und tiefem Gefühle der Einheit der Natur ... alle Zweige des physikalischen Wissens ... innigst miteinander‹ zu vereinigen. Humboldt fügte noch hinzu, daß es die Gesellschaft Deutscher Naturforscher und Ärzte sei, die dieses einigende Band finden könne, durch dessen Hilfe das Land ›in seiner geistigen Einheit offenbart‹ wird.
Wenn ich mir in diesen Tagen etwas wünsche, dann dies, daß es heute wieder eine Institution gibt, auf die Alexander von Humboldts Beobachtung zutrifft, die unser Land also in seiner geistigen Einheit offenbart. Die Gesellschaft Deutscher Naturforscher und Ärzte wird sich darum bemühen, dieser Herausforderung zu entsprechen. Ich sehe aber auch, daß die Hochschule Holzen in der Lage sein kann, diese geistige Einheit vorzubereiten, die wir so dringend brauchen. Ich wünsche Ihnen viel Glück für Ihren mutigen Schritt.
Hier in Holzen scheint man genauer als anderswo verstanden zu haben, daß die Schwierigkeiten, die wir heute mit der Wissenschaft haben, nicht sosehr dadurch zustande kommen, daß die Wissenschaft mehr Tatsachen entdeckt hat, als sich in einem Kopf zusammenhalten lassen. Das Problem liegt vielmehr darin, daß die Wissenschaft – selbst für die Wissenschaftler – aufgehört hat, eine prinzipielle Einheit

und damit ein Gegenstand der Kontemplation zu sein. Wir haben heute verlernt, ›die Natur als ein durch innere Kräfte bewegtes und belebtes Ganzes aufzufassen‹, wie Alexander von Humboldt es noch formuliert hat. Und die Frage lautet, wie wir diese Fähigkeiten zurückgewinnen können.
Historisch muß angemerkt werden, daß diese Einheit der Wissenschaft, die Sie hier in Holzen unter dem Dach der Ästhetik anstreben, viel weiter geht als die Einheit, von der Alexander von Humboldt spricht. Sie kommt auch gerade andersherum zustande. Während Sie hier in Holzen versuchen, ein Zusammenschließen von Disziplinen zu erreichen – ich meine den wunderbaren Dreiklang aus Kunst, Philosophie und Naturwissenschaft und die interdisziplinäre Ausrichtung der Lehre –, mußte im frühen 19. Jahrhundert zunächst eher das Gegenteil erreicht werden, nämlich ein schärferes Abtrennen der empirischen Wissenschaften von der Philosophie.
Auf diesen Tatbestand hat niemand anderes als Theodor Heuss hingewiesen. Heuss hat 1950 auf der ersten Tagung der Versammlung Deutscher Naturforscher und Ärzte nach dem Zweiten Weltkrieg gesprochen, und er ist in seiner Rede auf Justus von Liebig eingegangen, den berühmten Chemiker. Heuss hat Liebig unter anderem durch den Hinweis charakterisiert, daß dessen frühes Bemühen in dem Absetzen von der Naturphilosophie des Friedrich Schelling bestanden habe. Dessen spekulative Philosophie war mehr an einem theoretischen System und weniger an praktischen Umsetzungen und Anwendungen interessiert. Das heißt, die Naturforscher und Ärzte von 1822 beziehungsweise 1828 vereinigten zwar die ›Zweige des physikalischen Wissens‹, wie Humboldt es gesagt hat, aber sie taten dies erst, nachdem sie diese zunächst noch zarten Zweige vom starken Stamm der spekulierenden Philosophie eines Friedrich Schelling abgeschnitten hatten.

Es braucht nicht näher erläutert zu werden, wie erfolgreich die durch diesen Schritt emanzipierten Naturwissenschaften geworden sind. Die Geschichte des 19. Jahrhunderts mit dem Aufkommen der großen Industrie spricht für sich. Es braucht aber ebensowenig erläutert zu werden, daß dieses alte Programm inzwischen ausgeschöpft ist und die Frage nach der Einheit der Wissenschaft neu gestellt werden muß. Um die Richtung zu bestimmen, in der die heutige Antwort zu finden ist, orientieren wir uns an dem politischen Umbruch unserer Zeit und versuchen, die neue Einheit des Geistes, die allgemeine Wissenschaft von morgen, nicht durch die Abtrennung der Philosophie zu erreichen, sondern gerade durch die erneute Vereinigung mit ihr, allerdings nicht mit der spekulativen Naturphilosophie des 19. Jahrhunderts. Der politischen Wiedervereinigung Deutschlands sollten wir die wissenschaftlich-philosophisch-künstlerische Wiedervereinigung folgen lassen und diese Zeit des Umbruchs und des Aufbruchs nutzen. Wir müssen dazu nur das fördern, was an der Basis schon längst stattfindet, an der viele Naturwissenschaftler erkannt haben, daß sie auf philosophische und künstlerische Hilfestellung vor allem in ethischen Fragen angewiesen sind. Ich lasse heute bewußt offen, um welche Form der Naturphilosophie und des künstlerischen Ausdrucks es sich wohl handeln mag. Entscheidend für den heutigen Grundgedanken ist der gemeinsame Dialog zwischen den Disziplinen.

Entscheidend ist auch die Erkenntnis, daß es mit dem Verfügungswissen, das uns die Naturwissenschaften in zunehmendem Maße bereitstellen, alleine nicht mehr getan ist. Ihm muß ein entsprechendes Orientierungswissen an die Seite treten, wobei dieses Ziel wiederum nur im interdisziplinären Gespräch erreicht werden kann, das die geisteswissenschaftlichen Bemühungen mit einschließt. Dabei kann dann die neue Einheit der Wissenschaft entstehen, die sich

im Dialog der Disziplinen zeigt. Und Holzen – so scheint mir – kann ein exemplarischer Ort dieses notwendigen Dialogs werden.
Die Natur- und die Geisteswissenschaften werden vielfach nach wie vor als getrennte Bereiche gesehen, die man mit einem oft zitierten Schlagwort als die ›zwei Kulturen‹ bezeichnet. Mit dem beginnenden und in Holzen aktivierten Dialog – so bin ich überzeugt – läßt sich diese unglückliche Spaltung überwinden und die einheitliche Kultur herausbilden, die in der Fähigkeit zum Gespräch miteinander liegt. In der Tat bin ich der Meinung, daß der geistige Aufbruch unserer Zeit durch ein Überwinden der genannten Trennung zwischen den Natur- und den Geisteswissenschaften gelingen kann, die im 19. Jahrhundert entstanden ist, und ich bin überzeugt, daß eine Gründung wie hier in Holzen viel dazu beitragen kann. Die Gesellschaft Deutscher Naturforscher und Ärzte wird sich bemühen, ebenfalls in diese Richtung zu wirken im Sinne von Theodor Heuss, der am 22. Oktober 1950 festgestellt hat:

›Bei den Versammlungen der Gesellschaft Deutscher Naturforscher und Ärzte wird ja nicht nur abgeschlossen Naturwissenschaft betrieben, sondern hier ist transparent die Welt der Zeit, ihr Geist. Man sieht, daß diese Gesellschaft in ihrem Wirken auch von dem Atem der deutschen Geistesgeschichte durchweht ist.‹

Ein großes Ziel für die Zukunft muß es sein, die Naturwissenschaften als Teil unserer Geistesgeschichte und als Teil unserer Kultur darzustellen, und die Hochschule in Holzen könnte dazu einen wichtigen Beitrag liefern. Nur auf diese Weise werden die Menschen sich veranlaßt sehen, die Einsichten der Naturwissenschaft von innen heraus zu verstehen. Bislang bleibt Wissenschaft zu sehr für die meisten

Menschen äußerlich, also etwas, mit dem sie nicht viel zu tun haben, für das sie keine Verantwortung haben und das sie möglicherweise sogar bedroht. Solch eine Einstellung verhindert von vornherein den Dialog, der zwischen Wissenschaft und Öffentlichkeit ebenso nötig ist wie zwischen den beiden unterschiedlichen Bereichen der Wissenschaft. Die Idee der Einheit, die hier vorgetragen wird, schließt also die Einheit zwischen Öffentlichkeit und Wissenschaft ein, die nicht weniger wichtig und eher dringlicher ist.

Es wird heute viel über den Wirtschaftsstandort Deutschland gesprochen. Um ihn zu festigen und für die Zukunft zu rüsten, erscheint es mir unabdingbar, zunächst einen Wissenschaftsstandort Deutschland zu schaffen. Solch einen Wissenschafts- oder Kulturstandort Deutschland wird es nur geben können, wenn Wissenschaft bei uns wieder als geistige Einheit und Teil der täglichen Kultur verstanden und erlebt werden kann.

Ich denke deshalb, daß das Bestreben um die Einheit in Form der genannten Dialoge eine wesentliche Voraussetzung für den Wissenschaftsstandort Deutschland darstellt. Und ich bin sicher, daß aus ihm heraus die Kräfte zur Wirkung kommen können, die dann wirtschaftlich erfassen und übernehmen, was wissenschaftlich vorbereitet worden ist.

Ich möchte hier noch einen weiteren Gedanken anfügen. Wir sprechen von Globalisierung und sehen darin in bezug auf die heutzutage alles dominierende ›Wirtschaftliche Globalisierung‹ eine Bedrohung für den regionalen Standort Deutschland und Europa. Im kulturellen und wissenschaftlichen Bereich bedeutet Globalisierung schon immer eine erwünschte Erweiterung des Dialogs. Für die Verbreitung geistiger Produkte ist es nur förderlich, wenn die Grenzen an Bedeutung verlieren. ›Das europäische Novum – kultureller Pluralismus – schreitet weltweit siegreich voran‹, schrieb kürzlich György Konrad, Träger des Friedenspreises des Deutschen Buchhandels und Präsident der Berliner Akademie der Künste. Und er meint dies auf allen Ebenen sowohl im persönlich-gemeinschaftlichen als auch politisch-wirtschaftlichen Bereich.

Der Mensch – so sagt Konrad – sei kein eindimensionales Wesen. Ein Bankier definiert sich nicht nur durch Geld, ein Ingenieur nicht nur durch Technik, ein Musiker nicht nur durch Musik, ein Koch nicht nur durch Kochen und ein Wissenschaftler eben auch nicht nur durch Wissenschaft. Jeder Mensch ist vielmehr ein Universum. Er bezieht sein eigenes Erleben in den kreativen Prozeß seiner wissenschaftlichen und künstlerischen Arbeit ein, und das wissenschaftliche Ergebnis beziehungsweise dessen Wertung und Auswertung kann nicht verstanden werden ohne künstlerische und kulturelle Vermittlung. So kann auch der wissenschaftliche Standort im direkten und im übertragenen Sinne nicht verstanden und nicht vermittelt werden ohne Einbeziehung des persönlichen Umkreises und der örtlichen Kulturszene im weitesten Sinne.

Der wissenschaftliche Fortschritt droht unsere natürliche Welt zunehmend zu einer Kunstwelt zu machen mit all den Problemen, Bedrohungen und Ängsten, die Hermann Lübbe mit dem Stichwort ›Erfahrungsverlust‹ bezeichnet hat. Um diese neue Welt zu verstehen und erlebbar zu machen, brauchen wir die Kunst und brauchen wir den Dialog der Künstler mit den Wissenschaftlern im Sinne des europäischen Humanismus, wie ihn Konrad formuliert hat.

Geld genug ist für diesen Zweck im Lande vorhanden, wie sich jeder klarmachen kann, der nachzählt, welche Summen in Form von Subventionen in die Fehler der Vergangenheit gesteckt werden, welche Summen Tag für Tag ins Ausland fließen und dort in meist eindimensionale Renditeobjekte investiert werden, oder welche Summen hierzulande auf Sparkonten liegen, ohne für die Zukunft eingesetzt zu werden. Es fällt auf, wie unterentwickelt bei uns die Kultur der Schenkung ist und wie wenig bereit potentielle Mäzene sind, ihr Geld für rein wissenschaftliche und kulturelle Zwecke zur Verfügung zu stellen. Daß es hier in Holzen gelungen ist, Mäzene zu finden, die ihre Mittel in freier Schenkung uneigennützig zur Verfügung stellen und dabei nur den Gedanken einer geistigen Einheit der Wissenschaft im Sinn haben, halte ich für die eigentliche Nachricht, die es von Holzen aus zu verbreiten gilt.

Ich hoffe, daß das, was die Familie Nolting und andere Mäzene für die Holzener Idee getan haben, zum Vorbild für eine neue Stiftungskultur in Deutschland wird und auch zum Anreiz für die Politik, die Voraussetzungen hierfür zu verbessern. Der Stifterverband für die Deutsche Wissenschaft hat hierfür Vorschläge gemacht, die es umzusetzen gilt. Unsere Wissenschaft braucht großzügige und verantwortungsvolle Privatinitiativen, wie wir sie hier in Holzen erleben, und ich wünsche Ihnen den Erfolg, den Sie dafür verdienen und den wir für unsere Zukunft brauchen.«

Kurzbeispiele

Ausbildung, Erziehung, Förderung

Innovationspreis für Schulprojekte

Drei von der Robert Bosch Stiftung mit insgesamt fast 200 000 Mark geförderte Schulen sind unter den sieben Schulen in der Bundesrepublik, die die Bertelsmann-Stiftung im Rahmen des Carl Bertelsmann Preises 1996 »Innovative Schulsysteme im internationalen Vergleich« mit einem Sonderpreis gewürdigt hat.
Die Grundschule Wegenkamp in Hamburg erhielt bereits 1985 von der Robert Bosch Stiftung Mittel für die ersten Schritte zur Einrichtung der »Forscherstunden« für Schüler, die zu der Auszeichnung führten. Die Gesamtschule Hagen-Haspe konnte seit 1992 mit Hilfe der Stiftung die ökologischen und musisch-ästhetischen Schwerpunkte ihres Schulprofils entwickeln. Bereits ein Jahr früher begann sie eine Partnerschaft mit der Gesamtschule 2 Eisenhüttenstadt, mit der sie sich auch am Förderwettbewerb »Gemeinsam Handeln – Voneinander Lernen – Zusammenwachsen« beteiligte.
Die Lobdeburg-Schule in Jena gehörte zu den ersten Schulen in Ostdeutschland, deren Aufbauarbeit die Stiftung 1991 förderte. Sie hat seitdem die ersten Schritte der Schule zum Konzept »Eine-Welt-Schule« ebenso begleitet wie den Austausch und die Zusammenarbeit mit der Konrad-Adenauer-Schule in Bruchsal. Die Auszeichnung durch die Bertelsmann-Stiftung bestätigt die Schulen, die unter 333 Bewerbungen ausgewählt wurden, ebenso wie die Robert Bosch Stiftung, daß der Weg zu nachhaltigen Innovationen mit den kleinen Schritten des Muts zum Risiko beginnt und den langen Atem beharrlicher Anstrengung braucht.

Erfolgreiche Stipendiaten

Die akademische Ausbildung leitender und lehrender Pflegekräfte kommt voran. Mittlerweile wurden an 35 Hochschulen die unterschiedlichsten Pflegestudiengänge eingerichtet. Eine der vordringlichen Aufgaben ist nun die Besetzung der neuentstandenen Lehrstühle.

Mit dem 1992 begonnenen Programm »Qualifizierung von Lehr- und Leitungskräften in der Pflege« will die Robert Bosch Stiftung die Heranbildung wissenschaftlich qualifizierter Pflegekräfte unterstützen, die sowohl in der Ausbildung für leitende und lehrende Pflegepersonen als auch im Bereich der Pflegeforschung an den Hochschulen benötigt werden. Darüber hinaus ergeben sich in der Verwaltung, in Verbänden und bei den Kosten- und Einrichtungsträgern des Gesundheitswesens zusehends neue Aufgabenfelder für wissenschaftlich qualifizierte Pflegekräfte.

In einer Zwischenbilanz des Programms konnte ein positives Fazit gezogen werden. Bislang wurden rund 50 Promotions-, Habilitations- und Ausbildungsstipendien sowie Hospitationen vergeben. Die Auswahl der Stipendiaten erfolgt unter Mitarbeit eines wissenschaftlichen Beirats, der aus Hochschul- und Praxisvertretern aus dem stationären und ambulanten Alten- und Krankenpflegebereich besteht.

Um die Ergebnisse ihrer wissenschaftlichen Arbeiten der (Fach-) Öffentlichkeit bekanntzumachen, hat die Stiftung in Zusammenarbeit mit dem Schweizer Huber Verlag, Bern, eine pflegewissenschaftliche Buchreihe ins Leben gerufen. Dort werden nicht nur relevante Promotionen und Habilitationen des Stipendienprogramms aufgenommen, sondern auch wichtige Ergebnisse aus den Pflegepraxisprojekten der Stiftung publiziert.

Die Stiftung ist bestrebt, die institutionellen Studien-, Nachwuchs- und Forschungsförderer Deutschlands für die Promotion und Forschungsförderung der Pflege zu gewinnen. Längerfristig soll damit die Gleichstellung der Pflege mit den anerkannten wissenschaftlichen Fachbereichen vollzogen werden.

Streichelzoo und »Garten für Vergeßliche«

Emotionale Zuwendung für alte Menschen, die ihre Umwelt nicht mehr so wie früher wahrnehmen können, ist in den Augen vieler Verantwortlicher bei den Trägern der einschlägigen Heime offenbar ein verzichtbarer Luxus. Zumindest ist für entsprechende Investitionen selten Geld da, wodurch private Hilfe unerläßlich wird. Die Ikea-Stiftung beschreibt in ihrem Tätigkeitsbericht 1993 bis 1996 eine Initiave, die der emotionalen Zufriedenheit alter Menschen dient. Der Text wird hier ungekürzt wiedergegeben:

> »Stadträte, denkt man in konventionellen Bahnen, Stadträte sind eigentlich dazu da, etwas kommunal Bedeutsames zu eröffnen, das zu realisieren sie zuvor mehrheitlich beschlossen haben. Bei der Finanzierung, so nimmt man an, haben sie sich wiederum mehrheitlich mit dem Haushaltsausschuß oder Kämmerer abgestimmt und grünes Licht erhalten. Das ist eine offenkundig überholte Vorstellung. Inzwischen bemühen sich auch Stadträte persönlich darum, Geld für parlamentarisch abgesegnete Projekte bei privaten Förderern aufzutreiben, um eine Durchführung überhaupt zustande zu bringen.
>
> Ein solch abgesegnetes Vorhaben ist der ›Streichelzoo‹ samt ›Garten für Vergeßliche‹ im Freigelände des Seniorenheims Lentzallee, für das die Bezirksstadträtin Monika Thiemen finanzielle Unterstützung suchte. Nachdem ›Wohnen für ältere und alte Menschen‹ ein recht vernachlässigtes Thema innerhalb des Gesamtkomplexes ›Wohnen‹ darstellt und hier gleich zwei reizvolle Ideen verwirklicht werden sollen, hat die Ikea-Stiftung diesem Antrag besonders gern entsprochen.
>
> Ein ›Garten für Vergeßliche‹, also für alte Menschen, die physisch noch gut in der Lage sind, sich im Freien aufzuhalten, jedoch nur noch eine eingeschränkte Orientierungsfähigkeit besitzen, ein Garten, der dieses Manko ausgleicht,

ist nicht nur sinnvoll, er kann auch Vorbild für vergleichbare Einrichtungen sein. Und ein ›Streichelzoo‹, hier konzipiert als ein kleines Tierhaus mit einem Gehege und einem Stallteil mit Aufenthaltsraum für die Bewohner, ist eine überaus sympathische Idee, die ebenfalls der Nachahmung zu empfehlen ist. Die Tiere werden in die Beschäftigungs- und Physiotherapie einbezogen. Sie – ein Esel, ein Schaf, eine Ziege und mehrere Kaninchen – sind für das Wilmersdorfer Seniorenheim bereits vorhanden und zwar als bleibender Besitz des Vereins ›Leben mit Tieren‹, der später auch für eine Betreuung durch einen Tierpfleger sorgen wird.
Aber auch einer Stadträtin gelingt es nicht immer, den vorgesehenen Fertigstellungstermin einzuhalten. Aus Gründen des Nachbarschaftsrechts war zunächst einmal eine räumliche Trennung von Garten und ›Streichelzoo‹ vonnöten. Dies wiederum hatte zur Folge, daß nunmehr zwei Beschäftigungsgesellschaften zu beauftragen waren statt ursprünglich einer, was erneute Verzögerungen bewirkte. Im Sommer 1996 ist nun der ›Garten für Vergeßliche‹ mit seinem irregulären Rundweg und den naturbelassenen Holzhandläufen als erstes fertiggestellt. Dornenlose Büsche, Sträucher und Blumen sind so gewählt, daß rund um das Jahr Blüten zu bewundern sind. Manches muß freilich noch wachsen.
Für das Tierhaus wurden die unterirdischen Versorgungsleitungen gelegt, die Fundamente errichtet. Im Oktober 1996 wird dann endlich auch der ›Streichelzoo‹ bezugsfertig sein und den Bewohnern des Seniorenheims neue Stimulanzien und eine Bereicherung ihres Alltags bieten können. Dann geht es an eine der angenehmen Aufgaben eines Stadtrates respektive einer Bezirksstadträtin – das Einweihen.
Und der Esel ›Manolo‹, der bereits seit 1993 auf ein neues Zuhause wartet, wird ab dann seine sprichwörtliche Geduld in anderer Form unter Beweis stellen können.«

Mit Computern lernen

Der Verein »Impuls Schule und Wirtschaft« beschäftigt sich mit den Prinzipien und Modellen für computergestütztes Lernen. Die Maxime: Die Maschinen schaffen Platz für persönliche Beziehungen, in denen Schüler eine positive Lernstruktur entwickeln. Die Stuttgarter Breuninger-Stiftung förderte die Entwicklung einer Handreichung mit Lernsoftware für Eltern und Lehrer.

Schulen ans Netz

Wenn es etwas gibt, worin Schüler ihren Lehrern meist haushoch überlegen sind, dann ist das der Umgang mit Computern. Überlegen auch hinsichtlich der Unbefangenheit, mit der die Kids sich der Maschine nähern. Daher gehört es auch zum Konzept des nordrhein-westfälischen Programms »Bildungswege in die Informationsgesellschaft« (kurz BIG genannt), daß nicht nur Schüler im Umgang mit den Rechnern ausgebildet, sondern auch Lehrer erst einmal dazu ermuntert werden, sich den neuen medialen Möglichkeiten zu öffnen. Dazu gehören auch neue pädagogische Techniken, zum Beispiel die Fähigkeit, damit umzugehen, daß sich Kinder im Computerunterricht sehr häufig gegenseitig unterstützen, so daß dem Lehrer »nur« noch die Rolle des Moderators bleibt. Unterstützt wird BIG, das staatlicherseits von den nordrhein-westfälischen Ministerien für Schule und Weiterbildung sowie für Wirtschaft und Mittelstand und dem Europäischen Zentrum für Medienkompetenz finanziert wird, von der Heinz Nixdorf- und der Bertelsmann-Stiftung. Die Stiftungen stellen unter anderem Rechner zur Verfügung und sorgen für die Qualitätssicherung bei der eingesetzten Software.
Diese Initiative, wenngleich die umfassendste, ist nicht die einzige im Bundesland, die sich um die Schnittstelle Schule/Computer bemüht. So befassen sich das in Castrop-Rauxel angesiedelte »Zentrum Frau in Beruf und Technik« und das »Anneke-Zentrum« in Kassel mit der computerorientierten Fortbildung von Lehrerinnen.

Preis für Fundraising

Die Dürener Stadtbibliothek erhielt Anfang 1998 als erste Institution den Sponsoring-Preis des nordrhein-westfälischen Ministeriums für Stadtentwicklung, Kultur und Sport. Die Bibliotheksleitung hatte es geschafft, für ihre Aktion »Ein Büchereiausweis für jede Schultasche« 26 Unternehmer zu gewinnen, die 770 Schülern aus 13 Grundschulen Ausweise sponserten.

Privat bezahlte Lehrer ans Gymnasium?

Bluff oder konkretes Vorhaben? Als den Eltern der Klasse 8c am Hofheimer Main-Taunus-Gymnasium der Kragen platzte, weil aufgrund nicht besetzter Lehrerstellen ihre Kinder nicht ausreichend unterrichtet wurden, da beschloß der Elternbeirat, die fehlende Lehrkraft privat zu finanzieren. Die Eltern kannten auch schon die Kosten, monatlich 50 Mark für jedes Elternpaar, und hatten auch schon Kontakt mit dem Wiesbadener Studienseminar für das Lehramt aufgenommen. Damit hatten die Eltern zumindest die Schulbehörde aufgeweckt: Es erging (auf Wunsch des Direktors) die Weisung, den Mangel doch ein wenig gleichmäßiger zu verteilen – eine neue Lehrkraft wurde deswegen aber noch lange nicht eingestellt. Interessant die Stellungnahme des hessischen Kultusministeriums, wie sie die *Frankfurter Rundschau* vom 3. März 1998 zitiert: Private Lehrer an staatlichen Gymnasium seien nicht erlaubt, Nachhilfeunterricht für die ganze Klasse schon. Und: Man unterstütze jede Form von Privatinitiative an Schulen. Zeigten sie doch die Identifikation der Eltern mit dieser.

»Diese Vorlesung wurde gesponsert von ...«

Vielleicht wollte er sich nur einen Jux machen; vielleicht die Universitätsbürokratie ein wenig stacheln; vielleicht ist die Situation wirklich so verzweifelt: Architekturprofessor Johann Eisele von der Technischen Hochschule Darmstadt kündigte im März 1998 an, im nächsten Semester Werbedias in die Vorlesungen einfließen zu lassen. Wie es in den Zeitungen hieß, die die

Ankündigung selbstverständlich begeistert aufnahmen, habe die Industrie bereits Wohlwollen bekundet. Die Meldung war keinen Tag alt, da dementierte der Präsident der Universität, Jan Wörner, entschieden. So etwas käme auf keinen Fall in Frage, und was die Wünsche der Sponsoren betreffe, sei man, obwohl man deren Geld brauche, sehr restriktiv. Er habe es sogar abgelehnt, ein Institutsgebäude nach einem zum Sponsoring bereiten Unternehmen zu benennen.

Die liegende Acht

ist eine der Figuren, dank derer Hirngeschädigte im Rahmen der »Edu-Kinesetik« koordinierte Bewegungsabläufe lernen. Diese besondere Form der Therapie wird in der Bundesrepublik in einigen wenigen hochspezialisierten Schulen angewandt, unter anderem an der Förderschule der Stiftung Finneck Rastenberg in Halle/Saale. Auch diese Schule leidet zunehmend unter finanzieller Auszehrung, wodurch es oftmals nicht möglich ist, dringend benötigtes Lehrmaterial zu beschaffen. Besonders interessiert war die Schulleitung daher an Objekten, welche von der jungen Designerin Barbara Petzack entworfen worden waren. Die junge Frau hatte die Arbeit mit den Behinderten im Rahmen eines Praktikums kennengelernt und danach, als Diplomarbeit, eine Reihe von Hilfsmitteln entwickelt – die »liegende Acht« und einen hölzernen Überkreuzweg. Die Schule bekundete zwar ein hohes Interesse an der Erprobung der Objekte, konnte die Kosten dafür aber nicht übernehmen. Der Zuschuß der Ikea-Stiftung löste das Problem.

Lern- und Leistungsstörungen verbessern

Der Fachverband für integrative Lerntherapie hat die Aufgabe, die therapeutische Behandlung von Kindern und Jugendlichen mit Lern- und Leistungsstörungen zu verbessern. Jedes Jahr findet dazu ein interdisziplinärer Dialog zwischen Fachleuten aus Pädagogik, Psychologie und Jugendpsychiatrie statt, der von der Breuninger-Stiftung unterstützt wird.

Kindertagesstätten sponsern – ja oder nein?

Die Finanznot animiert die Verwaltungen offenbar zu gewaltigen kreativen Schleifen. Als im Herbst 1997 in Frankfurt am Main eine beliebte Kindertagesstätte geschlossen werden sollte, gingen die betroffenen Eltern auf die Barrikaden. Der zuständige Schulamtsleiter mußte sich den Fragen einer eigens gegründeten Elterninitiative stellen, und die Politiker des betroffenen Stadtteilparlaments befaßten sich ebenfalls mit dem Thema. Dort fiel dann der Beschluß, man wolle die der Tagesstätte benachbarten Unternehmen bitten, die Institution zu sponsern, schließlich arbeiteten bei ihnen viele der betroffenen Eltern. Der Schulamtsleiter wird in der *Frankfurter Rundschau* vom 30. Oktober zitiert, er habe sich bereit erklärt, die Schließung zu überdenken, falls andere Finanzierungskonzepte als die durch die Stadt angeboten würden. Das ist bemerkenswert bei einer Pflichtleistung, die die Bundesrepublik den Städten auferlegt hat, und ein wichtiger Ansatz zu einer offensiven Interpretation des Begriffs »Private Public Partnership«. Die Eltern brauchten allerdings bei ihren Arbeitgebern dann doch kein Fundraising zu betreiben, weil die Stadtverwaltung nach einigem Nachdenken schießlich doch die vollständige Finanzierung der Kindertagesstätte übernahm. Grundsätzlich, so ist aus dem zuständigen Amt zu hören, wolle man auch keine Sponsoren zulassen, die Kindertagesstätten in eigener Regie betreiben. Wenn sie diese allerdings bezahlten und die Durchführung der Betreuung einem qualifizierten Träger überließen, könne man darüber reden.

Bankengeld für Lehrer?

Im Freistaat Bayern macht der Vorschlag die Runde, Gewinne aus der halbstaatlichen Bayerischen Landesbank zur Finanzierung von geschätzten 4000 neuen Lehrerstellen heranzuziehen. Protagonist des Vorschlags ist Johannes Strasser, der haushaltspolitische Sprecher der SPD-Fraktion im Bayerischen Landtag.

Grundschule selbst ausgebaut – Schwarzbau?

Zehn Monate haben Eltern in Runkel/Hessen gebraucht, die örtliche Grundschule um zwei neue Klassenzimmer und einen Speicher zu erweitern. Damit verhinderten sie einen »Schultourismus«, denn weil die Schule aus allen Nähten zu platzen drohte, wollte der Kreis Limburg-Weilburg einige Klassen ausgliedern. Eltern und Freunde halfen mit: Ein Vater zeichnete Pläne für die neuen Klassenräume, die Bauleitung besorgte ein ehemaliger Polier. Nur die Installations- und Zimmermannsarbeiten wurden, wegen der Garantieleistungen, an Handwerker vergeben. Die Finanzierung hatte den Hauch des Genialen: Der Kreis verkaufte den Eltern vom großen Schulgelände drei ungenutzte Baugrundstücke, beschaffte für den Erlös das benötigte Material und behielt sogar noch Geld übrig. So kostete das gesamte Bauvorhaben am Schluß nur noch 180 000 Mark. Allerdings blieb das Projekt nicht ohne Anfeindungen: Während das hessische Kultusministerium von einer vorbildlichen Aktion spricht, geht unter den Runkeler Handwerkern hier und da die Rede von einem Schwarzbau.

Den Horror überwinden

Kindern, die unter elterlicher Mißhandlung zu leiden hatten, ist, wenn ihnen nicht Hilfe zuteil wird, in den meisten Fällen ein sozial auffälliger Lebensweg vorgezeichnet. Hilfe bedeutet, daß die Kinder Geborgenheit erfahren und lernen, Erfolg zu haben und gebraucht zu werden. Im Wuppertaler Kinderhaus Luise Winnacker ist das der Fall: Die Kinder sorgen sich zum Beispiel um die Ausstattung des Hauses und die Verschönerung des Gartens, betreuen den Hühnerstall, versorgen die Haustiere und reparieren Fahrräder. Das Ziel ist, die jungen Menschen so weit zu stabilisieren, daß sie die Belastungen in Elternhaus und Schule ertragen können. Betreut werden sie von Lehramtsstudenten, die im Haus wohnen und zugleich ihr Studium durch praktische Erfahrung ergänzen. Wichtige finanzielle Hilfe erteilte die Deutsche Bank Stiftung Alfred Herrhausen »Hilfe zur Selbsthilfe«

Wohnraum für Studenten

Der »Förderverein Studieren und Wohnen« aus Kassel hatte es sich zum Ziel gesetzt, die Wohnungsnot der Studenten in dieser Stadt zu lindern. In diesem Verein haben sich Architekturstudenten zusammengeschlossen, die nachweisen wollten, daß ökonomisches wie ökologisch orientiertes Bauen zugleich möglich ist – obendrein in Selbstbauweise. Ihr Projekt, eine neuartige Wohnanlage für Singles, diente daher auch dem praxisorientierten Studium. Der Förderer Ikea-Stiftung begründet die Entscheidung, das Vorhaben der Studenten zu unterstützen, mit dem Hinweis auf die ungewöhnliche architektonische und eine nicht minder überraschende Grundrißlösung sowie die umfassende Eigenleistung. Denn die Studenten haben die Anlage in eigener Regie konzipiert und geplant, mit dem Bauamt verhandelt, das Grundstück und die finanziellen Mittel beschafft und die Anlage auch selbst hochgezogen. Lohn der Mühe: reichlich Erfahrung und überaus preiswertes Wohnen. Denn die Miete von 240 Mark (Stand: 1997) erweist sich als kostendeckend.

Fränkische »Traumräume«

Die Städte Nürnberg, Fürth, Erlangen und Schwabach legten bei einem gemeinsamen Kulturprojekt den Schwerpunkt auf den Bereich Kinder- und Jugendkultur. Die jungen Teilnehmer wurden aufgefordert, sich in Gruppenarbeit mit dem Wahrnehmen und Gestalten von Räumen auseinander- und ihre Erkenntnisse in künstlerische Objekte umzusetzen. Unterstützt wurden sie dabei von Künstlern und Kunsthandwerkern, die die Städte speziell hierfür verpflichtet hatten. Das Ergebnis war so spektakulär wie die Zahl der Besucher, die mit 55 000 alle Erwartungen weit übertraf.

Auf der Wöhrder Wiese in Nürnberg gestalteten die jungen Künstler zum Beispiel ein Lehmdorf und an der Pegnitz entstand eine poetisch anmutende Wasserspielmaschine. In Fürth nahm eine »Traumstadt« befristet Gestalt an: Häuser aus Holz und Pappe, die als Schulen, Werkstätten, Küchen und Läden dienten. Der Schloßpark in Erlangen beherbergte einen aus hundert Kisten entstandenen liegenden Riesen, um den sich vielerlei Aktivitäten abspielten, die alle unter dem Motto »riesig« standen. In Erlangen wurde ein ehemaliger fensterloser, kubusförmiger Schießstand der US Army in ein begehbares Gesamtkunstwerk verwandelt, in dem die Besucher sich unter anderem an einem Stroboskop-Gang, einem Neon-WC und einem »Böse-Buben-Turm« erfreuen konnten. Nach Ablauf der Hauptaktionszeit wurden die Werkstücke in allen vier Städten ausgestellt. Förderer: Ikea-Stiftung.

Soziales

Arztmobil für Wohnsitzlose

Winter für Winter übernachten in Mainz mehr als 300 Wohnsitzlose im Freien, obwohl es in der Stadt ausreichend viele Übernachtungsplätze gibt. Grund sind Einstellungsprobleme der Betroffenen, wie zum Beispiel Schwierigkeiten, mit der Rolle als Hilfsbedürftige zurechtzukommen, oder die Abneigung vor Massenunterkünften. Vielfach resultieren aus dieser Lebensweise beträchtliche Gesundheitsschäden, die nicht auskuriert werden, weil die Erkrankten es scheuen, Arztpraxen aufzusuchen. Dem steuert das Mainzer Diakonische Werk mit einem Arztmobil gegen, das vollständig durch private Spenden finanziert wurde. Mit ihm suchen Ärzte die Schlafplätze der Wohnsitzlosen auf und leisten die Grundversorgung oder veranlassen die Einlieferung in ein Krankenhaus.

Schauspieler auf der Platte

»Deutschland ist machbar!« lautete der Slogan, mit dem die Hamburger Aktionskünstler Christoph Schlingensief und Bernhard Schütz eine für Deutschland beispielhafte Private Public Partnership-Aktion initiiert haben. Begonnen hat es mit einer vom

Deutschen Schauspielhaus Hamburg in Auftrag gegebenen, auf sieben Tage des November 1997 befristeten Aktion mit dem Titel »Passion Impossible – 7 Tage Notruf für Deutschland«. Dabei wurden soziales Elend, Prostitution und Kriminalität in Deutschland thematisiert – unter anderem durch Performance-ähnliche Events in der Stadt und durch Aufführungen in einem leerstehenden Polizeigebäude am Hamburger Hauptbahnhof, wo bald Sozialhilfeempfänger, Wohnsitzlose und Prostituierte mit interessierten Passanten zu Diskussionen zusammentrafen. Dort, in dem Raum, der schnell die Bezeichnung »Mission« fand, wurden auch Kaffee und Suppe ausgeteilt, so daß er sich bald zu einem beliebten Aufenthaltsraum wohnsitzloser Personen entwickelte, die sich selber in künstlerische Aktivitäten einbrachten. Christoph Schlingensief umschrieb diesen Prozeß in einer Pressemitteilung später so: »Hier existiert ein dynamisches Jungunternehmen mit 100 bis 200 Jungunternehmern am Tag. Entlastung von mindestens 50 Jungpolizisten – 1 DM Spende schafft mindestens 5 DM Schutz!«
Die Aktion fand eine derart positive Resonanz, daß sich die Organisatoren um eine Institutionalisierung bemühten. Mitte März 1998 gründeten sie daher den Trägerverein »Die Mission. Künstlerische Maßnahmen gegen die Kälte«. Die bis dahin genutzten Räume werden weiterhin für Konzerte, Theaterprojekte und Dichterlesungen zur Verfügung stehen, der Verein wird für eine kostenlose Essen- und Getränkeausgabe sorgen sowie Aufklärungsarbeit über das Leben und die Probleme von Obdachlosen, Junkies, Alkoholikern, Arbeitslosen und Sozialhilfeempfängern leisten. Herauszuheben ist, daß dieser Personenkreis, zusammen mit engagierten »normalen« Bürgern, die Einrichtung autonom verwalten wird, also keine der klassischen Hilfsorganisationen zur Versorgung entsteht, sondern eine Institution der Hilfe zur Selbsthilfe.

Anschubfinanzierung für Frauenhaus

Im Frauenhaus im thüringischen Bad Salzungen sollte der Keller zu Sport- und Therapieräumen ausgebaut werden. Für die Bereitstellung öffentlicher Mittel fehlte allerdings der stets notwendige Eigenanteil, den der Trägerverein »Frauen helfen Frauen« hätte aufbringen müssen. Die Lücke konnte durch eine Spende der Ikea-Stiftung geschlossen werden.

Arbeit

Reformanstoß im Netzwerk

Weil sie das Studium an den Technischen Universitäten für elitär ausgerichtet ansehen, was den Studenten Schwierigkeiten macht, nach dem Abschluß der Ausbildung einen Arbeitsplatz zu finden, hat sich in Berlin unter dem Namen »Briefkasten« ein Netzwerk aus Wissenschaftlern und Managern gebildet, das Zusammenhänge zwischen Studiengestaltung und Berufsperspektiven aufzeigt. Initiator des Netzwerkes ist die Hans-Böckler-Stiftung des Deutschen Gewerkschaftsbundes.

Gesponserter Kochlehrling

Nachdem Andreas Buß, Juniorchef des Gasthauses Zur Krone im hessischen Polheim erfahren mußte, daß die Fördergelder für den neuen Kochlehrling nur 400 statt 800 Mark betrügen, war die Lehre des jungen Mannes mit einemmal in Frage gestellt. Buß und sein Auszubildender wollten nämlich von einem Finanzierungsmodell profitieren, nach dem Firmen, die arbeitslose Jugendliche einstellen, welche Sozialhilfe kassieren können, die die Stadt bereitstellen müßte, bliebe der Betreffende ohne Job. Im Falle des Kochlehrlings rechneten alle mit 800 Mark – nur 400 wurden am Schluß bewilligt. Auf der Stelle rief der Gastwirt zu einer Spendenaktion auf, mit dem Ergebnis, daß Geschäftsfreunde und Gäste die Ausbildungsvergütung des jungen Mannes nun mitfinanzieren.

Aus der Psychiatrie in die Führungsetage

Der Verein »Ausbildungsschiff Liekedeeler e.V.« bietet sozial benachteiligten Jugendlichen die Chance, auf dem Küstenmotorschiff des Vereins unter pädagogischer Betreuung eine Ausbildung als Schiffsmechaniker zu durchlaufen. Darunter auch einem jungen Mann, der wegen seiner sozialen Auffälligkeit bereits in die Psychiatrie eingeliefert worden war. Er beendete nach anfänglich erheblichen Problemen die Ausbildung als einer der ersten und arbeitet heute als leitender Angestellter in einem großen Baumarkt. Förderer: Deutsche Bank Stiftung Alfred Herrhausen »Hilfe zur Selbsthilfe«.

Selbständig statt arbeitslos

Wer als Arbeitsloser eine zukunftsträchtige Idee für die eigene Selbständigkeit entwickelt hat, findet in Stuttgart beim Existenzgründerzentrum »Exzett« eine gute Anlaufadresse. Das Zentrum bietet Qualifizierung und Beratung, Erfahrungsaustausch und Kontakte zu Unternehmen, die als Kunden der Jungunternehmer in Frage kommen könnten. Bevor das Projekt 1997 in den Genuß der öffentlichen Förderung kam, erhielt es von der Breuninger-Stiftung eine Anschubfinanzierung. »Exzett« ist als dezentrales Projekt für den Themenpark »Arbeit der Zukunft« auf der Expo 2000 angemeldet.

Kultur

Theorie der Kultur

In Kooperation mit dem Zentrum für Kulturwissenschaften und Kulturtheorie der Universität Stuttgart lädt die Breuninger-Stiftung seit 1996 in lockerer Folge international renommierte Kulturwissenschaftler zur Vortragsreihe »Kulturtheorien« ein. Das Programm gibt einen Überblick zu aktuellen Ansätzen der Kulturtheorie.

Sanitäre Not gelindert

Die kommerzielle Nutzung des Wasserschlosses Wülmersen im hessischen Landkreis Kassel drohte zu scheitern, weil dort ausgerechnet die Einrichtung eines Sanitärtraktes unüberwindliche finanzielle Probleme aufwarf. Nachdem arbeitslose Jugendliche bereits 1987 begonnen hatten, das aus dem 11. Jahrhundert stammende Ensemble zu restaurieren, und sich dort ein wichtiges Zentrum des internationalen Jugendaustausches sowie ein weithin beachtetes Kulturfestival etablieren konnten, ließen die staatlichen Förderer den Geldstrom versiegen. Damit schien der weiteren Expansion des Projekts ein Riegel vorgeschoben, denn es war absehbar, wann die Behörden die provisorische sanitäre Entsorgung nicht mehr hinnehmen würden. Die Ikea-Stiftung, zuvor schon bei der Sanierung des Geländes hilfreich, schaltete schnell und widmete die eigentlich für ein »Brauhaus« vorgesehenen Gelder notdurftdienlich um.

Restaurierung von Lackmöbeln

Die Hessische Hausstiftung verwahrt über 50 000 antike Lackmöbel in ihren Depots, von denen viele dringend einer - sehr teuren - Restauration bedürfen. Da die Stiftung aber nicht in der Lage ist, diese Arbeiten zu finanzieren, ist sie auf Sponsoren angewiesen. Die Ikea-Stiftung erklärte sich bereit, für zwei dieser Möbel die Kosten für die Restauration zu übernehmen, und hofft, damit einen Anstoß für weitere Förderer gegeben zu haben.

Bürger für Bürger

Gemeinsinn in Ehrenamt und Freiwilligenarbeit

»Bürgerschaftliche Initiative - Freiwilliges Engagement und Ehrenamt« - unter diesem Titel hat zum Jahresbeginn 1997 eine Arbeitsstelle der Aktion Gemeinsinn e.V. in Bonn ihre Arbeit aufgenommen. Gefördert von der Heinz Nixdorf-Stiftung und der Robert Bosch Stiftung soll sie

- zur Erhöhung des gesellschaftlichen und politischen Stellenwerts von Ehrenamt und Freiwilligentätigkeit beitragen,
- Informationen über Vielfalt und Formen des Ehrenamts verbreiten und
- dem Austausch und der Zusammenarbeit zwischen Trägern ehrenamtlicher Arbeit dienen.

Unter der Leitung von Prof. Dr. Wendelin Szalai und Brigadegeneral a. D. Winfried Vogel wird sie Gespräche mit Politik, Verwaltungen und Publizistik organisieren, Tagungen und Kampagnen veranstalten sowie Veröffentlichungen vorbereiten. Ein Beirat ehrenamtlicher Organisationen, in dem sowohl die großen Verbände der Wohlfahrtspflege, des Sports, aus Kultur und Feuerwehr wie auch kleinere Initiativgruppen mitwirken, begleitet die Arbeit.
Die Aktion Gemeinsinn e.V. wurde 1957 gegründet und verfügt über eine lange Erfahrung bei der Erhaltung, Förderung und Nutzung der »sozialen Ressource« Gemeinsinn. Ihre Arbeit ist parteiübergreifend und wird mit eigens gestalteten Medienkampagnen in die Öffentlichkeit getragen.

Altersdurchschnitt bei Ehrenamtlichen sinkt

Die 1991 gegründete »Aktion aktiv bleiben« (Initiator: *Frankfurter Rundschau* und das »Seniorenbüro Aktiv«) hat sich, wie die Zeitung Ende 1997 berichtet, »auf hohem Niveau« stabilisiert. Die Verantwortlichen können auf einen interessanten Trend hinweisen: Mehr und mehr interessieren sich Menschen unterhalb des Rentenalters für eine der ehrenamtlichen Tätigkeiten, die die Aktion vermittelt. Laut Auskunft der Vermittler war etwa ein Drittel der 103 im Jahr 1997 vermittelten Helfer unter 50 Jahre alt. Erstmals ließen sich auch Langzeitarbeitslose, Teilzeitbeschäftigte und junge Leute, die soziale Fächer studieren oder eine entsprechende Ausbildung durchlaufen, auf das Angebot ein.

Bemerkenswert die Gründe für diesen Trend: Gerade die Studierenden und die Arbeitslosen erwarten, daß ihnen die ehrenamtliche Tätigkeit bei der Berufssuche zum Vorteil gereichte. Hoch ist laut Auskunft der Vereinsleitung auch die Zahl jener, die neben ihrer Berufstätigkeit im Ehrenamt einen Ausgleich suchen.

Für Rettung sammeln

Als es die Bürger im oberbayerischen Ammertal leid waren, daß die Mitarbeiter des Roten Kreuzes immer wieder einmal betteln mußten, um dringend notwendige Geräte anschaffen zu können, entschieden sie sich für die große Lösung: Sie gründeten 1995 den »Verein zur Förderung des Notarzt- und Rettungsdienstes im Ammertal«. Jetzt betteln die Vereinsmitglieder – und offenbar mit Erfolg: Für den dritten Rettungswagen, der rund 200 000 Mark kostet, konnte schnell ein Drittel durch Spenden aufgebracht werden; 100 000 Mark seien auch drin, hofft Bürgermeister Kolement Fend. Den Rest finanziert das örtliche Rote Kreuz – ebenfalls über Spenden.

Bürgerpost statt Gelber Post

1993 gab die Gelbe Post ihre Filiale im Hannoverschen Stadtteil Waldheim auf. Als alle Proteste und Eingaben nichts bewirkten, gründeten die Betroffenen eine »Bürgerpost«, die seit 1996 gleich neben der geschlossenen Poststelle in einem Container residiert. Dort verkaufen ehrenamtliche Helfer Briefmarken, nehmen Päckchen und Einschreiben an und bringen die Sendungen später gesammelt zum nächsten Postamt. Etwa 700 Bürger nehmen diesen Dienst monatlich in Anspruch, der nach Ansicht der Initiatoren um Gerhard Sabrowski allein deswegen notwendig ist, weil im Stadtteil Waldheim überdurchschnittlich viele alte Menschen leben. Kurios an der Situation ist die Tatsache, daß die ehemalige Filiale der Gelben Post inzwischen zwar leersteht, das Unternehmen bis zum Ablauf der Mietdauer im Jahr 2002 dafür aber immer noch monatlich 4700 Mark Miete bezahlen muß.

Tagesmütter-Service

Der ewigen Querelen um die Kindergartenplätze leid, entschließen sich viele Eltern, ihren Nachwuchs lieber in die Obhut von Tagesmüttern zu geben; dafür werden, bei eine Betreuungsdauer von 20 Stunden pro Woche, im Durchschnitt 500 Mark pro Monat verlangt. Nicht gerade billig – und die Qualität der erbrachten Leistung stellt sich im Zweifelsfall auch immer zu spät heraus. Im hessischen Langen hat sich daher aus dem dortigen »Mütterzentrum e.V.« ein Elternservice ausgegründet, der die Vermittlung zwischen Eltern und Tagesmüttern übernimmt sowie für eine Qualifizierung der Tagesmütter sorgt. Der Service ist als Pilotmaßnahme und als Non profit-Unternehmen konzipiert und finanziert sich aus Zuschüssen der Stadt, des Kinderbetreuungs-Soforthilfeprogramms des Landes und aus den Vermittlungsgebühren, die Eltern und Tagesmütter entrichten. Die Serviceverantwortlichen denken auf lange Sicht daran, ihr Konzept überregional zu verbreiten.

Auferstanden

Volkenroda in Thüringen, einst Klosterdorf, ist eine jener Ruinen, die die Hinterlassenschaft des DDR-Regimes kennzeichnen. Nach der Wiedervereinigung ergaben sich keinerlei Chancen, Industrie anzusiedeln; den Menschen dort blieb nur die Aussicht auf Arbeitslosigkeit und Sozialhilfe – bis sie ihre Zukunft selbst in die Hand nahmen. Sie begannen, das Kloster wiederaufzubauen und dort einen Ort geistlicher Begegnungen zu schaffen. Hinzu kam eine Jugendbildungsstätte, und die Bauern orientierten sich in Richtung ökologische Landwirtschaft um – inzwischen beliefern sie die gesamte Region mit ihren Produkten. Förderer: Deutsche Bank Stiftung Alfred Herrhausen »Hilfe zur Selbsthilfe«.

Auslandseinsätze

Krankenhaus im Alleingang

Der Verein Medigom in Schalksmühle, Sauerland, war eigentlich nur angetreten, Hilfsgüter für die Bevölkerung in der Region um Tschernobyl zu sammeln und bestimmungsgemäß zu verteilen. Auf einem dieser Transporte fiel der Vereinsvorsitzenden Angelika Fratz der erbarmungswürdige Zustand des Infektionskrankenhauses in der Stadt Gomel im Staat Belarus (Weißrußland) auf: marode sanitäre Anlagen; bröckelnde Zimmerdecken, Elektroinstallationen, in die es hineinregnet. Andererseits steht in Gomel aus Kostengründen der Rohbau eines Krankenhauses still. Angelika Fratz setzte es sich in den Kopf, den Bau wiederzubeleben, so daß das Infektionskrankenhaus in absehbarer Zeit dort einziehen könnte.

Dazu mußte sie zuerst einmal Politik und Verwaltung davon überzeugen, das Krankenhaus aus der städtischen Verantwortung zu entlassen und in die der Regionalregierung zu überführen, was schließlich gelang. Auf dieser Basis fiel es auch leichter, die Regierung von Belarus dazu zu bringen, die Grundfinanzierung der Bauarbeiten zuzusichern – immerhin wird die Fertigstellung rund 12 Millionen Mark kosten. Der Staat übernimmt davon zunächst rund 5 Millionen Mark.

Für die restliche Summe aufzukommen ist der Verein Medigom mit seinen 61 Mitgliedern (Stand: Frühjahr 1998) finanziell zu schwach gestellt. Was aber möglich ist, das ist eine bundesweite Betteltour, um Sachspenden zusammenzubringen – eine Ochsentour. Denn vor allem in den Großbetrieben der Industrie sind die Zuständigkeiten zu undurchschaubar, um mit wenigen Anrufen zum Beispiel Kupferrohre oder Edelstahl für Spülen loszueisen. Kleinere Firmen reagieren rascher. So spendete zum Beispiel der Armaturenhersteller Scheffer in Fröndenberg immerhin 23 Paletten Sanitärinstallationen – ein Warenwert von gut einer Viertelmillion Mark. Nach achtwöchigem hartem Fundraising konnte

Angelika Fratz auf einen zusammengebettelten Warenwert von immerhin rund 800 000 Mark stolz sein.

Pisco sour

Wenn Thomas Brenner, Vorsitzender des Deutsch-Peruanischen Freundschaftskreises, im hessischen Sulzbach mehrmals im Jahr zu *pisco sour* und Musik einlädt, dann tut er das, um Geld für Projekte in Peru zu sammeln. Der Fischereireferent, gewiß kein Mann mit nennenswertem Vermögen, und sein Freundeskreis schafften es immerhin, Geld für die Ausbildung von Kleinbauern bereitzustellen, Volksküchen in Lima zu unterstützen, Krankenhäuser mit medizinischem Gerät und Verbandsmaterial auszustatten, ein Feuerwehrauto nach Peru zu schaffen und einer Schreinerei finanziell zu helfen. Hin und wieder kann er die Lufthansa als Sponsor gewinnen, die Kleiderspenden nach Peru fliegt. Die privaten Kleinspender erhalten als Gegenleistung Informationen über das Land und qualifizierte Urlaubstips.

Private Lepra- und Polio-Hilfe in Indien

Anfang 1998 erhielt der ehemalige deutsche Botschafter Gerhard Fischer aus der Hand des indischen Premierministers den mit rund einer halben Million Mark dotierten Ghandi-Friedenspreis für »sozialen, wirtschaftlichen und politischen Wandel durch gewaltlose Mittel«. Fischer engagiert sich seit 1985 in Indien im Kampf gegen die Lepra und, nebenbei, die Kinderlähmung. Dafür baute er eine Reihe von medizinischen Versorgungsstationen. Fischer plant, sein Werk unter dem Dach einer von ihm gegründeten Stiftung über seinen Tod hinaus zu sichern.

Polizei und Justiz

Polizeiautos von der Bank?

Daß ein Abschleppunternehmer einem Polizisten guten Gewissens etwas zustecken oder gar der Mannschaft einer Polizeidienststelle größere Summen zukommen lassen dürfe – das hat Hannovers Polizeipräsident Hans-Dieter Klosa nicht gemeint, als er im Oktober 1997 mit dem Vorschlag vorpreschte, die Industrie solle nicht immer nur für Kultur, Soziales und Sport spenden, sondern auch für die Sicherheit. Gemeint hat er damit, daß vielleicht eine Bank den Polizeikräften Streifenwagen finanzieren könnte, ohne daß die Beamten gleich in den Verdacht kämen, der nächsten Anzeige wegen Geldwäscherei nicht zügig genug nachkommen zu wollen. Ein heißes Eisen, dessen Behandlung viel mit Augenmaß zu tun hat. Vor allem sind solche Spendenaktionen rein verwaltungsrechtlich heute noch unmöglich zu realisieren. Jedoch ließ das Präsidium verlauten, daß unter den Kommentaren, die seitens der Unternehmerschaft zu hören waren, auch einige sehr positiv geklungen hätten.

Netzwerk gegen Gewalt

Die behörden- und disziplinübergreifende Aktion Wetzlarer Studenten, Psychologen, Lehrer und Polizisten gegen Gewalt an den Schulen hat in der Zeit seit ihrer Gründung 1994 derartige Erfolge erzielt, daß sie vom Bundesforschungsministerium den Auftrag erhalten hat, Prinzipien und Wirkweisen ähnlicher Aktionen im Land zusammenzutragen und zu bewerten. Der Erfolg der Wetzlarer liegt darin begründet, daß die Erkenntnis, Gewalt stamme in den meisten Fällen aus einem Defizit an Selbstwertgefühl, konsequent in Aktionen umgesetzt wurde. So gibt es in Wetzlar zum Beispiel Studentenpatenschaften, die ein »Coaching für Schüler« anbieten, Bewegungswerkstätten (freie Spielstätten im täglichen Stundenplan), es wird die Gestaltung der Schulen thematisiert, es gibt eine »Elternakademie«, die Diskussionsforen bereithält und

eine »trouble line«, ein bei der Polizei eingerichtetes Schülertelefon, über das Ratsuchende mit Polizisten, Pädagogen und Psychologen ins Gespräch kommen.
Im Jahr 1998 beginnt, auf die bisherigen Erfolge aufbauend, ein bundesweites Modellprogramm unter dem Titel »Neue Technologien nutzen – Schüler übernehmen Verantwortung«: Schüler und Schulen aus den Ländern Berlin, Brandenburg, Hessen, Nordrhein-Westfalen und Sachsen schließen sich über das Internet zum Aufbau von Projekten der Gewaltprävention zusammen.

Sport statt Prügel

Als einer der ersten hat Magdeburgs Polizeipräsident Winfried Wendt die Forderung von Bundesinnenminister Manfred Kanther in die Tat umgesetzt, US-amerikanische Muster in die Sicherheitskonzepte einzubeziehen. Er rief das Präventionsprogramm ALSO ins Leben (Alternatives freizeit-pädagogisches Antigewalt-Sofortprogramm), zu dem verstärkte nächtliche Streifengänge gehören, aber auch Kurse in Fahrrad- und Mopedreparatur. Zielpersonen: junge Leute, die die nächtlichen Straßen der Stadt als Aktionsfeld betrachten. Besonders attraktiv für die Kids sind die Hallenfußballturniere, die jede Freitagnacht zwischen 22 und 3 Uhr früh stattfinden. Daneben gibt es Basketball-, Volleyball- und Badminton-Turniere. Involviert sind rund 300 Jugendliche. Die Aktion wird von 31 ABM-Kräften durchgeführt, die das Arbeitsamt bezahlt. Private Hauptsponsoren sind die Öffentliche Versicherung Sachsen-Anhalt und die Dekra (Deutscher Kraftfahrzeugs- und Überwachungsverein). Das Ergebnis der Bemühungen ist ein merklicher Rückgang der Straßenkriminalität und der Autodiebstähle.

Verfolgungspause

Die »Hamburger Stiftung für Verfolgte« gewährt politischen Dissidenten, die trotz der oftmals massiven Repressalien, denen sie ausgesetzt sind, ihr Heimatland nicht endgültig verlassen wollen, für ein Jahr Gastrecht. Der Aufenthalt hier wird als Regenerationsphase und als Phase der politischen Weiterbildung genutzt. Zudem hat sich erwiesen, daß die Aufnahme durch die Stiftung nach der Rückkehr einen gewissen Schutzeffekt bewirkt. Die Stiftung wurde im Jahr 1986 von Klaus von Dohnanyi ins Leben gerufen (als Erinnerung an seinen Vater, der 1943 verhaftet und kurz vor Kriegsende ermordet wurde), durch Jan Philip Reemtsma anfinanziert, wird vom Hamburger Senat unterstützt und lebt weitgehend von den Zuwendungen eines anonymen Großspenders, der sich aber 1999 zurückziehen will. Hinzu kommen kleinere Zuwendungen von Spendern aus der gesamten Bundesrepublik.

Rechtsfrieden

Für einen Dialog der Justiz mit der Bevölkerung setzt sich der in Oldenburg beheimatete »Verein Recht und Gesellschaft« ein, dem prominente Richter, Staatsanwälte und Rechtswissenschaftler angehören. Die Mitglieder sprechen offen von einer Krise der Justiz und wollen ihr entgegenwirken. Wichtiges Ziel ist die Einrichtung von »Jugendrechtshäusern« in möglichst vielen Orten der Bundesrepublik; dafür etablieren sich zur Zeit vielerorts Regionalgruppierungen des Vereins.

Umweltschutz

Streuwiesen pachten

Die Obere Naturschutzbehörde in Gießen sucht Partnerschaften für den Naturschutz und bedient sich dabei höchst unkonventioneller Methoden. So hat sie zum Beispiel eine »Obstwiesenbörse« gegründet, bei der die Besitzer nicht mehr bewirtschafteter Streuwiesen und interessierte Privatleute zusammengebracht werden. Letztere pachten das Gelände mit der Auflage, dieses in ihrem ursprünglichen Zustand zu belassen und zu pflegen. Der Grund für diese Maßnahme ist, daß der Staat den Unterhalt brachliegender landwirtschaftlicher Flächen kaum mehr finanzieren kann.

Wald-Aktien bringen Obdachlosen-Speisung

Als die Deutsche Bahn AG in Frankfurt am Main einige Hektar Wald rodete, um eine neue ICE-Trasse anlegen zu können, mußte sie der Stadt erhebliche Ausgleichszahlungen leisten, die diese für den Kauf des ehemaligen Militärgebiets an der Schwanheimer Bahnstraße verwandte. Ziel war es, das Gelände aufzuforsten, was erhebliche Kosten zur Folge hat, die die Stadt nicht aufbringen kann. So initiierte sie eine »Öko-AG«, die »Aktien« im Nennwert von 50 Mark ausgab, die Frankfurter Bürger kaufen sollen. Die so hereinkommende Summe soll für die Aufforstung verwendet werden. Die Idee schlug ein: Bei der ersten Verkaufsaktion wurden 560 Aktien plaziert, was einen Ertrag von insgesamt 280 000 Mark ausmacht – genug Geld für die Aufforstung des ersten Hektars. Eigentlich waren die Papiere eher als Geschenkidee oder als Dokumente des guten Umweltgewissens gedacht – der Frankfurter Lions Club aber hatte eine noch bessere Eingebung: Die Clubleitung kaufte insgesamt 250 Aktien, splittete diese in Zeichnungsscheine für einen einzigen Baum und verkaufte diese Scheine für 20 Mark an die Mitglieder, deren Freunde und Verwandte. Der Gewinn betrug dabei rund 30 000 Mark, die der Club dem Diakonischen Werk zur Obdachlosen-Speisung stiftete – sinnfälliges Beispiel einer geglückten Kombination aus Gewinnstreben und ökologischem mit sozialem Engagement.

Teil V:
Arbeitsweisen

Private Public Partnership – was zu tun ist

von Hans G. Möntmann

Gefragt ist Professionalität, sprich: strategisches Vorgehen – und gleich ist eine Einschränkung angebracht: Muß kulturelles und soziales Engagement tatsächlich aus der Bauch- in die Kopfebene verbannt werden? War es bisher nicht so, daß gerade die persönlichen Vorlieben der Spender, Sponsoren, Macher, Social Entrepreneurs und Gutmenschen zur lebendigen Vielfalt der Hilfsinitiativen geführt haben? Wer den Mittelständler Rolf Hasenclever nach den strategischen Überlegungen fragt, die hinter seinem Engagement für die Sache der Don-Bosco-Kongregation stecken, erntet bestenfalls belustigtes Unverständnis. Dabei haben Hunderte junger Menschen der Spendenbereitschaft des Lüdenscheiders eine Ausbildung zu verdanken.

Und was ist mit der Initiative des Dr. Heinz-Horst Deichmann, Chef der gleichnamigen Schuhhandelskette, der Obdachlosen in Indien Häuser baut und der Kinderarbeit eine Alternative entgegensetzt?

Was, außer der Tatsache, daß er am Zustand dieser Welt leidet und der Meinung ist, mit äußerstem Engagement könne man etwas zum Besseren wenden, brachte Dirk Rossmann, Besitzer der gleichnamigen Drogeriekette dazu, zusammen mit anderen eine Stiftung »Weltbevölkerung« ins Leben zu rufen?

Wer kann sich vorstellen, daß Reinhold Würth sich seit Beginn seines mäzenatischen Wirkens aus rein strategischen Gründen mit Kunst auseinandergesetzt hat? Gewiß niemand. Und daher ist es sehr wichtig, daß die persönliche Ergriffenheit von einem Thema, einer Kunst oder einem Problem mitsamt den vielschichtigen,

ausschließlich in der Gefühlswelt der Initiatoren verankerten Beweggründen, einer lebendigen und innovativen Altruismus-Szene auch weiterhin erhalten bleiben.
Und trotzdem: Die Problemfelder, derer sich der Staat nicht mehr in ausreichendem Maße annehmen kann, vermehren sich wohl schneller als die Zahl derjenigen, die aus reiner Lust am Machen und Helfen dieser Probleme Herr werden könnten. Und sollten sich tatsächlich immer mehr Unternehmen der »Private Public Partnership« zuwenden, dann braucht es für die »Neueinsteiger« hinreichende Instrumente, um mit der Fülle praktischer Probleme fertig zu werden.
Die Schwierigkeiten beginnen bereits bei der Grundausrichtung der Initiative: Soll sich das Unternehmen im sozialen oder im kulturellen Bereich engagieren (Sportaktivitäten seien hier ausdrücklich ausgeklammert)? Für den kulturellen Bereich spricht, daß ein solches Engagement mit schnell aktivierbaren Imagefaktoren behaftet ist: Kunden und Meinungsbildner lassen sich rasch von der Förderungsleistung überzeugen, zumal sie vielfach, im Rahmen von Incentive-Aktivitäten, in den Genuß der Förderung kommen. Es macht schon etwas her, alle wichtigen Leute in ein eigenes Museum einladen zu können oder zu einer Konzertgala, die ohne die Mittel des Sponsors nie hätte realisiert werden können.
Andererseits sprechen Langfristigkeit und die Nähe der Konsumenten für ein (glaubwürdiges) Engagement im sozialen Bereich. Kulturelles hat nun einmal immer noch etwas Elitäres an sich, was sich möglicherweise nicht mit allen Massenprodukten in Übereinstimmung bringen läßt.
Dann zeigt sich der Kern des wohl größten Problems: Wie positioniert ein Unternehmen seine Private Public Partnership-Aktivität am besten? Wie stets gibt es keinerlei (Ideal-)Lösungen, sondern lediglich Entscheidungsfelder. Schließlich spielen Werte wie Glaubwürdigkeit und Affinität zum Unternehmensbild, regionale Bindung oder internationale Performance mit. Das heißt, paßt

»Private Public Partnership« überhaupt zum Unternehmen und, wenn ja, unter welchen Bedingungen?
Es geht zum Beispiel darum, wie Größe erlebt und umgesetzt wird – ob das gesponserte Galakonzert etwa protzig oder nobel wirkt. Oder ob 1 Million Mark für eine soziale Stiftung angesichts milliardenschwerer Gewinne nicht vielleicht als »popelig«, 100 Millionen hingegen wieder als Machtdemonstration erlebt werden. Es geht darum, ob Imagefaktoren der Branche, in der das Unternehmen tätig ist, die gutgemeinten Anstrengungen nicht möglicherweise ins Gegenteil verkehren. Zu diesen »gefährdeten Branchen« gehören zum Beispiel die pharmazeutische oder die Genußmittelindustrie und die (Groß-)Banken. Auch Unternehmen, von denen man annimmt, sie hätten etwas wiedergutzumachen, stoßen mit ihren Initiativen zunächst auf Skepsis. Beispielsweise würde niemand es spontan akzeptieren, wenn eine Brauerei einen Lehrstuhl für die Erforschung der Ursachen des Alkoholismus sponserte. Das mag sich später, nach einer Gewöhnungsphase, und mit einigem kommunikativen Geschick zwar ändern (und damit besondere Glaubwürdigkeit gewinnen) – das Gefahrenpotential ist aber enorm und nicht konkret abzuschätzen.
Es geht also auch darum, ob ein Unternehmen genug Geduld aufbringt, die erhoffte Wirkung auf die öffentliche Meinung abzuwarten (vorausgesetzt, es legt Wert darauf). Auch der Zeitgeist muß in die Überlegungen einbezogen werden. Eine Industriestiftung zugunsten der Umwelt mag auf dem Höhepunkt der Diskussion über die Thesen des Club of Rome als mutige Tat gegolten haben. Heute, wo die Öffentlichkeit sich mit ganz anderen Themen befaßt, laufen Umweltinitiativen Gefahr, als unangebracht oder verzopft abgetan zu werden.
Schließlich muß die Frage nach Konformität oder Differenzierung geklärt werden, das heißt die Frage, ob sich das Unternehmen an den Vorbildern der direkten Wettbewerber orientiert oder ob es neue Wege sucht. Daß die meisten Banken sich mit Kultursponsoring befassen, ist inzwischen allgemein bekannt, und so könnte

der Druck der öffentlichen Erwartung dazu führen, daß eine bis dato nicht mit Private Public Partnership befaßte Bank sich ebenfalls der Kulturförderung widmet – und somit die Konformität dieser Branche ein weiteres Mal bestätigt. Denkbar ist aber auch, daß die Bank sich Förderbereiche sucht, die noch nicht besetzt sind. Dann unterscheidet sie sich zwar von den anderen, hat aber zunächst größere Mühe, Akzeptanz in der Öffentlichkeit zu finden.

Nicht zuletzt gilt es, eine für die Unternehmensstrategen eher unerwartete Gefahrenquelle zu eliminieren: die strafrechtliche Bedenklichkeit. Tatsächlich ist es für ein Management nicht ungefährlich, aus dem Unternehmensgewinn zum Beispiel eine Stiftung zu finanzieren. Denn das Management entzieht dem Unternehmen damit Vermögen, das nach Ansicht des einen oder anderen Aktionärs/Teilhabers vielleicht besser in Produktionsmitteln oder in Dividenden angelegt worden wäre. Wer es also versäumt, die Gesellschafterversammlung oder den Aufsichtsrat selbst bei kleineren, nicht zustimmungspflichtigen Beträgen (etwa bei Zuwendungen zu bestehenden Hilfsorganisationen) zu konsultieren, der geht, Stichwort Untreue, ein nicht unerhebliches Risiko ein.

Weil Irrtümer bei der Behandlung derartiger Fragen ein hohes Schadenspotential in sich tragen, darf es im Prinzip nicht mehr Sache eines einzelnen, nicht einmal allein des gesamten Vorstands sein, sie im Alleingang und möglicherweise ad hoc zu beantworten. Private Public Partnership bedarf einer Konsens-Entscheidung, die sorgsam vorbereitet sein will. Dazu gehört sicher ein marktforscherisch gestützter Abgleich der geplanten Initiative mit den Imagefaktoren, die das Unternehmen prägen.

Auch die Meinung der Mitarbeiter darf nicht unberücksichtigt bleiben. Denn Private Public Partnership tangiert direkt das Unternehmensleitbild, welches wiederum nicht so ohne weiteres ohne die Zustimmung der Mitarbeiter modifiziert werden darf. Zwar läßt sich der Abstimmungsprozeß vielfach drastisch verkür-

zen, aber Private Public Partnership *per ordre du mufti* ist ein Widerspruch in sich selbst, soll sie doch zur Identifikation mit dem Unternehmen beitragen.
Erst nachdem auf dieser Ebene Klarheit und Konsens geschaffen wurden, darf das Unternehmen sich mit der konkreten Realisierung der Private Public Partnership-Aktivität befassen. Die erste Frage wird sein: Was muß konkret getan werden? Es sei noch einmal auf die Alternative hingewiesen, sich für eine kulturelle *oder* soziale Tätigkeit zu engagieren: Wer eine schnelle Response sucht, der wird sich auf Kulturförderung konzentrieren und die gewünschten kommunikativen Effekte sogar zusätzlich durch Techniken des Sponsoring, also durch die werbliche Erwähnung seines Firmen- oder Markennamens bei allen Aktivitäten der unterstützten Institution, beschleunigen. Wer hingegen geduldig auf die langfristige Wirkung warten kann, für den kommen Aktionen mit sozialer Relevanz in Betracht.
Bei der Festlegung der konkreten Förderaktivitäten entsteht schnell die Gefahr der Auswahl nach dem Zufallsprinzip, nach den persönlichen Vorlieben der Geschäftsführer oder nach dem Prinzip der Konformität. Strategisch gedacht wird in diesen Fällen ausschließlich reaktiv, indem von außen kommende Maßnahmenvorschläge auf Kompatibilität mit dem Unternehmensleitbild abgeklopft werden. Besser hingegen ist die aktive Vorgehensweise. Die Frage lautet dann, wie die potentiellen Aktivitäten mit dem individuellen Unternehmenskern korrelieren. Also: Welche Bezugssysteme lassen sich herstellen?
Die folgende Systematisierung stammt aus der Broschüre »Kunst- und Kultursponsoring – Neue Wege unternehmerischer Kommunikation«, die der Wirtschaftsverband der CDU des Landesverbandes Nordrhein-Westfalen herausgegeben hat:

1. *Produkt- und Leistungsbezug.* Ein Bauunternehmen stiftet beispielsweise einen Architekturpreis, einen Architekturlehrstuhl, oder es fördert neue Ausbildungsmodelle seiner Branche.

2. *Materialbezug.* Ein metallverarbeitendes Unternehmen fördert Künstler, die Metall als Werkstoff bevorzugen, oder bildet Praktikanten aus den Entwicklungsländern aus, die später in metallverarbeitenden Berufen tätig sein wollen.
3. *Bezug zum Herstellungsverfahren.* Eine Druckerei fördert Künstler, die mit Drucktechniken arbeiten.
4. *Bezug zum Unternehmenssitz.* Das Unternehmen unterstützt die am Ort ansässigen Künstler oder Selbsthilfeorganisationen.

Diese Überlegungen mögen vielleicht platt und vordergründig wirken, und es gibt sicher Bezugssysteme mit kreativeren Qualitäten. Aber die Entscheidung, sich gesellschaftlich und im Sinne des Gemeinwohls zu engagieren, ist in dieser Phase längst gefallen, und auch die persönlichen Präferenzen der Entscheidungsträger sind ausdiskutiert und möglichst eliminiert. So sind Überlegungen, die sich an markttechnischen Vorgehensweisen orientieren, jetzt nicht nur legitim, sondern sogar Voraussetzung des zukünftigen Erfolgs.
Die Überlegungen dürfen sich jedoch nur an den markttechnischen Vorgehensweisen *orientieren* – auf keinen Fall aber diese adaptieren oder aber Private Public Partnership dem Marketing mit seinen kurzfristigen Kommunikationszielen unterwerfen. Es handelte sich dann nämlich nicht mehr um Private Public Partnership, sondern um eine vordergründig verkaufsfördernde Maßnahme, als welche das Publikum sie auch erkennen würde. Wer Kulturförderung oder soziales Engagement einsetzt, um vordergründig Marktanteile zu erhöhen, erlebt meist sehr schnell die schädliche Wirkung der öffentlichen Verachtung. Verkaufsfördernde Wirkung ist Beigabe, nie Ziel von Private Public Partnership.
Deshalb hat der Appell der Bertelsmann-Stiftung, auf keinen Fall Werbeagenturen oder PR-Spezialisten mit der Durchführung von Private Public Partnership-Maßnahmen zu betrauen, durchaus seine Berechtigung. Vielmehr müssen die für Private Public Part-

nership-Maßnahmen Verantwortlichen sich des Instrumentariums der Werbe- und PR-Fachleute bedienen – so Rupert Graf Strachwitz, einer der Vordenker des Stiftungswesens in Deutschland, der zudem in München die auf die Implementierung von Private Public Partnership-Aktivitäten spezialisierte Maecenata Management GmbH und das Maecenata Institut betreibt, das sich der Erforschung des »Dritten Sektors« widmet.

Ins soziale Umfeld investieren

Corporate Community Investment (CCI) ist der strategische Oberbegriff für das Arbeitsverhältnis eines Unternehmens mit seinem Umfeld. Seine Bedeutung beruht auf vier grundlegenden Erkenntnissen:

1. Die positive Fortentwicklung unseres gesellschaftlichen System ist davon abhängig, daß die Bürger das Handeln des Staates und seiner großen, schwer zu kontrollierenden Organe zunehmend zurückdrängen und so viele Angelegenheiten wie möglich mit Hilfe unternehmerisch geführter autonomer Organisationen wahrnehmen.
2. Bürger in diesem Sinn sind zwar in erster Linie die natürlichen Personen, jedoch tragen angesichts der Auswirkungen ihrer Tätigkeit, des dort akkumulierten Knowhows und ihrer wirtschaftlichen Möglichkeiten auch juristische Personen eine besondere Bürgerverantwortung. Der amerikanische Fachbegriff dafür lautet Corporate Citizenship (korporatives Bürgertum).
3. Wirtschaftsunternehmen haben über das gemeinsame gesellschaftliche Interesse hinaus je einzeln ein massives Interesse daran, als gute korporative Bürger *(good corporate citizens)* angesehen zu werden, weil nur dadurch ihre Märkte langfristig gesichert werden können.

Ein funktionierender Umfeldmarkt ist Bedingung für funktionierende Produktmärkte, Arbeitsmärkte und so weiter

4. Die Wirtschaft insgesamt muß für eine rasche Entstaatlichung und Deregulierung sorgen, da nur dadurch die Steuerlast gemindert und die bürokratischen Einflußnahmen zurückgedrängt werden können. Beides ist für die Wettbewerbsfähigkeit der Wirtschaft unabdingbar. In diesem Entstaatlichungsprozeß kommt der Stärkung des Dritten Sektors durch funktionstüchtige und finanzstarke zielorientierte Unternehmen (zum Beispiel Stiftungen, Vereine) eine Schlüsselrolle zu.

Corporate Community Investment gehört daher zu den strategischen Aufgaben jedes Unternehmens, für das Aufwendungen budgetiert werden müssen. Eine Vernachlässigung dieser Aufgabe führt zwangsläufig auf längere Sicht zu negativen Folgen. Die Frage, ob diese Aufgabe wahrgenommen werden muß, hängt prinzipiell nicht von der Größe des Unternehmens ab. Selbst Handwerksbetriebe müssen ihre Märkte pflegen. Nur die Art der Verwirklichung und der dafür notwendige Aufwand unterscheiden sich naturgemäß. Dieser Aufwand ist u. a. von folgenden Faktoren abhängig:

- Umsatzgröße des Unternehmens,
- Standort, beziehungsweise Standorte, Standortperspektiven,
- Zahl der Mitarbeiter,
- Qualifikation der Mitarbeiter,
- Branche,
- Art und Ausdehnung des Produktmarkts,
- Art- und Umfang anderer Beziehungen mit dem Umfeld, zum Beispiel durch Umweltbelastung, Inanspruchnahme der Infrastruktur,

- Art des Zusammenhangs zwischen Produkt und Arbeitsmarkt (zum Beispiel regional-regional, regional-international und so weiter),
- Fristigkeiten im Geschäftszweck (Bedeutung langfristiger Planung),
- Wettbewerbssituation am Produktmarkt,
- Wettbewerbssituation am Arbeitsmarkt,
- Wettbewerbssituation am Standortmarkt (zum Beispiel Position in der Gemeinde).

Selbst in großen Konzernen wird CCI mit PR oder Lobbyismus verwechselt. Spendenetats werden nicht als Teil der CCI angesehen. CCI-Maßnahmen werden auf Kontaktgespräche und Einladungen reduziert. Eine Bestimmung der Zielgruppen findet nicht statt. Im Blickfeld stehen vielfach nur öffentliche Mandatsträger oder sogenannte VIPs, statt daß Zielgruppen vollständig aufgelistet werden, damit für jede (Nachbarn, Kunden, Mitarbeiter und deren Familien, Meinungsbildner, Multiplikatoren, interessierte Öffentlichkeit und so weiter) ein Teilprogramm entwickelt werden kann, das sich mit den anderen zu einem schlüssigen Gesamtprogramm verbindet.
Es verwundert nicht, daß aus solchem Unverständnis heraus bei der Lösung der Aufgabe CCI häufig fundamentale Fehler gemacht werden. Vielfach findet eine strategische Analyse des CCI-Bereichs nicht statt. Anfragen aus dem Controlling-Bereich zur Effektivität einzelner CCI-Maßnahmen, die völlig zu Recht erfolgen, führen zur Einstellung oder Reduzierung der Maßnahme und zu einer Negativbewertung von CCI insgesamt, statt daß Fehler analysiert und strategische CCI-Ziele neu definiert werden.
Mitglieder der Geschäftsleitungen und Mitarbeiter von Unternehmen messen sich Sachkenntnis und Fachfragen zu, die sie nicht besitzen. Anstatt kritische und auf das Unterneh-

men bezogene Beurteilungsmaßstäbe zu entwickeln und sich kompetent beraten zu lassen, gefallen sich manche Unternehmensvertreter als dilettierende Kunstexperten, Kinderhelfer und so weiter.

Eine oft unheilvolle Rolle spielen die internen oder externen Werbefachleute eines Unternehmens. Sie ordnen CCI den kurzfristigen Unternehmens- oder Produktwerbenotwendigkeiten unter und wirken auf diese Weise häufig kontraproduktiv. Eine CCI-Maßnahme damit zu befrachten, daß kurzfristige Werbeziele dominieren müssen, deutet auf ein Unverständnis des Wesens von CCI hin. Viel erfolgversprechender sind CCI-Strategien, die auf diese Verknüpfung verzichten und lediglich eine Abstimmung der Aussagen beinhalten oder die umgekehrt die Werbeaussagen dem CCI-Konzept unterordnen.

Rupert Graf Strachwitz

Damit ist bereits die Position der Private Public Partnership im Unternehmen beschrieben: von der verantwortlichen und disziplinarischen Seite her gesehen zunächst stets ganz weit oben, also zumindest bei den Bereichsleitern, besser im Vorstand. Dies gilt auch, zumindest eine Zeitlang, für Unternehmen, die mit einer Matrix-Organisation arbeiten. Denn selbst wenn die mit der Durchführung von Private Public Partnership-Aktivitäten Betrauten sich ohne Einschränkung zum Beispiel der Dienstleistungsabteilung »Kommunikation« bedienen dürfen, muß doch eine gewichtige Stimme in der ersten Zeit dafür sorgen, daß sie als gleichberechtigte Auftraggeber angesehen werden. Ziel wird es sein, aus der Top-down- eine Bottom-up-Bewegung entstehen zu lassen.

Auf lange Sicht wird Private Public Partnership, um optimal funktionieren zu können, aus der Leitungsebene herausgelöst und einer selbständigen Fachabteilung zugeordnet werden müssen, die direkt dem Vorstand berichtet. Selbstverständlich wird es Ver-

suche geben, die Abteilung Private Public Partnership in die Exotenecke abzudrängen. Um dieser Gefahr vorzubeugen, ist eine intensive und kontinuierliche Auseinandersetzung der Mitarbeiter mit den Zielen der Private Public Partnership-Aktivitäten notwendig – zum Beispiel in Form von Workshops und stets im Rahmen zukunftsorientierter Personalentwicklungsmaßnahmen.
Parallel mit der Entscheidung über die Strukturen der Private Public Partnership-Implementierung ins Unternehmen muß die Entscheidung fallen, in welcher Form die Bestrebungen realisiert werden. Vor allem bei sozialen Aktivitäten ist es nicht immer ratsam, wenn das Unternehmen direkt auftritt. Und auch im kulturellen Bereich sollte, wenn das Engagement über Spenden hinausgeht, ein Puffer zwischen Aktion und Unternehmen geschaffen werden. Möglich sind:

1. *Stiftungen.* Sie haben den Vorteil, daß sie autonom arbeiten und kaum Managementkapazität im Unternehmen binden. Nachteilig kann sich diese Autarkie aber auswirken, wenn es um die Auswahl der Förderaktivitäten geht. Die Gefahr, daß sich unversehens politische Richtungen mit dem Unternehmen verbinden, mit denen dieses nicht in Verbindung gebracht werden möchte, läßt sich jedoch durch die Besetzung des Beirats verringern. Weiterer Nachteil: Das einmal eingesetzte Geld ist nicht mehr rückholbar.
2. *Zustiftungen zu und Kooperationen mit fremden Stiftungen.* Hier lassen sich erste Erfahrungen mit Private Public Partnership machen und Netzwerke aufbauen. Nachteil ist die Fremdbestimmung, die sich aber bei ausreichend hohem finanziellem Engagement durchaus nicht strangulierend auswirken muß.
3. *Vereine.* Sie bieten den Vorteil, daß sie ad hoc gegründet und ebenso schnell wieder aufgelöst werden können. Die Einflußmöglichkeiten durch den Sponsor sind unbegrenzt. Das Engagement läßt sich daher gut eingrenzen, und wenn die

Weiterführung an die Erreichung eines bestimmten Ziels gekoppelt wird, läßt sich auch der Einsatzwille der Beteiligten auf der gewünschten Höhe halten.

4. *Kapitalgesellschaften,* in der Regel in der Form der GmbH, als Träger von Private Public Partnership-Einrichtungen, etwa Schauspielbühnen. Eine gemeinnützige GmbH ist steuerfrei, darf aber keinen Gewinn realisieren. Unter dem Dach einer GmbH lassen sich darüber hinaus zum Beispiel Beschäftigungsgesellschaften etablieren, deren Ziel es ist, sich früher oder später ohne Hilfe des unterstützenden Unternehmens selbst zu tragen. Gewinne aus einer nicht gemeinnützigen GmbH lassen sich problemlos in das Unternehmen zurückführen – etwa dann, wenn ein kulturelles Engagement sich als besonders marktgängig erweist. Der Einfluß des Unternehmens läßt sich über die Besetzung der Geschäftsführung sichern.
5. *Fonds,* das heißt operativ arbeitende Kapitalsammelstellen mit einem ideellen Ziel. Im Prinzip handelt es sich bei den »Bürgerstiftungen« ebenfalls um Fonds, nur daß diese später in die »ewig« geltende Form einer Stiftung überführt werden.

Zwischen diesen Formen gibt es Überschneidungen und fließende Übergänge. Das Unternehmen, das sich hier einbringt, sollte stets darauf achten,

- wo sein Gestaltungswille sich am leichtesten realisieren läßt,
- welche dieser Formen seiner Bindungsbereitschaft am nächsten kommt, und – in der Praxis besonders wichtig –
- wie diese Spielarten einem Controlling unterworfen werden können, das mit dem Controlling der fördernden Firma kompatibel ist. Steuerliche Gesichtspunkte sind hier nicht berücksichtigt; es geht um den strategischen Ansatz.

Die Möglichkeiten der Einflußnahme haben für unternehmerische Private Public Partnership-Maßnahmen aus Gründen der internen wie auch der externen Wirkung eine besonders hohe Bedeutung. Daher gehört es zu den grundsätzlichen Überlegungen, wie offen die zu begründende Institution gestaltet wird. Es ist also zu klären, ob die Initiative

- ohne fremde Mittel auskommen soll,
- fremde private Mittel akquiriert und/oder
- sich um Zufluß aus den staatlichen Kassen bemüht.

Wenn fremde private Mittel akquiriert werden, ist allein im Falle einer Stiftung die Souveränität der Entscheidung nicht durch fremde Einflüsse geschmälert, wenngleich Großspender sicher nicht darauf verzichten werden, in den Beirat der Stiftung berufen zu werden. In allen anderen rechtlichen Formen läßt sich der fremde Einfluß nur schwer zurückdrängen.

Wer staatliches Geld nimmt, muß damit rechnen, daß die öffentliche Hand, auch im Falle einer Stiftung, die Ziele und Geschäftsabläufe in ihrem Sinne nicht nur beeinflussen will, sondern sogar muß, unterliegt sie doch der Prüfung durch die Rechnungshöfe, die ja nicht nur die Behörde durchleuchten, sondern vielfach auch die Leistungsempfänger. Das ist im Prinzip auch richtig, nur entsteht auf diese Weise der unerwünschte Effekt, daß die bürokratischen Prozesse, die eigentlich überwunden werden sollten, sich doch wieder einschleichen.

Mit der Frage, in welche rechtliche Form die Private Public Partnership-Aktion gegossen werden soll und wer welche Mittel bereitstellt, erhebt sich zugleich die Frage der Allianzen, die über Fragen der Mittelbeschaffung, deren Verwaltung und die Einflußverteilung weit hinausgeht. Denn ein Unternehmen, das sich kulturell oder sozial engagieren möchte, braucht Synergien, auch und vor allem die, die eine Fachbehörde beisteuern kann. Denn nichts ist gefährlicher für den Erfolg als kultur- und sozialdilettierende Marketingleute oder Personalsachbearbeiter.

So wird es notwendig sein, die fremde Kompetenz außerhalb zu suchen – am besten dort, wo sie schon zum Einsatz kommt. Konkret: Es ist besser, eine bereits bestehende Selbsthilfegruppe oder Kulturinitiative zu unterstützen, als eine solche Initiative aus dem Boden zu stampfen und anschließend interessierte Bürger zu suchen.

Die Nutzung von Synergien darf jedoch keine Einbahnstraße bleiben. Private Public Partnership schafft neue Kompetenzen, die nach außen drängen, andernfalls handelt es sich um eine rein egozentrische Veranstaltung. Noch ist es heutzutage üblich, daß die meisten sozialen und kulturellen Initiativen sich – wohl aus Konkurrenzgründen, weil meist staatliche Finanzierung im Spiel ist – eifersüchtig voneinander abgrenzen. Zwar ist Wettbewerb auch hier förderlich, es sollte jedoch sichergestellt werden, daß er durch Erfahrungsaustausch zur gemeinsamen Prozeßoptimierung führt. Initiativen der Privatwirtschaft können diese wünschenswerte Entwicklung forcieren, indem sie den Erfahrungsaustausch von sich aus in Gang setzen. Daher macht es Sinn, frühzeitig über die Publizierung nicht nur der Erfolge, sondern auch des gewonnenen Know-how nachzudenken. Dem Unternehmen erwächst daraus auch insofern Nutzen, als sich aus den Kontakten eine Erweiterung der formellen und informellen Netzwerke entwickelt.

Diese Netzwerke gehören im Sinne des *social capital* zweifellos zu den wichtigen Gewinnen aus einer Private Public Partnership. Um ihre Entstehung nicht dem Zufall zu überlassen, wird es wichtig sein, diese Gewinne noch vor dem endgültigen »Go!« und zusammen mit der Zielsetzung der Initiative zu definieren. Dazu gehört zugleich die Auswahl der Projektverantwortlichen.

Erst nach Klärung dieser Fragen ist die Private Public Partnership-Initiative entscheidungsreif, und das Budget kann festgelegt werden. Dabei gilt es, drei Faustregeln zu beachten:

1. Bei jeder Maßnahme, die in der Öffentlichkeit kommunikativ verwertet werden soll, muß auf die direkten Aufwendungen

mindestens noch einmal der gleiche Betrag für Handling- und Kommunikationskosten draufgesattelt werden.

2. Die bereitgestellten Summen müssen ausreichen, damit der Initiator spontan auf Anregungen von außen eingehen kann. Vor allem ein Unternehmen, das vorher als »spendabel« galt, darf, wenn es seine Aktivitäten nach strategischen Gesichtspunkten umorientiert, den bisher Bedachten nicht abrupt den Geldhahn zudrehen, weil in diesem Fall die Gefahr eines Image-Supergaus droht. Das Unternehmen muß auch weiterhin in der Lage sein, neue Anregungen schnell aufzugreifen, um sich Synergievorteile zu sichern. Eine Möglichkeit, Interessenskonflikten vorzubeugen, ist, die Förderung heischenden Gruppen an einem bestimmten Zeitpunkt zur Präsentation ihrer Ideen aufzurufen. Wichtig ist dann, sicherzustellen, daß die Gruppen, die danach nicht berücksichtigt werden konnten, auf Defizite in ihrer Präsentation hingewiesen werden, damit sie später noch einmal die Chance haben, unterstützt zu werden.
3. Eine Initiative, zum Beispiel eine Stiftung, die sich früher oder später aus Fundraising-Erträgen finanzieren will, braucht eine Starthilfe von mindestens 3,5 Millionen Mark – wohlgemerkt: nicht Stiftungskapital (das nicht angetastet werden darf), sondern verfügbare operative Mittel. Diese müssen nicht unbedingt auf einmal bereitstehen, vielmehr können sie über zwei oder drei Jahre hinweg verteilt werden. Wichtig ist lediglich, daß das Management ausreichend ausgestattet ist. Daher reicht es zunächst aus, die Stiftung mit einem niedrigeren Grundkapital zu versehen und gleichzeitig die Zustiftung der Fundraising- und Managementkosten zu garantieren.

Erst jetzt macht es Sinn, mit den ins Auge gefaßten Gruppen und Behörden Kontakt aufzunehmen. Kommt es zu einer Kooperation, müssen frühzeitig Konfliktlösungsmechanismen festgelegt werden. Es mag vermessen klingen, sogleich einen Schlichter zu

installieren, es läßt sich bei der Unterschiedlichkeit der Interessen und Abläufe aber kaum vermeiden. Unerläßlich scheint eine große Konfliktbewältigungskompetenz zumindest seitens der Unternehmen zu sein. Die Kosten für entsprechende Trainingseinheiten werden sich wohl nicht vermeiden lassen.
Konfliktfähigkeit bedeutet, sich in die Interessenlage der Partner hineinversetzen zu können, um frühzeitig mögliche Reibungsflächen zu eliminieren. Wer in behördliche Prozesse eingreift, und sei es nur indirekt, muß damit rechnen, mit irrationalen oder formalistischen Reaktionen konfrontiert zu werden. Vor allem in der Politik könnten ideologische Festlegungen Probleme bereiten. Es wird nicht immer goutiert, daß neues Geld etablierte Machtstrukturen in Frage stellt. Daher ist es unerläßlich, zunächst mit der politischen und der Verwaltungsspitze einen Konsens herbeizuführen. Dazu müssen die jeweiligen win/win-Konstellationen schon vorher auf den Punkt gebracht worden sein.
Förderlich ist zudem der frühe Kontakt mit den Medien – regional oder überregional. Besonders innovative Maßnahmen sollten zuerst von diesen verstanden werden, damit sie möglichst unverfälscht an die Öffentlichkeit gelangen. Zu diesem Zweck muß sich die Öffentlichkeitsarbeit in den meisten Unternehmen grundlegend umstellen: Es geht jetzt nicht mehr allein darum, eine Erfolgsstory über ein Produkt oder das ganze Unternehmen zu lancieren, sondern bei weitgehender Hintanstellung der Unternehmensinteressen fremder Leute Nutzen zu kommunizieren.
Ist der Konsens erreicht, müssen die Strukturen der operationalen Arbeit festgeschrieben werden. Da niemand dominiert werden soll, ist eine strikte Trennung der fachlichen Arbeit vom Management-Overhead angebracht. Das bedeutet, daß zum Beispiel die Sozialarbeiter, die für das fachliche Konzept der Private Public Partnership-Maßnahme zuständig sind, nicht zugleich auch über die Mittelverteilung bestimmen können. Andernfalls verzettelten diese die Ressourcen, weil die Fachleute stets bestrebt sein werden, so viele Aktivitäten wie möglich auf einmal in die Wege zu leiten.

Priorität muß hingegen die Konzentration auf einige wenige Projekte haben.
Weil das initiierende Unternehmen stets auch kommunikativen Honig aus den Aktivitäten saugen möchte, sollte es sicherstellen, daß seine Hilfe, wenn sie fremden Aktionen zugute kommt, im Erfolgsfall entsprechend gewürdigt wird. Zwar ist es hierzulande noch nicht überall üblich, daß finanzielle Hilfen wie selbstverständlich in der Medienberichterstattung erwähnt werden, einige Unternehmungen, zum Beispiel die Ikea-Stiftung, schreiben aber zumindest publizistische Bemühungen der Hilfeempfänger bereits vor.
Private Public Partnership-Aktivitäten brauchen grundsätzlich einen starken Kommunikationsdruck; er ist der Kitt zwischen den Partnern und das wichtigste Bindeglied zu den Externen, speziell, wenn die Aktion auf Spendengelder angewiesen ist. Die Kommunikation ist um so erfolgreicher und nachhaltiger, je mehr es gelingt, ein Gemeinschaftsgefühl aufzubauen. Voraussetzung dafür ist neben der Kontinuität in Inhalt und Frequenz eine nahezu uneingeschränkte Offenheit. Denn

- die aktiven Teilnehmer erwarten Aufklärung über den Status der beschriebenen Projekte und eine Begründung möglicher Mißerfolge;
- die Spendengeber möchten sichergehen, daß ihr Geld auch tatsächlich die Projekte erreicht, und sie verlangen eine möglichst persönliche Betreuung. Dabei sind sie realistisch genug, einzusehen, daß die Betreuung je nach Großzügigkeit unterschiedlich ausfällt. Sie erwarten Kreativität im Auftritt, aber auch einen Beleg dafür, daß die Kreativität den Spendentopf nicht über Gebühr belastet;
- Politik und Verwaltungen sind darauf angewiesen, jederzeit ihre Teilnahme am Private Public Partnership-Projekt anhand von Erfolgsmeldungen begründen zu können;
- die Mitarbeiter im initiierenden Unternehmen wollen sich,

jeder gemäß seiner Präferenzen, eingebunden fühlen. Wer teilnehmen möchte, muß jederzeit ein Zugangstor finden. Auch dies ist ohne kontinuierliche Kommunikation nicht erreichbar;
- die Kunden sollten nicht nur informiert, sondern am besten auch involviert sein. Andernfalls könnte der Auftritt als Big Spender Begehrlichkeiten in Richtung der Lieferkonditionen wecken – wohingegen die Einbeziehung der Kunden in die Private Public Partnership-Aktivität die Kundenbindung nachhaltig stärkt.

Private Public Partnership ist also keine Aufgabe, die sich nebenbei erledigen läßt; auch kein Job für Mitarbeiter, die man meint, »entsorgen« zu müssen. Private Public Partnership bedeutet Arbeit – und eine Entwicklung in Richtung auf Kompetenzfelder, die von den klassischen Kompetenzen, die ein Unternehmen braucht, zunächst weit entfernt zu sein scheinen. Aber eines der Ziele, die mit Private Public Partnership erreicht werden können, ist ja auch Loslösung von eingefahrenen Prozessen hin zu neuen Problemlösungspotentialen. Dafür lohnt es, sich ein wenig mehr um öffentliche Belange zu kümmern.

Stiften.
Eine kurzgefaßte Handreichung

von Christoph Mecking

Eine Stiftung entsteht durch das »Stiftungsgeschäft« und setzt eine staatliche Genehmigung voraus. Rechtsgrundlage sind das Bürgerliche Gesetzbuch und die Landesstiftungsgesetze. Wesentlicher Bestandteil des Stiftungsgeschäfts ist die Satzung der Stiftung.

Für den Inhalt des Stiftungsgeschäfts gibt es – außer der Schriftform – keine besonderen Vorschriften. In der Regel soll es die Erklärung des Stifters enthalten, hiermit eine Stiftung (des Bürgerlichen Rechts) unter Angabe des Namens und des Sitzes der Stiftung zu errichten. Es folgen die Festlegung der Stiftungszwecke und die Bezifferung des der Stiftung zugewandten Vermögens, aus dessen Erträgen die Stiftungszwecke erfüllt werden sollen. Im Stiftungsgeschäft werden ferner die Organe der Stiftung benannt. Rechtlich zwingend ist die Bestellung eines Vorstands; aber auch andere Organe, zum Beispiel ein Kuratorium (Stiftungs- oder Verwaltungsrat), können bereits im Stiftungsgeschäft vorgesehen werden.

Stiftungsgeschäft und Satzung müssen folgende Merkmale aufweisen:

Stiftungsvermögen

Weder das Bürgerliche Gesetzbuch noch die Landesstiftungsgesetze schreiben eine bestimmte Höhe des Stiftungsvermögens (auch Grundstockvermögen genannt) zur Errichtung einer Stiftung vor.

Allerdings muß der Zweck der Stiftung aus ihrem Finanzbudget in sinnvoller Weise erfüllbar sein. So gehen die Behörden davon aus, daß ein ertragbringendes Stiftungsvermögen von mindestens 100 000 Mark vorhanden sein muß, jedoch gibt es Ausnahmen. Das ist dann der Fall, wenn sich der Stifter verpflichtet, durch Sonderzuwendungen als »Zustiftung« von Werten Schritt für Schritt das Vermögen aufzustocken. Oder er verpflichtet sich, anfallende Kosten zu übernehmen, zum Beispiel die Bezahlung von Mitarbeitern oder die Dotierung von Preisen. Denkbar ist auch, daß ein Dritter, zum Beispiel die öffentliche Hand, laufende Zuschüsse in Aussicht stellt, die die nachhaltige und dauerhafte Erfüllung der Stiftungszwecke ermöglichen. Solche Absprachen müssen auf jeden Fall der Genehmigungsbehörde dargelegt werden.

Aus welchen Werten das zugewandte Stiftungsvermögen bestehen soll, ist ebenfalls nicht gesetzlich geregelt. In Betracht kommen vor allem: Geld, Wertpapiere (einschließlich Aktien und GmbH-Anteile, Beteiligungen an Personengesellschaften, stille Beteiligungen), bebaute und unbebaute Grundstücke; ferner: Schenkungsversprechen, Patente, Lizenzen, Nießbrauch- und Urheberrechte. In jedem Fall muß es sich um übertragbare Rechte handeln; gegebenenfalls ist die Zustimmung Dritter einzuholen. Auch Kunstsammlungen oder einzelne Kunstgegenstände sowie Baudenkmäler können in eine Stiftung eingebracht werden. Jedoch ist zu bedenken, daß in diesem Fall der Stiftung genügend Mittel – seien es eigene Erträge, seien es Zuwendungszusagen von dritter Seite – zur Verfügung stehen müssen, um der Allgemeinheit die Kunstsammlung oder das Baudenkmal zu erhalten.

Stiftungszweck

In Deutschland können Stiftungen für alle Arten von Zwecken errichtet werden, solange sie nicht dem Gemeinwohl entgegenste-

hen, also gegen Gesetze oder die guten Sitten verstoßen (Prinzip der »Gemeinwohlkonformen Allzweckstiftung«).
Zumeist werden Stifter die Errichtung einer Stiftung im Auge haben, die die Voraussetzungen der Steuerbegünstigung erfüllt. Sie muß dann gemeinnützige, mildtätige oder kirchliche Zwecke verfolgen; sie muß selbstlos tätig sein und sie muß ihre Zwecke ausschließlich und unmittelbar verfolgen.

Stiftungsorgane

Zwingend ist, daß die Stiftung einen *Vorstand* hat. Die Bezeichnung »Vorstand« ist zwar nicht vorgeschrieben, aus der Satzung muß sich aber ergeben, wer Vorstand im Sinne des Paragraphen 26 des Bürgerlichen Gesetzbuches ist. Der erste Vorstand, der »Stiftungsvorstand«, wird meist schon im Stiftungsgeschäft bestellt; dabei darf sich auch der Stifter zum Stiftungsvorstand bestellen.
Die Bestellung des Vorstands kann aber auch einem anderen Organ, zum Beispiel dem *Kuratorium*, übertragen werden. Der Stifter sollte sich aber gerade diese Regelung in der Satzung gut überlegen, da es im wesentlichen der Vorstand ist, der die Ideen des Stifters umzusetzen hat. Zu empfehlen ist, für die Vorstandsmitglieder eine bestimmte Amtsdauer vorzusehen, mit der Möglichkeit der Wiederbestellung. Gelegentlich wird das Erreichen eines bestimmten Lebensalters als automatisches Ende der Amtszeit vorgesehen; es gibt aber auch die Regelung, nach der Vorstandsmitglieder im Amt bleiben, solange sie willens und fähig sind, oder bis zur Bestellung eines Nachfolgers.
Ebenfalls in der Stiftungssatzung sollten Grundsätze für die Beschlußfassung im Vorstand enthalten sein. Einzelheiten können in einer Geschäftsordnung geregelt werden.
Die Tätigkeit im Vorstand kann ehrenamtlich (unentgeltlich) oder entgeltlich sein; dies hängt von den zu erfüllenden Aufgaben und

dem hierfür notwendigen Zeitaufwand ab. Auf jeden Fall hat der Vorstand Anspruch auf Ersatz seiner Auslagen.
Je nach Größenordnung oder Bedeutung der Stiftung wird häufig ein weiteres Stiftungsorgan *(Kuratorium, Stiftungs- oder Verwaltungsrat)* in der Satzung vorgesehen. Diesem Organ werden in der Satzung zumeist übergeordnete oder kontrollierende Funktionen eingeräumt, zum Beispiel die Festlegung der Grundsätze der Stiftungsmittelvergabe, Entgegennahme und Billigung der Jahresrechnung, Bestellung und Entlastung des Vorstands.
Das erste Kuratorium wird in der Regel durch den Stifter bestellt; die spätere Ergänzung, Amtszeiten und Grundsätze für die Beschlußfassung im Kuratorium sollten in der Satzung ausreichend geregelt sein.
Will sich der Stifter zu Lebzeiten Einflußmöglichkeiten auf die Stiftung vorbehalten, ist bei dem Entwurf der Satzung insbesondere auf die Ausgestaltung der Beziehungen zwischen Vorstand und Stiftungsrat zu achten. Ist die Stiftung genehmigt, müssen sich die Organmitglieder strikt an den in der genehmigten Satzung zum Ausdruck gekommenen Stifterwillen halten. Dessen Einhaltung ist von der Stiftungsaufsicht auch gegenüber dem als Stiftungsorgan bestellten Stifter zu überwachen.

Genehmigungsverfahren

Nach dem im Stiftungsgeschäft angegebenen rechtlichen Sitz richtet sich, welches Land mit seinen Behörden für die Genehmigung zuständig ist. Zweckmäßigerweise wird die Absicht der Stiftungserrichtung mit den Entwürfen für das Stiftungsgeschäft und die Stiftungssatzung vorher mit der Genehmigungsbehörde abgestimmt. Bei Stiftungen, die steuerlich als gemeinnützig anerkannt werden sollen, ist auch die vorherige Abstimmung mit der zuständigen Finanzbehörde anzuraten. In einigen Bundesländern ist der Verwaltungsweg durch interne Anordnungen

eingehend geregelt; hiermit sollte sich der Stifter vorher vertraut machen.
Der Behördenweg ist zusätzlich erleichtert, wenn mit dem Antrag auf Genehmigung, dem Stiftungsgeschäft und der Satzung auch eine Bescheinigung des Finanzamts - als Ergebnis der vorangegangenen Vorabstimmung - vorgelegt wird, durch die der Stiftung die Steuerbegünstigung in Aussicht gestellt wird. Beigefügt werden sollte ferner eine Erklärung der vorgesehenen Organmitglieder, daß sie im Falle ihrer Wahl das Amt annehmen, sowie gegebenenfalls eine Einverständniserklärung der Körperschaft, der im Falle der Auflösung der Stiftung deren Vermögen zufallen soll, daß sie das Vermögen unter den satzungsgemäßen Auflagen zu übernehmen bereit ist.
Bezüglich des Wortlauts der Satzung haben die Genehmigungsbehörden einiger Länder, zum Teil im Benehmen mit der zuständigen Finanzbehörde, eigene »Mustersatzungen« entwickelt; außerdem findet sich im Anwendungserlaß zur Abgabenordnung vom 24. September 1987 eine besondere steuerliche Mustersatzung. Zur Erleichterung legen die Stiftungsaufsichtsbehörden als Genehmigungsbehörden wie auch die Finanzämter großen Wert auf die möglichst wortgetreue Übernahme dieser Mustersatzungen. Der Stifter und seine Berater sind hieran zwar nicht gebunden, sofern von ihnen die jeweiligen gesetzlichen Vorschriften eingehalten werden, andererseits verkürzt und erleichtert die Befolgung der Mustersatzungen das Stiftungsgenehmigungsverfahren und das Verfahren der vorläufigen Anerkennung der Gemeinnützigkeit.
Nach Genehmigung der Stiftung, die damit zugleich juristische Person geworden ist, sollte sich der Stiftungsvorstand die in den meisten Stiftungsgesetzen vorgesehene »Vertretungsbescheinigung« durch die Aufsichtsbehörde ausstellen lassen, damit er die notwendigen weiteren Rechtshandlungen vornehmen kann. Hierzu gehören:

1. die Übernahme beziehungsweise die Annahme des der Stiftung zugewandten Vermögens;
2. die Eröffnung eines Bankkontos, auf das die zugewendeten Barbeträge zu überweisen sind;
3. die Sicherstellung, daß alles im Stiftungsgeschäft zugewendeten Vermögen der Verfügungsbefugnis der Stiftung und ihres Vorstands unterliegt; hierzu gehört aber auch die Beachtung etwaiger Auflagen des Stifters;
4. weitere behördliche Anmeldungen, zum Beispiel beim Postamt;
5. die Einrichtung einer Buchhaltung;
6. die Einrichtung einer Geschäftsstelle;
7. die Konstituierung der im Stiftungsgeschäft benannten Organe (Kuratorium, Beirat oder Verwaltungsrat), verbunden mit der Bitte, die Annahme der Organmitgliedschaft zu erklären;
8. die Feststellung, welche Behörde die Stiftungsaufsicht ausübt – diese muß mit der Genehmigungsbehörde nicht übereinstimmen;
9. soweit nicht in den Vorbereitungen zur Stiftungserrichtung bereits geklärt, muß bei dem zuständigen Finanzamt der Antrag auf Erteilung eines vorläufigen Körperschaftsteuer-Freistellungsbescheids gestellt werden, wenn die Stiftung von der Besteuerung freigestellt werden soll. Wichtig ist die Steuerbefreiung der Stiftung bereits bei ihrer Errichtung vor allem wegen der Freistellung des übergegangenen Vermögens von der Schenkungsteuer;
10. soweit der Stifter sich nicht selbst zum Stiftungsvorstand bestellt hat, sollten, wenn möglich, die Unterlagen über die Vorüberlegungen zur Stiftungserrichtung, aus denen sich der Stifterwille ergibt oder entnehmen läßt, bei der Stiftung gesammelt werden, um den Stifterwillen, zum Beispiel bei einer Satzungsänderung, später leichter nachvollziehen zu können.

Steuerbegünstigung

Stiftungen, die gemeinnützige, mildtätige oder kirchliche Zwecke verfolgen, genießen aus gutem Grund »Steuerbegünstigung«, leisten sie doch rasch und effizient mit hohem Einsatz engagierter Helfer Beiträge zum Gemeinwohl, die ansonsten zu den Aufgaben der staatlichen Daseinsvorsorge gehören.
Bevor der Stifter Stiftungsurkunde und Satzung bei der Genehmigungsbehörde einreicht, tut er gut daran, die Unterlagen dem zuständigen Finanzamt vorzulegen und um eine Stellungnahme zu bitten, ob die Satzung, wenn sie in dieser Form genehmigt wird, den folgenden Anforderungen entspricht. Der Finanzbeamte prüft nach diesen Gesichtspunkten:

Ist der Stiftungszweck darauf gerichtet, gemeinnützige, mildtätige oder kirchliche Zwecke zu verfolgen?

Gemeinnützig sind Zwecke, durch die die Allgemeinheit auf materiellem, geistigem oder sittlichem Gebiet selbstlos gefördert wird. Für Stiftungen aus Unternehmen heißt das: Ergebnisse einer wissenschaftlichen Stiftungstätigkeit dürfen nicht vorrangig dem eigenen Betrieb zugute kommen, die der Arbeit am Naturschutz nicht dem eigenen Forst. Als Beispiele für gemeinnütziges Handeln zählt das Gesetz auf:

- die Förderung von Wissenschaft und Forschung, Bildung und Erziehung, Kunst und Kultur, der Religion, der Völkerverständigung, der Entwicklungshilfe, des Umwelt-, Landschafts- und Denkmalschutzes, des Heimatgedankens;
- die Förderung der Jugendhilfe, der Altenhilfe, des öffentlichen Gesundheitswesens, des Wohlfahrtswesens und des Sports;
- die allgemeine Förderung des demokratischen Staatswesens im Geltungsbereich des Grundgesetzes.

Mildtätige Zwecke verfolgt die Stiftung, wenn ihre Tätigkeit darauf gerichtet ist, Personen selbstlos zu unterstützen,

- die infolge ihres körperlichen, geistigen oder seelischen Zustands auf die Hilfe anderer angewiesen sind; bei diesen Personen kommt es nicht darauf an, ob sie sich in einer wirtschaftlichen Notlage befinden. Die Finanzverwaltung nimmt Hilfsbedürftigkeit ohne weitere Nachprüfung auch bei Personen an, die über 75 Jahre alt sind;
- deren Bezüge nicht höher sind als das Vierfache des Regelsatzes der Sozialhilfe im Sinne des Bundessozialhilfegesetzes; bei Alleinstehenden oder beim Haushaltsvorstand tritt an die Stelle des Vierfachen das Fünffache des Regelsatzes.

Mildtätiges Handeln setzt eine Förderung der Allgemeinheit also schon begrifflich nicht voraus.

Kirchliche Zwecke verfolgt die Stiftung, wenn ihre Tätigkeit darauf gerichtet ist, eine Religionsgemeinschaft, die Körperschaft des öffentlichen Rechts ist, selbstlos zu fördern, zum Beispiel durch Errichtung, Ausschmückung und Unterhaltung von Gotteshäusern, Abhaltung von Gottesdiensten und Ausbildung von Geistlichen.

Ist das beabsichtigte Handeln der Stiftung selbstlos oder verwirklicht die Stiftung in erster Linie eigenwirtschaftliche Zwecke?

Bereits die Satzung muß die gesetzliche Definition der Selbstlosigkeit so enthalten, wie sie in der Abgabenordnung niedergelegt ist:

- Mittel der Stiftung dürfen nur für die satzungsmäßigen Zwecke verwendet werden. Der Stifter und seine Erben dürfen keine Gewinnanteile und keine sonstigen Zuwendungen aus Mitteln der Stiftung erhalten.
- Die Stiftung darf keine Person durch Ausgaben, die ihrem Zweck fremd sind, oder durch unverhältnismäßig hohe Vergütungen begünstigen.

- Die Stiftung ist verpflichtet, Vermögen und Erträge für die eigenen satzungsmäßigen Zwecke einzusetzen. Die Erträge unterliegen der zeitnahen Mittelverwendungspflicht. Das Vermögen ist mit Ausnahme der eingebrachten Werte auf Dauer für steuerbegünstigte Zwecke gebunden.
  Unter zeitnaher Mittelverwendung versteht man die satzungsgemäße Verwendung des Stiftungseinkommens im Geschäftsjahr des Zuflusses oder im darauffolgenden Geschäftsjahr. Der zeitnahen Mittelverwendungspflicht unterliegen nicht solche Erträge, die aus Vermögensumschichtungen, zum Beispiel dem Verkauf von Wertpapieren oder Grundstücken, entstanden sind. Wurden Vermögensgegenstände aus zeitnah verwendungspflichtigen Mitteln angeschafft, unterliegt allerdings der Veräußerungserlös ebenfalls der Mittelverwendungspflicht. Eine Verwendung der zeitnah auszugebenden Mittel liegt grundsätzlich dann nicht vor, wenn die Stiftung mit diesen Mitteln Darlehen vergibt. Also darf in der Stiftungssatzung auch nicht die Darlehensvergabe als Stiftungszweck enthalten sein. Ausgenommen sind Sonderfälle, in denen die Darlehensvergabe der Verwirklichung des Stiftungszwecks dient.
- Der Stiftung ist es verboten, Personen außerhalb ihrer Zweckerfüllung zu begünstigen.
- Zuwendungen an politische Parteien sind nicht zulässig.
- Die Stiftung darf nicht in erster Linie eigenwirtschaftliche Zwecke (zum Beispiel gewerbliche Zwecke oder sonstige Erwerbszwecke) verfolgen. Die Selbstlosigkeit, also »Uneigennützigkeit«, entspricht der zum Ziel gesetzten Gemeinnützigkeit. Dies schließt aber die Verfolgung eigenwirtschaftlicher Zwecke der Stiftung nicht gänzlich aus. Der Eigennutz darf nur nicht »in erster Linie« gegeben sein, die Opferwilligkeit nicht im Hintergrund stehen. Eine solche eigenwirtschaftliche Tätigkeit stellt im Regelfall einen wirtschaftlichen Geschäftsbetrieb dar, der zur Besteuerung von Vermögen, Einkünften und Umsätzen der Stiftung führt, soweit nicht ein Zweckbetrieb gegeben ist.

Es ist also darauf zu achten, daß sich die Stiftungstätigkeit nicht »in erster Linie«, also vorrangig oder überwiegend, mit dem eigenen wirtschaftlichen Geschäftsbetrieb befaßt.
Aber auch die Förderung fremden wirtschaftlichen Nutzens, insbesondere des Stifters, der Stiftungsorgane und nahestehender Personen, ist der gemeinnützigen Stiftung durch das Begünstigungsverbot untersagt. Besondere Schwierigkeiten bereitet in diesem Zusammenhang immer wieder die Zulässigkeit und Angemessenheit der Vergütung von Stiftungsorganen. Einige Stiftungsgesetze der Länder verlangen eine schriftliche Vereinbarung über die Vergütung vor Aufnahme der Tätigkeit oder Regelungen in der Satzung oder die Zustimmung der Stiftungsaufsichtsbehörde.
Es ist zu empfehlen, die Vergütung der Organe in der Stiftungssatzung zu regeln. Gegebenenfalls ist später durch Auslegung zu klären, ob die Organe unentgeltlich oder entgeltlich tätig sein sollen. Auf alle Fälle steht den Organen eine Erstattung der im Zusammenhang mit der Stiftungstätigkeit entstandenen Auslagen zu, zu denen vor allem Reisekosten und Sitzungsgelder gehören. Dazu kann auch eine angemessene Vergütung für die aufgewendete Zeit gehören. Was als angemessen anzusehen ist, muß nach den Umständen des Einzelfalls abgewogen werden. Zu solchen Umständen zählen der Umfang der Tätigkeit und der Verantwortung, die Schwierigkeit der Aufgaben, die Qualifikation des Organmitglieds und die Leistungsfähigkeit der Stiftung. Es können periodische Pauschalen gezahlt werden.
Nimmt das Organmitglied allerdings Berufsaufgaben für die Stiftung wahr (zum Beispiel als Rechtsanwalt, Steuerberater oder Notar) oder ist es hauptamtlich aufgrund eines Dienstvertrags für die Stiftung tätig, so kann hierfür auch eine ebenfalls nach den Umständen zu ermittelnde, gleichwertigen Tätigkeiten entsprechende Vergütung gezahlt werden. Erfordert also die Stiftungsverwaltung einen ganztägig tätigen Geschäftsführer, so erhält dieser eine Vergütung, die er bei gleichwerti-

ger Tätigkeit in einem Wirtschaftsbetrieb ebenfalls erhalten würde. Das Verbot der Begünstigung von Organmitgliedern betrifft also nicht Fälle, in denen Leistung und Gegenleistung einander aufwiegen. Etwaige Regelungen in den Stiftungsgesetzen der Länder sind zu beachten.

Ist durch die Satzung gesichert, daß die Stiftung ihre gemeinnützigen, mildtätigen oder kirchlichen Zwecke ausschließlich und unmittelbar erfüllt?

Es genügt, wenn die Satzung vorsieht, daß die Stiftung ihre näher genannten gemeinnützigen, mildtätigen oder kirchlichen Zwecke »ausschließlich und unmittelbar« im Sinne des Abschnitts »Steuerbegünstigte Zwecke« der Abgabenordnung erfüllt.
»Ausschließlich« bedeutet, daß die Stiftung nur ihre eigenen steuerbegünstigten satzungsmäßigen Zwecke verfolgen darf, nicht andere, auch wenn diese als solche steuerbegünstigt wären. Sollen die Förderzwecke der Stiftung erweitert werden, ist die Satzung vorher entsprechend zu ändern.
Die Unmittelbarkeit der Zweckerfüllung liegt vor, wenn die Stiftung ihre Zwecke selbst verwirklicht. Dies kann auch durch »Hilfspersonen« geschehen. So ist die Vergabe eines Forschungsstipendiums an einen Wissenschaftler unmittelbare Zweckerfüllung, die Vergabe derselben Mittel an die Universität mit genauer Verwendungsweisung jedoch mittelbare Zweckerfüllung über eine Hilfsperson.
Die Abgabenordnung sieht eine Reihe weiterer Spezialitäten in der Behandlung von Stiftungen vor, vor allem, was die Behandlung von Rücklagen, die Schenkungssteuer und die Kapitalertragsteuer betrifft. Es ist unbedingt zu empfehlen, hierzu einen in die Thematik eingeführten Steuerberater zu engagieren.
Weitere Hinweise, Gesetzesauszüge und Muster für Stiftungsgeschäft und Satzung finden sich in dem vom Bundesverband Deutscher Stiftungen herausgegebenen *Ratgeber für Stifter: zur Errichtung einer Stiftung*, auf den dieser Text zurückgeht.

Das Förderungsprogramm »Stiftungsprofessuren«

Der Stifterverband für die Deutsche Wissenschaft fördert seit Mitte der achtziger Jahre Stiftungsprofessuren, zunächst nur an Universitäten, inzwischen auch an Fachhochschulen. Das Interesse seitens der Wirtschaft ist groß. Bisher konnten rund 100 Professuren eingerichtet werden.

Die *Beratungsleistung* des Stifterverbandes umfaßt alle Bereiche des Verfahrens: die Abstimmung mit den Länderbehörden, die finanzielle Abwicklung, die inhaltliche Prüfung der Vorhaben und die Mitwirkung in den Berufungsverfahren.

Das *finanzielle Engagement* der stiftungswilligen Unternehmen besteht in der Übernahme der jeweiligen Kosten. Die dafür vorgesehenen Gelder werden an den Stifterverband gezahlt und zweckgebunden ohne Abzüge an die Universität weitergereicht. Der Stifterverband berechnet für seine Tätigkeit keine Gebühren.

Für Unternehmen, die Professuren stiften wollen, ergeben sich folgende Möglichkeiten:

1. *Die neue Professur.* An einer Hochschule wird eine neue Hochschullehrerstelle eingerichtet. Sie wird auf Zeit (in der Regel fünf Jahre) finanziert. Nach Ablauf dieses Zeitraums kann das Unternehmen entscheiden, ob es weiterfördert oder die Finanzierung der öffentlichen Hand oder anderen Trägern überläßt. Auch Mischfinanzierungen sind möglich.
2. *Die vorgezogene Berufung.* Ein Hochschullehrer läßt sich vor Erreichen der Altersgrenze beurlauben, um sich vorrangig der Forschung widmen zu können. Er verzichtet dabei auf seine staatlichen Bezüge, wird für diesen Verlust aber vom Stifterverband (und damit indirekt vom fördernden Unternehmen) in voller Höhe entschädigt. Der beurlaubte Wissenschaftler bleibt

Mitglied der Hochschule. Für diese ergibt sich damit die Möglichkeit, einen ausgewiesenen Nachwuchswissenschaftler als Nachfolger zu berufen.

3. *Die Gastprofessur.* Die Hochschule richtet für die Dauer von bis zu fünf Jahren eine zusätzliche Stelle für eine Gastprofessur ein, die über die Stiftung durch ein Unternehmen finanziert wird. Es ist auch möglich, für den Förderzeitraum kürzere Professuren mit alternierenden Lehrkräften einzurichten.

Der *finanzielle Rahmen* bei der Förderung einer Stiftungsprofessur umfaßt die Gehaltskosten der Professur sowie Mittel für die personelle und sächliche Grundausstattung. In der Regel übersteigen diese Kosten 150 000 Mark im Jahr nicht.
In besonderen Fällen kann der Stifterverband aus eigenen Mitteln Zuschüsse gewähren. Diese sind für Universitäten auf jährlich 30 000 Mark und für Fachhochschulen auf jährlich 15 000 Mark begrenzt. Der Förderzeitraum beträgt in der Regel fünf Jahre.
Die Mitwirkungsmöglichkeiten der privaten Förderer, sofern sie mindestens 90 Prozent der benötigten Mittel bereitstellen, umfassen das Recht, Vorschläge für die fachliche Ausrichtung einzubringen, die Hochschule auszuwählen und Vorschläge für die Bezeichnung des Lehrstuhls zu machen.

Alles unter Kontrolle: Wie die Ikea-Stiftung Effizienz und Wirkung sichert

Wer mit freien Gruppen arbeitet, investiert viel Vertrauen in deren Integrität. Jedoch: Kontrolle ist besser, denn sowohl die Stiftungsgremien als auch die staatliche Aufsichtsbehörde achten darauf, daß Gelder nicht in dubiosen Kanälen versickern. Wer darüber hinaus auf Außenwirkung bedacht ist, tut gut daran, gleich zu Beginn der partnerschaftlichen Beziehung die Spielregeln deutlich zu machen. Die Ikea-Stiftung hat dafür unzweideutige Richtlinien aufgestellt:

> »Eine Förderung wird wirksam, wenn der Empfänger das Zusageschreiben der Ikea-Stiftung erhalten und sich mit den generellen Bedingungen oder gegebenenfalls auch speziellen Auflagen einverstanden erklärt hat.
> Die Verwendung der bewilligten Mittel ist zweckgebunden und im Zusageschreiben festgelegt. Inhaltliche Modifizierungen sowie Änderungen des Verwendungszwecks oder der Realisierungsform sind nur mit vorheriger Zustimmung der Ikea-Stiftung zulässig. Von der Realisierung der geforderten Vorhaben ist die Stiftung angemessen zu unterrichten. Das gleiche gilt für unerwartete Verzögerungen bei Beginn oder Durchführung des Vorhabens. Ebenso ist die Stiftung in Kenntnis zu setzen, wenn der Empfänger für das gleiche von der Stiftung geförderte Vorhaben von anderer Seite ganz oder teilweise eine Förderungszusage erhält.
> Geförderte Projektträger sind für die Einhaltung gesetzlicher Bestimmungen und behördlicher Vorschriften verantwortlich und müssen für etwa erforderliche Genehmigungen Sorge tragen. Die Stiftung behält sich das Recht vor, eine

Förderungszusage zu widerrufen und geleistete Förderungsbeträge zurückzufordern, wenn die bereitgestellten Mittel zweckentfremdet wurden oder andere wichtige Gründe hierfür einen triftigen Anlaß geben.
Ein wichtiger Grund für den Widerruf einer Förderungszusage ist für die Stiftung besonders dann gegeben, wenn feststeht, daß das geforderte Vorhaben nicht durchgeführt werden kann, oder wenn der Empfänger die Ikea-Stiftung bei Antragstellung über wesentliche Gesichtspunkte nicht oder unzutreffend unterrichtet hat, bei deren Kenntnis keine Förderungszusage erteilt worden wäre.

Abruf und Zahlung

Bei größeren Förderungsbeträgen stimmt die Ikea-Stiftung mit dem Projektträger in der Regel einen Zahlungsplan entsprechend dem Finanzierungsbedarf über die Dauer des Vorhabens ab. Bewilligte Fördermittel sind nicht an das Haushaltsjahr gebunden; der Zeitraum zwischen Bewilligung und Beginn der Förderung sollte jedoch ein halbes Jahr nicht überschreiten.

Berichte und Dokumentation

Nach Projektabschluß erwartet die Stiftung eine Zusammenfassung beziehungsweise eine Dokumentation des Projektverlaufs und der Ergebnisse. Für längerfristig angelegte Vorhaben sind Zwischenberichte vorzusehen. Diese Dokumentationen dienen wesentlich dazu, die unterstützten Vorhaben der Öffentlichkeit bekannt oder interessierten Fachkreisen durch die Ikea-Stiftung zugänglich zu machen.
Der Empfänger ist damit einverstanden, daß die Ikea-Stiftung von ihm erhaltenes Dokumentations- und Bildmaterial im Rahmen einer Darstellung der Stiftungstätigkeit ganz oder in Teilen vervielfältigt und verbreitet; er versichert, daß dieses Material keine Rechte Dritter verletzt. Vorsorglich

stellt der Empfänger die Ikea-Stiftung insoweit von allen Ansprüchen Dritter frei.

Öffentlichkeitsarbeit

Die Stiftung erwartet von den Empfängern eine angemessene Mitwirkung bei der öffentlichen Vorstellung ihrer Initiativen und Ergebnisse. Sie unterstützt deren eigene Maßnahmen im Rahmen ihrer Möglichkeiten und übernimmt in Einzelfällen gezielte PR-Aktivitäten, wenn das Projekt seiner Art nach ein besonderes öffentliches Interesse verdient.

Nennung der Förderung

Mit der Bewilligung verpflichtet sich der Förderungsempfänger, auf die Unterstützung durch die Ikea-Stiftung (...) hinzuweisen. Beispielsweise bei Veröffentlichungen, Tagungsprogrammen und Ausstellungen mit dem Vermerk: ›Das Projekt ... wurde durch die Ikea-Stiftung gefördert‹ oder ›Die Ikea-Stiftung hat die Durchführung (des Projekts) ... ermöglicht.‹ Im Falle von Publikationen steht der Stiftung darüber hinaus eine zu vereinbarende Anzahl von kostenlosen Belegexemplaren zu. Bei der Errichtung oder Umbauten von Gebäuden, die mit Stiftungsmitteln finanziert werden, sollte ein sichtbarer Hinweis auf die Förderung möglichst schon während der Bauzeit angebracht werden.

Verwendungsnachweise

Die Ikea-Stiftung benötigt zum Nachweis ihrer Fördertätigkeit verbindliche Unterlagen. Dazu zählen neben Spendenbestätigungen vor allem Belege zum zweckgebundenen Mittelverbrauch in Form von Rechnungskopien, Teil- oder Gesamtabrechnungen in Höhe der geleisteten Unterstützung. Der Nachweis ist je nach Projektumfang nach Fertigstellung oder nach Vereinbarung zu einem festgelegten Zeitpunkt für geleistete Teilzahlungen zu erbringen.«

Sponsoring-Check: Top oder Flop

von Stephan Kippes

Hat sich erst einmal herumgesprochen, daß ein Unternehmen bereit ist, sich finanziell und sächlich zu engagieren, kann es sich bald vor Anfragen nicht mehr retten. Da helfen einfache Checklisten, eine Vorauswahl zu treffen. Das folgende »Filter-System« ist eine solche Prüfliste, verfaßt von Dr. Stephan Kippes, Geschäftsführer beim Ring Deutscher Makler in München. Es wurde zuerst abgedruckt in *absatzwirtschaft – Zeitschrift für Marketing* Ausgabe 6/1995. Das System ist zwar für die Entscheidung über Sponsoring-Projekte gedacht, also über den Austausch »Geld gegen Werbewirkung« – gibt aber sicher auch für die Überlegungen über »wertfreie« Private Public Partnership-Aktivitäten wichtige Anregungen. Ob die hier zum Tragen kommende vorsichtige Abwägung die Ultima ratio ist, muß jedes Unternehmen für sich entscheiden.

»Es gibt zwei Arten von Filter-Stufen: Zunächst die ›K.o.-Filter‹ zur Grobauswahl (bei den ersten elf Filtern). Sobald einer dieser Filter eine Ablehnung ergibt, ist der Filter-Vorgang abzubrechen und das Sponsoring-Projekt abzulehnen. Dazu der zwölfte Filter, der als Abwägungs-Filter bezeichnet werden kann.

Erster K.o.-Filter: Ein (verstecktes) Mäzenatentum darf nicht unter dem Deckmantel Sponsoring betrieben werden. Ein Angebot ist somit abzulehnen, wenn eine der folgenden Fragen verneint werden muß:

- Handelt es sich bei dem Sponsoring-Angebot um ein echtes Sponsoring – im Gegensatz zu einem (versteckten) Mäzenatentum?
- Gibt es eine vertraglich fixierte Gegenleistung?
- Stellt die vertraglich fixierte Gegenleistung ein wirkliches Äquivalent dar, oder deckt sie nur einen Teil der Leistungen des Sponsors ab?

Zweiter K.o.-Filter: Ein Sponsoring darf keine negativen Auswirkungen auf das Image des Unternehmens beziehungsweise dessen Produkte und Dienstleistungen haben; soweit eine der folgenden Fragen bejaht werden muß, kommt ein Projekt daher grundsätzlich nicht in Frage:

- Existiert ein Risiko, daß durch das Sponsoring eine negative Abstrahlung auf das Unternehmen beziehungsweise dessen Produkte und Dienstleistungen eintritt?
- Wird das Sponsoring-Projekt unter Umständen in der Öffentlichkeit als gefährlich, beziehungsweise umwelt- und/oder gesundheitsschädlich eingestuft?
- Besteht die Gefahr, daß das Sponsoring als politische Parteinahme ausgelegt werden könnte?
- Bezieht sich die Sponsorship auf ein Gebiet oder eine Institution (zum Beispiel Spielbank), das/die unter Umständen mit einem moralischen Makel belegt ist?

Dritter K.o.-Filter: Es gilt zu überlegen, welche Botschaft welcher Zielgruppe kommuniziert werden soll; wenn die Zielgruppenerreichung nur mangelhaft gegeben ist, muß das Sponsoring abgelehnt werden:

- Sind die Zielgruppe des Unternehmens und die der Sponsorship weitestgehend deckungsgleich? (Gibt es hier eine zu große Abweichung, ist von einem Sponsoring abzuraten: Es besteht die Gefahr, daß die falsche Zielgruppe richtig angesprochen wird.)

Vierter K.o.-Filter: Überprüfung der Stimmigkeit des Kommunikationskonzepts; ein Sponsoring ist abzulehnen, wenn eine der folgenden Fragen nicht bejaht werden kann:

- Paßt das Sponsoring in das übrige Kommunikationskonzept (PR- und Marketingaktivitäten)?
- Ist es ausgeschlossen, daß es im Zusammenhang mit dem Sponsoring zu Disfunktionalitäten zwischen dem Sponsoring und den übrigen Kommunikationsinstrumenten kommt?
- Entstehen durch das Sponsoring Synergien bezüglich der übrigen Kommunikationsinstrumente?

Fünfter K.o.-Filter: Ein Sponsoring hat unter anderem die Aufgabe, dazu beizutragen, einem Unternehmen beziehungsweise dessen Produkten und Dienstleistungen eine einzigartige und unverwechselbare Identität zu verleihen oder/und diese zu stärken. Daher muß eine Sponsorship abgelehnt werden, wenn ein solches Image-Ziel anvisiert wird und die folgende Frage verneint werden muß:

- Handelt es sich bei der gewählten Sponsorship um etwas einzigartiges oder werden von der Konkurrenz beziehungsweise auch von anderen Unternehmen ähnliche Projekte durchgeführt?

Sechster K.o.-Filter: Erreichung der Zielgruppe mit anderen Kommunikationsmaßnahmen. Wenn die folgende Frage bejaht werden muß, ist ein Sponsoring abzulehnen:

- Gibt es Kommunikationsmaßnahmen (Werbung und/ oder PR), mit denen die Zielgruppe im Hinblick auf die intendierten Ziele besser und wirkungsvoller erreicht werden können?

Siebter K.o.-Filter: Ein Sponsoring ohne einen Bezug zum Unternehmen, dessen Tätigkeitsspektrum und die von diesem vermarkteten Produkte/Dienstleistungen ist häufig unglaubwürdig und daher abzulehnen.

- Gibt es (Produkt- oder Image-)Affinitäten zwischen dem Unternehmen, seinen Leistungen, seinen regionalen und/oder inhaltlichen Arbeitsschwerpunkten und der Sponsorship?

Achter K.o.-Filter: Verhältnis zwischen Sponsoring und Basiswerbung; ein Sponsoring ist abzulehnen, wenn die folgende Frage nicht bejaht werden kann:

- Existiert ein sinnvolles Verhältnis zwischen Sponsoring und der Basiswerbung des Unternehmens? (Es darf zu keinem Sponsoring-»Überhang« kommen.)

Neunter K.o.-Filter: Der Sponsor, das heißt Firmenname, Produkte, Dienstleistungen und so weiter, müssen durch das Sponsoring gestützt werden; falls die nachfolgende Frage nicht bejaht werden kann, ist ein Sponsoring ebenfalls abzulehnen:

- Werden primär der Name des Sponsors beziehungsweise die von ihm vermarkteten Produkte und Dienstleistungen durch das Sponsoring gestützt und nicht der Gesponserte durch den Sponsor? Dies geschieht zum Beispiel dann, wenn ein Produkt mit einem hohen Bekanntheitsgrad als Sponsor einer völlig unbekannten Organisation auftritt.

Zehnter K.o.-Filter: Soweit es bei einer Sponsorship mehrere Sponsoren gibt, ist ein Sponsoring-Angebot abzulehnen, wenn eine der folgenden Fragen mit ja beantwortet werden muß:

- Führt die Tatsache, daß an einem Sponsoring weitere Sponsoren als Haupt- oder Co-Sponsoren beteiligt sind, dazu, daß das eigene Unternehmen in werblicher Hinsicht in der Öffentlichkeit beziehungsweise der anvisier-

ten Zielgruppe kaum mehr als Sponsor wahrgenommen wird?
- Besteht die Gefahr, daß von den übrigen Sponsoren negative Abstrahlungen auf das Image des Unternehmens beziehungsweise seine Produkte und Dienstleistungen ausgehen?

Elfter K.o.-Filter: Beendigung des Sponsoring. Falls die nachfolgende Frage bejaht werden muß, gilt es das Angebot negativ zu bescheiden:
- Ist es wahrscheinlich, daß es bei einer Beendigung des Sponsorings zu Verwerfungen kommt, die das Image des Unternehmens beziehungsweise seiner Produkte und Dienstleistungen nachhaltig schädigen? Bei bestimmten Sponsoring-Bereichen, etwa bei einem Öko- oder Sozio-Sponsoring, handelt es sich um relativ lang angelegte und häufig intensive Bindungen zwischen Sponsor und Gesponsertem, so daß bei der Auflösung einer langjährigen Sponsorship negative Implikationen auf das Image des Sponsors denkbar sind.

Zwölfter Filter – Abwägungs-Filter: Ein Sponsoring ist um so sinnvoller, je mehr die Möglichkeit besteht, statt ›nur‹ Geld- auch Sach- und Dienstleistungen als Sponsoring-Leistung einzubringen.«

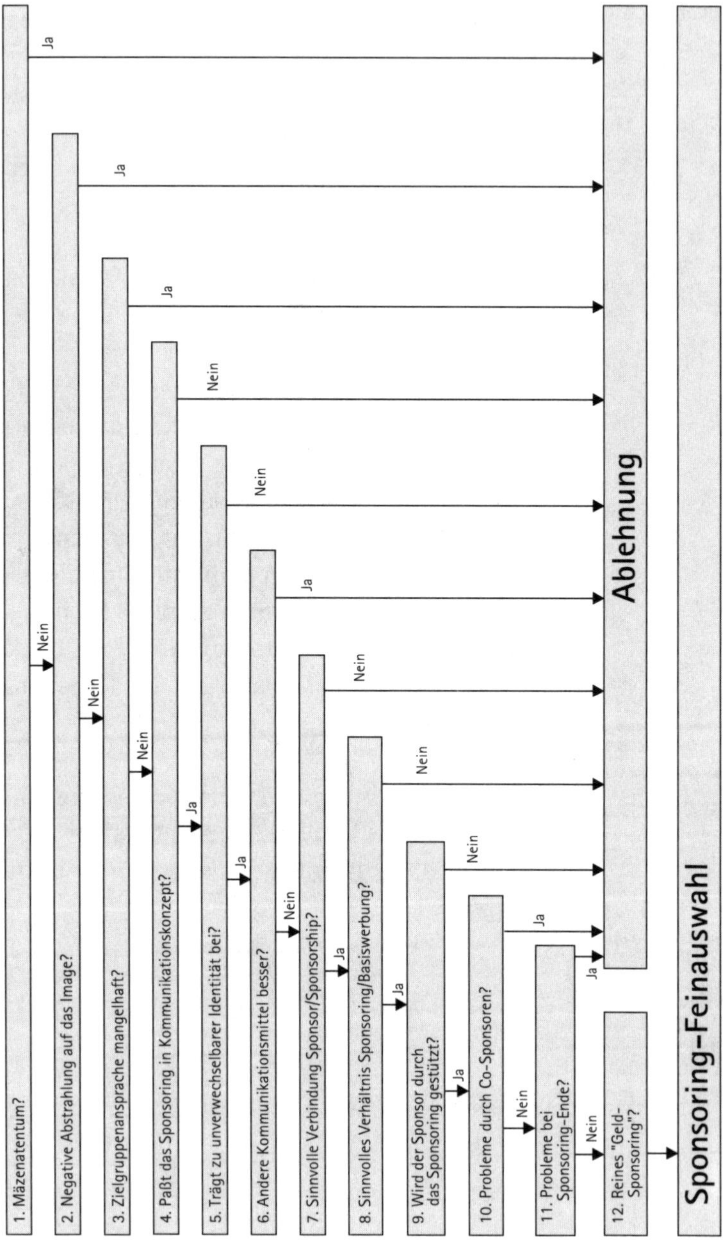
1. Mäzenatentum?
2. Negative Abstrahlung auf das Image?
3. Zielgruppenansprache mangelhaft?
4. Paßt das Sponsoring in Kommunikationskonzept?
5. Trägt zu unverwechselbarer Identität bei?
6. Andere Kommunikationsmittel besser?
7. Sinnvolle Verbindung Sponsor/Sponsorship?
8. Sinnvolles Verhältnis Sponsoring/Basiswerbung?
9. Wird der Sponsor durch das Sponsoring gestützt?
10. Probleme durch Co-Sponsoren?
11. Probleme bei Sponsoring-Ende?
12. Reines "Geld-Sponsoring"?
Ja
Nein
Ablehnung
Sponsoring-Feinauswahl

Teil VI: Service

Zitatnachweis

Seite 21 f.: *Kurzbericht der Kommission für Zukunftsfragen der Freistaaten Bayern und Sachsen,* Seite 26.
Seite 24 f.: Reinhard Mohn, *Gemeinschaftsfähigkeit – als Brücke zwischen dem einzelnen und der Gesellschaft,* 1998, Verlag Bertelsmann-Stiftung, Gütersloh, Seite 9.
Seite 29: Reinhard Mohn, *Ziele einer operativen Stiftung,* 1996, Verlag Bertelsmann-Stiftung, Gütersloh, Seite 13.
Seite 29 f.: Werner Becker, »Praktizierte Interfusion«. In: *absatzwirtschaft – Zeitschrift für Marketing,* 1/96, Handelsblatt Verlag, Düsseldorf, Seite 54.
Seite 57 f.: Reinhard Mohn, *Operative Stiftungsarbeit. Strategien – Instrumente – Perspektiven,* 1997, Verlag Bertelsmann-Stiftung, Gütersloh, Seite 27.
Seite 60–62: Rita Süssmuth, »Integration fördern – Ausgrenzung verhindern.« Überarbeitete Fassung eines Grundsatzreferats anläßlich des 74. Deutschen Fürsorgetags am 29. Mai 1997 in Leipzig. In: *Nachrichtendienst des Deutschen Vereins für öffentliche und private Fürsorge,* Ausgabe 10/1997, Eigenverlag des Deutschen Vereins für öffentliche und private Fürsorge, Frankfurt am Main, Seite 302.
Seite 65: Rupert Graf Strachwitz, »Vortrag vor dem Kuratorium des Vereins der Freunde der Benediktinerabtei St. Bonifaz Andechs«. In: Rupert Graf Strachwitz, *Vorträge und Beiträge 1988–1992,* 1992, Verlag Maas, Berlin, Seite 35.
Seite 67 f.: Hellmut Puschmann, »Die Bedeutung der Zusammenarbeit öffentlicher und freier Träger für die soziale Arbeit aus der Sicht freier Träger«. In: *Die Zusammenarbeit öffentlicher und freier Träger der sozialen Arbeit in den neuen Bundesländern.* Eigenverlag des Deutschen Vereins für öffentliche und private Fürsorge, 1992, Frankfurt am Main, Seite 44.

Seite 69: Werner Weidenfeld, »Den Wandel möglich machen«. In: *Operative Stiftungsarbeit. Strategien – Instrumente – Perspektiven,* 1997, Verlag Bertelsmann-Stiftung, Gütersloh, Seite 20f.
Seite 75 f.: Marion Hüchtermann, »Präsentation einer Umfrage unter Unternehmen zum Thema Mäzenatentum«. In: *Unternehmen als Mäzene.* Erschienen in der Reihe Beiträge zur Gesellschafts- und Bildungspolitik. Institut der Deutschen Wirtschaft, Band 118, 1996, Deutscher Instituts-Verlag, Seite 46 ff.
Seite 76 f.: Protokoll eines Workshops der Bertelsmann-Stiftung. In: *Operative Stiftungsarbeit,* a.a.O., Seite 101.
Seite 80: Rupert Graf Strachwitz, *Der Zweite und der Dritte Sektor – Was heißt Corporate Community Investment?,* 1995, Maecenata Verlag, Berlin, Seite 35.
Seite 81: Reinhard Mohn, »Ziele einer operativen Stiftung«. In: *Operative Stiftungsarbeit,* a.a.O., Seite 29.
Seite 83: Dietmar Müllensiefen, »›Neue Fachlichkeit‹ in der sozialen Arbeit: Nur ein neues Etikett oder ein verheißungsvoller Paradigmenwechsel?« In: *Nachrichtendienst des Deutschen Vereins für öffentliche und private Fürsorge,* a.a.O., Ausgabe 4/1995, Seite 156.
Seite 87 f.: Rupert Graf Strachwitz, *Der Zweite und der Dritte Sektor,* a.a.O., Seite 22 f.
Seite 92 f.: Konrad Schily im Gespräch.
Seite 167 f.: »Konzeptpapier des Baden-Württembergischen Ministeriums für Arbeit, Gesundheit und Sozialordnung. Zusammenfassung«, Stuttgart 1996.
Seite 295–298: Rupert Graf Strachwitz, *Der Zweite und der Dritte Sektor,* a.a.O., Seite 47 ff.

Zu den Autoren

Daniel J. Berger, Diplomökonom, arbeitet an der Universität Witten/Herdecke als Assistent des Präsidenten Dr. Konrad Schily.

Mike Corsa ist ehrenamtlicher Vorstandsvorsitzender der Stiftung Bürger für Bürger, fungiert als Vorsitzender des Deutschen Bundesjugendrings und ist Mitglied des Vorstands der Arbeitsgemeinschaft für Jugendhilfe und des Deutschen Nationalkomitees für Internationale Jugendarbeit.

Dieter Franke, Diplompsychologe, ist Gesellschafter und Vorsitzender der Geschäftsführung der IRES Gesellschaft für Unternehmens-, Marketing- und Kommunikationsforschung.

Bernhard Jagoda fungiert seit 1993 als Präsident der Bundesanstalt für Arbeit, Nürnberg.

Dr. Stefan Kippes, Diplomkaufmann, ist Geschäftsführer beim Ring Deutscher Makler, München.

Martin Klein arbeitet als selbständiger Unternehmensberater (Klein & Partner) in Meinerzhagen.

Dr. Christoph Mecking, Rechtsanwalt mit Sitz in Bonn, ist Geschäftsführer des Bundesverbandes Deutscher Stiftungen, Bonn.

Hans G. Möntmann arbeitet freiberuflich als Wirtschaftspublizist und als Kommunikationsberater mit Sitz in Iserlohn.

Alexandra von Schmeling betreut in der Agentur für Öffentlichkeitsarbeit Kohte & Klewes, Düsseldorf, unter anderem den Bereich Kulturmanagement/Kultursponsoring.

Rainer Zimmermann, Diplomkaufmann, leitet als Geschäftsführender Partner die Düsseldorfer Agentur für Öffentlichkeitsarbeit Kothes & Klewes.

Hilfreiche Adressen

Arbeitskreis Kultursponsoring beim Kulturkreis im Bundesverband der Deutschen Industrie e.V., Gustav-Heinemann-Ufer 84-88, Postfach 51 05 48, 50941 Köln, Telefon 0221/3708-418 und -435, Fax 0221/3708-613.
Hilft bei der Einrichtung von Kulturfördermaßnahmen.

Bertelsmann-Stiftung, Postfach 103, 33311 Gütersloh. Telefon 05241/817. Fax 05241/816677.
Umfangreiches Material zum Thema Politik, Gesellschaft, Stiftungswesen. Veranstaltet Seminare und Workshops.

Breuninger-Stiftung, Eduard-Pfeiffer-Straße 121, 70192 Stuttgart. Telefon 0711/2578808, Fax 0711/2578809.
Betreibt über Internet (www.zukunft.de/BreuningerStiftung) das Meinungsaustauschforum »Netzwerk neue Arbeit«.

Bundesverband Deutscher Stiftungen, Adenauerallee 15, 53111 Bonn. Telefon 0228/218031, Fax 0228/214525.
Vereint die meisten deutschen Stiftungen. Kompetenzträger in allen Fragen des Stiftungswesens. Herausgeber des Verzeichnisses der Deutschen Stiftungen.

Deutsche Arbeitsgemeinschaft Selbsthilfegruppen, Friedrichstraße 28, 35392 Gießen, Telefon 0641/7022478.

Deutsche Bank Stiftung Alfred Herrhausen »Hilfe zur Selbsthilfe«, Bockenheimer Landstraße 42, 60323 Frankfurt/Main. Telefon 069/914-34120. Fax 069/91038836.
Unterstützt Selbsthilfeinitiativen. Umfangreiche Kompetenz in der Zusammenarbeit mit derartigen Gruppen.

Maecenata Management GmbH und *Maecenata Institut für Dritter Sektor-Forschung,* Barer Straße 44, 80799 München. Telefon 089/284452, Fax 089/283774.
Selbständiges Institut zur Beratung bei Stiftungsgründungen. Bietet entsprechende Dienstleistungen und ist auch als Forschungseinrichtung und als Dokumentationsstelle tätig.

Musikförderprogramm beim Deutschen Musikrat, Am Michaelshof 4a, 53177 Bonn, Telefon 0228/83080, Fax 0228/352650.

Nationale Kontakt- und Informationsstelle zur Anregung und Unterstützung von Selbsthilfegruppen (NAKOS), Albrecht-Achilles-Straße 65, 10709 Berlin, Telefon 030/8914019, Fax 030/8934014.
Verfügt über eine Datenbank, in der eine Vielzahl von Selbsthilfeorganisationen gespeichert ist. Hilft bei der Einrichtung derartiger Gruppen und der Auffindung förderungswürdiger Initiativen.

Sponsoring Verband. Fachverband für Sponsoring und Sonderwerbeformen, Claus-Forck-Straße 5, 22359 Hamburg, Telefon 040/60900990, Fax 040/60950834.
Bringt Dienstleister und Firmen zusammen, die im Bereich Sponsoring aktive sind.

Stifterverband für die Deutsche Wissenschaft, Barkhovenallee 1, 45239 Essen. Telefon 0201/84010, Fax 0201/8401301.
Hilft bei der Einrichtung von Stiftungslehrstühlen.

Stiftung Mitarbeit, Bornheimer Straße 37, 53111 Bonn, Telefon 0228/604240, Fax 0228/6042422.
Hilft bei der Gründung von Selbsthilfeorganisationen, fördert diese gegebenenfalls und ist in der Lage, zur Förderung geeignete Initiativen zu nennen. Veranstaltet Symposien und Workshops zum Thema. Eigenes Publikationsprogramm.

Literatur

Stiftungen

Verzeichnis der Deutschen Stiftungen. Hrsg. Bundesverband Deutscher Stiftungen e.V. Verlag Hoppenstedt, 1997 (3. Ausgabe).
ISBN 3-8203-0321-9.

Stiftungen errichten und führen. Von Hagen Hof und Joachim Hartle. Reihe dtv-Rechtsberater. Verlag Beck/dtv, 1996.
ISBN 3-423-05621-5.

Stiften mit Gewinn – 12 gute Gründe, sein Geld in Stiftungen zu investieren. Von Christoph Kroschke. Verlag Moderne Industrie, 1998.
ISBN 3-478-36110-9.

Maecenata Stiftungsführer 1996. Hrsg. Maecenata Management GmbH. Auer Verlag, 1996.
ISBN 3-9805397-0-9.

Stiftungshandbuch. Unter Mitarbeit unter anderem von Ute Berkel, Klaus Neuhoff, Ambros Schindler. Nomos Verlagsgesellschaft, 1989.
ISBN 3-7890-1897-X.

Stiftungen – nutzen, führen und errichten: ein Handbuch. Von Rupert Graf von Strachwitz. Campus Verlag, 1994.
ISBN 3-593-35071-8.

Operative Stiftungsarbeit. Hrsg. Bertelsmann-Stiftung. Verlag Bertelsmann-Stiftung, 1997.
ISBN 3-89204-247-0.

Ziele einer operativen Stiftung. Von Reinhard Mohn. Verlag Bertelsmann-Stiftung, 1996.
ISBN 3-89204-250-0.

Wie Stiftungen fördern. Hrsg. Stiftung Mitarbeit + Die Paritätische

Geldberatung e. G., Verlag Stiftung Mitarbeit, Bonn, 1997.
ISBN 3-928053-49.
Der Zweite und der Dritte Sektor – Was heißt Corporate Community Investment? Von Rupert Graf Strachwitz. Maecenata Verlag, 1995.
ISBN 3-9803947-1-9.
Dritter Sektor – Dritte Kraft. Hrsg. Rupert Graf Strachwitz. Verlag Raabe, 1998.
ISBN 3-88649-530-2.

Sponsoring

Unternehmen zwischen Sponsoring und Mäzenatentum. Motive, Chancen und Genzen unternehmerischen Kunstengagements. Von Bettina Becker. Campus Verlag, 1994.
ISBN 3-593-35102-1.

Sponsoring – Der Leitfaden für die Praxis. Von Elisa Bertoluzzi Dubach, Hansrudolf Frey. Verlag Paul Haupt, 1997.
ISBN 3-258-05578-5

Sponsoring. Kompaß. Von Michael Brückner und Sabine Schormann. Verlag I. H. Sauer, 1996.
ISBN 3-7938-7153-3.

Sponsoring. Unternehmen als Mäzene und Sponsoren. Von Manfred Bruhn. Betriebswirtschaftlicher Verlag Gabler, 1997.
ISBN 3-409-33913-2.

Handbuch Kultursponsoring. Ideen und Beispiele aus der Praxis. Von Birgit Grüsser. Schluetersche Verlagsanstalt, 1992.
ISBN 3-87706-369-1.

Kunstförderung zwischen Passion und Kommerz. Vom Bürgerlichen Mäzen zum Sponsor der Moderne. Von Thomas Hermsen. Campus Verlag, 1997.
ISBN 3-593-35833-6.

Jahrbuch Sponsoring 95/96. Hrsg. Peter Strahlendorf. Marketing Verlag für Unternehmenskommunikation, 1996.
ISBN 3-9804944-0-3.

Kunstsponsoring. Neue Trends und Entwicklungen. Von Brigitte Kössner. Signum Verlag, 1997.
ISBN 3-85436-236-6.

Sozial-Sponsoring. Ein Ratgeber. Von Kirstin Schiewe. Lambertus Verlag 1993.
ISBN 3-7841-0712-5.

Sponsoring. Bedeutung, Wirkung und Kontrollmöglichkeiten. Von Björn Walliser. Betriebswirtschaftlicher Verlag Gabler 1995.
ISBN 3-409-18789-8.

Der Sponsoringvertrag. Von Neil George Weiand. Beck juristischer Verlag, 1995.
ISBN 3-406-39938-X.

Kunst- und Kultursponsoring. Neue Wege unternehmerischer Kommunikation. Hrsg. Wirtschaftsrat der CDU e.V. des Landesverbandes Nordrhein-Westfalen.

Fundraising

Fundraising. Spenden, Sponsoring, Stiftungen. Ein Wegweiser für Vereine, Initiativen und andere Non-Profit-Organisationen. Campus Verlag, 1995.
ISBN 3-593-35476-4.

Finanzierungshandbuch für Non-Profit-Organisationen. Der Weg zu neuen Geldquellen. Walhalla Fachverlage, 1995.
ISBN 3-8029-7435-2.

Die Kunst des Bettelns. P.-C. Burens. C.H. Beck Verlag, 1995.
ISBN 3-406-39202-4.

Non-Profit-Organisationen/Gemeinnutz/ Selbsthilfe

Qualitätsmanagement in Non-Profit-Organisationen. Beispiele, Normen, Anforderungen, Funktionen, Formblätter. Hrsg. Sabine Kraemer-Flieger, Alfons Roerkohl, Roland Kölsch. Betriebswirtschaftlicher Verlag Gabler, 1996.
ISBN 3-409-18924-6.

Arbeit, Selbsthilfe und Sozialarbeit. Internationaler Workshop: Selbstorganisierte Beschäftigungspolitik und Sozialarbeit, April 1989. Hrsg. u.a. Heinz Neuser, Erich Oldenburg, Piotr Salustowicz. Deutscher Studienverlag, 1990.
ISBN 3-89271-248-4.

Selbsthilfe und Selbsthilfeunterstützung in der Bundesrepublik Deutschland. Von Joachim Braun. Kohlhammer Verlag, 1997. ISBN 3-17-015152-5.

Was Selbsthilfe leistet ... Ökonomische Wirkungen und sozialpolitische Bewertung. Hrsg. u. a. Hans Dietrich von Engelhardt, Angelika Simeth, Wolfgang Stark. Lambertus Verlag, 1995. ISBN 3-7841-0774-5.

Nonprofit-Management. Führen, Verwalten, ISO 9000. Von Helmut Lung. Verlag Reinhardt Ernst, 1997. ISBN 3-497-01436-2.

Führung der Nonprofit-Organisation. Hrsg. Rolf Eschenbach. Verlag Schaeffer-Poeschl, 1998. ISBN 3-7910-1262-2.

Handbuch der Nonprofit-Organisation. Strukturen und Management. Verlag Schaeffer-Poeschl, 1997. ISBN 3-7910-1029-8.

Controlling in Nonprofit-Organisationen. Von Christian Horak. Deutscher Universitätsverlag, 1995. ISBN 3-8244-0246-7.

Das Freiburger Management-Modell für Nonprofit-Organisationen. Von Peter Schwarz, Robert Purtschert, Charles Giroud. Verlag Paul Haupt. ISBN 3-258-05508-4.

Management-Brevier für Nonprofit-Organisationen. Von Peter Schwarz. Verlag Paul Haupt, 1996. ISBN 3-258-05294-8.

Gemeinschaftsfähigkeit als Brücke zwischen dem einzelnen und der Gesellschaft. Von Reinhard Mohn. Verlag Bertelsmann-Stiftung 1998 (2. Aufl.). ISBN 3-89204-287-X.

Geistige Orientierung als Grundlage der Gemeinschaftsfähigkeit. Von Reinhard Mohn. Verlag Bertelsmann-Stiftung, 1996. ISBN 3-89204-361-2.

Solidarität inszenieren. Freiwilligenagenturen in der Praxis. Do-

kumentation der Tagung vom 20. bis 22. September 1996 in Würzburg. Hrsg. Stiftung Mitarbeit, 1997.
ISBN 3-928053-52-3.

Jugend in Aktion. Zur Nachahmung empfohlen! Erläuterung und Projektberichte zur Aktion »Jugendinitiativen« im europäischen Förderprogramm Jugend für Europa III. Hrsg. Stiftung Mitarbeit, 1997. Nur von dort zu beziehen (Adresse siehe S. 335).

Gesellschaftlicher Hintergrund

Modernität, Pluralismus und Sinnkrise. Die Orientierung des modernen Menschen. Von Peter L. Berger, Thomas Luckmann. Verlag Bertelsmann-Stiftung, 1998.
ISBN 3-89204-172-5.

Orientierungsverlust – Zur Bindungskrise der modernen Gesellschaft. Hrsg. Werner Weidenfeld, Dirk Rumberg. Verlag Bertelsmann-Stiftung, 1994.
ISBN 3-89204-134-2.

Politik und Lebenswelt. Vom Wohlfahrtsstaat zur Wohlfahrtsgesellschaft. Von Warnfried Dettling. Verlag Bertelsmann-Stiftung, 1995.
ISBN 3-89204-207-1.

Unternehmensstrategie

Wegweiser zur Konstruktion einer evolutionären Theorie der strategischen Führung – Kapitel eines Theorieprojekts. Von Werner Kirsch. Verlag Barbara Kirsch, 1996.
ISBN 3-88232-080-X.

Stand: Frühjahr 1998